Meditationsbücher für Frauen

Amy E. Dean

Ich freue mich auf morgen

Abendliche Meditationen

SCHERZ

Die Originalausgabe erschien unter dem Titel
«Pleasant Dreams» bei Hay House, Kalifornien.
Einzig berechtigte Übersetzung aus dem Englischen
von Nicole Hölsken.

Erste Auflage 1999

Umschlaggestaltung: Gerhard Noltkämper.

Einleitung

Wußten Sie, daß die meisten Menschen fünf bis vierzehn Minuten zum Einschlafen brauchen? Welche Auswirkungen hat es auf diese Einschlafphase, wenn Sie die «normalen» Alltagsbelastungen abends mit ins Bett nehmen? Um wieviel verlängert sich diese Zeitspanne, wenn Sie gerade eine besonders kritische Phase durchleben? Was passiert, wenn Ihr Kopf zwar auf dem Kissen liegt, aber immer noch negative Gedanken darin herumschwirren? Wie können Sie einschlafen, wenn Sie keine Techniken zur Streßbewältigung kennen, nicht loslassen können, wenn die Pflege Ihres Geistes, Ihres Körpers und Ihrer Seele nicht an erster Stelle für Sie steht, wenn Sie Ihre Grenzen nicht kennen oder versuchen, immer alles auf einmal zu erledigen? Wenn Sie besorgt, ängstlich, einsam oder deprimiert sind, wird nicht nur das Einschlafen, sondern auch das Durchschlafen ein Problem für Sie sein.

Warum fällt es uns ausgerechnet nachts so schwer, ruhig und entspannt zu sein, um einen erholsamen und belebenden Schlaf genießen zu können? Während jeder Morgen neue Hoffnungen und neue Anfänge bereithält – vielleicht die Chance, einmal alles «richtig» zu machen –, signalisiert der Sonnenuntergang möglicherweise wieder einmal, daß Sie «versagt» haben. Sie hatten einfach nicht genug Zeit, um alles zu tun, was Sie tun wollten, machten nichts «besser» als sonst und kamen Ihren Zielen keinen Schritt näher. Wenn Sie also abends den Tag Revue passieren lassen, haben Sie nie das Gefühl, etwas Positives geleistet zu haben. «Aber ich hätte doch dies und das tun sollen ... tun können ... tun müssen ...» Mit diesen Worten leiten Sie negative Kommentare, Beurteilungen und Aussagen über sich selbst ein, über Ihre Gefühle und Ihr Verhalten im Laufe des vergangenen Tages.

Sie können Ihre Nächte weiterhin damit verbringen, über den zurückliegenden Tag nachzugrübeln, oder Sie können sich fortan anders verhalten. Und genau das ist das Thema dieses Buches: Verändern Sie die Art und Weise, wie Sie Ihren Tag beenden, und versetzen Sie damit Ihren Geist zur Schlafenszeit in einen entspannten, friedlichen und positiven Zustand.

Jede dieser abendlichen Meditationen bietet Ihnen nützliche Ideen und erinnert Sie daran, daß Sie die Hilfsmittel, um Ihre Denkweise zu ändern und Ihrer Seele Frieden schenken zu können, in sich selbst finden. Wie uns das *Tao* lehrt:

«Sei ruhig
und entdecke dein Zentrum des Friedens.
In der ganzen Natur
bewegen sich die zehntausend Dinge immer weiter,
aber jedes kehrt zu seiner Quelle zurück.
In das Zentrum zurückzukehren bedeutet Frieden.»

Tao-te-king, 16

Möge Ihnen dieses Buch dabei helfen, den Abend nicht nur als Ende, sondern auch als Neubeginn zu betrachten, und möge es dazu beitragen, daß Sie Ihren Seelenfrieden finden – bei Tag und bei Nacht.

JANUAR

Die wahre Tragödie besteht nicht darin, daß man seine Ziele nicht erreicht. Die wahre Tragödie besteht darin, keine Ziele zu haben. Es ist keine Katastrophe, zu sterben, ohne sich alle seine Träume erfüllt zu haben, aber es ist eine Katastrophe, nicht zu träumen. Es ist keine Schande, die Sterne nicht zu erreichen, aber es ist eine Schande, nicht nach den Sternen zu greifen.

Benjamin E. Mays

Heute ist der erste Abend des neuen Jahres. Wie soll sich die kommende Nacht von denen des vergangenen Jahres unterscheiden? Vielleicht möchten Sie häufiger an angenehme, positive Dinge denken oder sich mehr Zeit für sich selbst nehmen, um sich zu entspannen. Möglicherweise haben Sie ja auch Lust zu meditieren. Womöglich wünschen Sie sich ein weniger hektisches Leben, bei dem Sie weniger unter Druck stehen als bislang. Jeder dieser Wünsche kann zu Ihrem Ziel für das neue Jahr werden. Sie streben nach einer Veränderung in einem Bereich Ihres Lebens und verbessern damit Ihre gesamte Lebensqualität.

Nehmen Sie sich also heute abend vor, einen Ihrer Träume tatsächlich wahr zu machen. Und sorgen Sie als erstes dafür, daß diese Nacht und jede darauffolgende angenehm und friedlich sind.

Einer meiner Vorsätze für das neue Jahr besteht darin, mir ein Ziel zu stecken, das ich zu erreichen suche. Ich werde träumen und daraus die Vorstellung schöpfen, wie mein Leben in Zukunft aussehen soll.

Du mußt auf dem Fluß reisen, auf ihm leben, ihm im Morgenlicht folgen und ihm folgen, wenn es dunkel ist und das Ufer nur noch ein verschwommener Schatten ist.

Wil Haygood

Haben Sie jemals versucht, gegen die Strömung zu schwimmen? Obwohl das sichere Ufer vielleicht nur einige Meter entfernt ist, kann die Strömung so stark sein, daß Sie in Panik geraten oder schon nach kurzer Zeit erschöpft sind. Vielleicht sind Sie heute abend deshalb so müde, weil Sie tagsüber gegen den Strom geschwommen sind. Womöglich haben Sie versucht, Menschen oder Dinge zu verändern. Vielleicht reagierten Sie zu heftig auf Umstände, auf die Sie ohnehin keinen Einfluß haben. Möglicherweise hatten Sie Probleme, Kompromisse zu schließen oder flexibel zu sein.

Hören Sie heute abend noch damit auf, gegen den Strom des Lebens zu schwimmen. Wenn Sie sich von der Strömung treiben lassen, so akzeptieren Sie die jeweiligen Umstände, sich selbst und andere und versuchen nicht, ein bestimmtes Ergebnis zu erzwingen oder sich durchzusetzen. Entspannen Sie sich also, atmen Sie tief durch und schwimmen Sie mit dem Strom.

Ich werde sowohl andere als auch mich selbst respektieren, während ich ruhig und zufrieden auf dem Strom des Lebens dahintreibe.

... alle Menschen fürchten sich davor, allein zu sein. Doch nur wenn wir allein sind, können wir uns selbst erkennen und lernen, mit unserer eigenen, ewigen Einsamkeit umzugehen.

Han Suyin

Die Einsamkeit kann wie eine Krankheit über Sie hereinbrechen. Sie kann körperlich an Ihnen zehren wie ein Grippeanfall und Sie völlig entkräften. Sie kann Sie auch emotional erschöpfen, Ihnen die Fähigkeit, positiv zu denken, rauben. Das beste Mittel gegen die Einsamkeit ist, sich auf sein Innerstes zu besinnen und dort nach Gesellschaft zu suchen. Statt «Im Moment kann mich keiner leiden», können Sie denken: «Ich kann diese Nacht allein genießen und mehr über mich herausfinden. Wer bin ich? Was mag ich? Was mag ich nicht? Wie fühle ich mich? Was ist in meinem Leben wichtig?» Allein mit sich selbst haben Sie Gelegenheit, auf Ihre innere Stimme zu hören. Sie erkennen, wie stark Sie ohne die Unterstützung anderer sein können und daß Sie nicht ständig jemanden brauchen, der Ihnen Gesellschaft leistet.

In der Stille dieses Abends kann die Gewißheit in Ihnen wachsen, daß es wirklich nichts gibt, wovor Sie sich fürchten müssen, wenn Sie allein sind. Alles ist gut, denn *Ihnen* geht es gut.

Heute abend werde ich mich von meiner inneren Stimme leiten lassen: Die Ruhe und Einsamkeit stärken meine Seele und führen mich sicher durchs Leben.

... der erste Anblick des Leuchtturms, der erhaben auf dem Felsen stand, die vorbeifliegende Möwe, die lange Reihe der seewärts gebeugten Fichten auf einer Insel gaben mir das Gefühl, nicht länger desorientiert und auf der Suche zu sein. Sie gaben mir ein Gefühl der Sicherheit... Es war eine Rückkehr ins Glück.

Sarah Orne Jewett

Viele Menschen haben etwas, das sie beruhigt, das ihnen hilft, zu sich zu finden, oder ihnen inneren Frieden schenkt. Für einige ist es das Meer, dessen Geruch, Geräusche, Rhythmus und Weite. Für andere ist es ein atemberaubender Sonnenuntergang oder auch ein bestimmtes Lied. Und was ist es bei Ihnen? Vielleicht gibt es Ihnen ein gutes Gefühl, wenn Sie am Morgen laufen gehen oder die Schneeflocken beobachten, wie sie sanft zur Erde fallen. Solche Dinge sind positive «Fixpunkte», die Ihrer Entspannung dienen. Wenn Sie etwas tun, das Ihnen inneren Frieden bringt, oder wenn Sie die Augen schließen und an etwas Angenehmes denken, wird das Glück zu Ihnen zurückkehren.

Entspannen Sie sich, und konzentrieren Sie sich dabei auf einen Ihrer persönlichen Fixpunkte. Sehen, hören, spüren, erleben und genießen Sie, was Ihnen Wohlbehagen bereitet.

Wenn ich an etwas Erfreuliches denke oder etwas tue, das mir Ruhe und Zufriedenheit beschert, fühle ich mich wieder als vollständiger, einzigartiger Mensch, der nicht länger auf der Suche ist.

Menschen, die jedes Risiko scheuen, gehen das größte Risiko ein.

George F. Kennan

Haben Sie angesichts einer Chance jemals gedacht: «Das ist eine Gelegenheit, die ich nicht verpassen sollte», und haben sie dann doch nicht wahrgenommen? Vielleicht hatten Sie zu große Angst vor einem Fehlschlag und dessen Konsequenzen; möglicherweise befürchteten Sie Enttäuschungen, Depressionen, Hoffnungslosigkeit, ein vermindertes Selbstbewußtsein, sich in eine ausweglose Situation hineinzumanövrieren usw. Ein Risiko einzugehen kann angst machen. Am schlimmsten geht es den Menschen, die angesichts eines Risikos sagen: «Was habe ich denn zu verlieren?» Wenn sie versagen, so bestätigt dies noch die negativen Gefühle, die sie sich selbst gegenüber sowieso empfinden. Die positivste Haltung nehmen Sie ein, wenn Sie sagen: «Ich habe etwas zu verlieren, aber ich werde versuchen, daß es nicht passiert, doch das Risiko werde ich auf jeden Fall eingehen.»

Nehmen Sie sich von nun an vor, Ihr Leben selbst in die Hand zu nehmen, indem Sie sich Ihren Ängsten stellen und daraus lernen. Statt sich zu fragen: «Wovor habe ich Angst?», beruhigen Sie sich mit dem Gedanken: «Welche Ängste ich auch haben mag, ich kann sie bewältigen.»

Jedesmal, wenn ich mit einer neuen Herausforderung konfrontiert werde, kann ich daran denken, daß meine Angst nur die Angst vor dem Unbekannten ist.

Jede Sorge, die zu gering ist, um deshalb zu beten, ist zu gering, um sie als Last zu empfinden.

Corrie ten Boom

Jeden Tag versuchen Sie, Ihre körperlichen Bedürfnisse zu befriedigen, indem Sie essen, schlafen und Sport treiben, Ihre intellektuellen Bedürfnisse, indem Sie Probleme lösen und Ihr Wissen erweitern, Ihre emotionalen Bedürfnisse, indem Sie Ihre Gefühle zum Ausdruck bringen. Aber wie erfüllen Sie Ihre spirituellen Bedürfnisse? Hier sind Ruhephasen von besonderer Bedeutung, in denen Sie meditieren, mit der Natur in Verbindung treten, durch Entspannungsübungen Ihren inneren Frieden wiederfinden und in Gebeten um spirituelle Führung und Unterstützung bitten, damit Sie imstande sind, den Belastungen des Alltags standzuhalten.

Denken Sie heute abend darüber nach, ob Sie sich genug Zeit für Ihr spirituelles Wachstum nehmen. Dann nehmen Sie sich fünf Minuten Zeit, um Ihre Augen zu schließen, tief durchzuatmen und einer höheren Macht für den heutigen Tag zu danken.

Heute abend nehme ich mir Zeit, um mich meiner spirituellen Seite zu widmen. Vor dem Einschlafen danke ich dafür, daß mir meine spirituellen Bedürfnisse deutlicher werden.

Manchmal gebe ich mir ausgezeichnete Ratschläge, bin aber nicht imstande, sie anzunehmen.

Mary Wortley Montagu

Viele Menschen betrachten das Leben als ständigen Kampf, weil sie nicht gelernt haben, sich selbst anzunehmen. Um sich selbst zu akzeptieren, müssen Sie sich selbst kennen. Nur so können Sie sich darauf verlassen, daß *Sie selbst* die besten Ratschläge geben und die besten Entscheidungen treffen. Beginnen Sie damit, Ihrer inneren Stimme, die Ihnen nur negative, kritische und demütigende Dinge über sich selbst sagt, eine positive Haltung zu vermitteln. Wenn Sie sich das nächste Mal bei einer Ihrer selbstkritischen Bemerkungen ertappen, setzen Sie eine positive Aussage dagegen. Statt: «Ich habe wieder einmal einen Fehler gemacht – wie üblich», sagen Sie laut zu sich selbst: «Ich kann aus dieser Erfahrung lernen und daran wachsen. Ich bin stolz darauf, es versucht zu haben.» Anschließend wiederholen Sie mehrmals folgende Leitsätze: «Ich liebe mich. Ich akzeptiere mich. Ich vertraue auf mein Urteilsvermögen.»

Distanzieren Sie sich von jeglichem negativen «inneren Dialog», indem Sie Ihre volle Aufmerksamkeit auf etwas Positives richten. Wenn Sie an etwas glauben, können Sie es auch schaffen. Wenn Sie an sich selbst glauben, *schaffen* Sie ein positives Bild von sich selbst.

Heute abend werde ich im Geiste auflisten, was ich an mir schätze und was ich heute Positives geleistet habe.

In manchen Augenblicken kann ein einziger, beinahe unbedeutender Kummer dazu führen, daß alle Überreste von körperlichem oder seelischem Schmerz, den wir von Kindheit an erlitten haben, wieder in uns wachgerufen werden.

Samuel Taylor Coleridge

Haben Sie heute etwas erlebt, das Sie in eine Zeit Ihres Lebens zurückversetzte, die schmerzhaft und schwierig war und kein Ende zu nehmen schien? Ein Geruch, ein Lied, eine Äußerung hat Sie vielleicht wieder mit etwas Vergangenem konfrontiert, von dem Sie dachten, Sie hätten es erfolgreich bewältigt. Aufgrund der Flut von Gefühlen, die dieses Ereignis in Ihnen ausgelöst hat, fühlen Sie sich jetzt vielleicht unsicher. Denken Sie daran, daß Vergangenes vergangen ist, vorbei ist vorbei. Sie brauchen jenen Augenblick nie mehr zu erleben. Was damals auf Sie zutraf, trifft jetzt nicht mehr auf Sie zu.

Halten Sie heute abend inne; genießen Sie den Augenblick, und denken Sie darüber nach, wie weit Sie es gebracht haben. Sie können sich daran erinnern, wie die Dinge einmal waren, aber Sie können auch für das Heute dankbar sein.

Ich werde das Leben schätzen, so wie es jetzt ist, statt angesichts meiner Erinnerungen vor Angst zu zittern.

Früher hielt ich mich nur dann für einen guten Menschen, wenn ich am Tage etwas geleistet hatte; war das nicht der Fall, fand ich mich prompt ganz schrecklich.

Byron Janis

Wie oft haben Erfolg und gute Leistungen Sie schon angespornt, während Fehlschläge und Schwächen Sie entmutigten? Wenn Sie etwas gut gemacht haben oder einen guten Tag hatten, haben Sie vielleicht das Gefühl, ein guter Mensch zu sein. Aber wenn Ihr Tag schlecht gelaufen ist, Sie einen Fehler gemacht haben oder sich die Dinge nicht wie geplant entwickelt haben, betrachten Sie sich am Abend negativ und kritisch. Doch egal, was heute passiert ist, in Ihrem Inneren sind Sie immer noch ein guter Mensch. Niemand kann ständig sein Bestes geben. Ein guter Tag im Büro, zu Hause oder in der Schule bedeutet also nicht, daß Sie gut sind, genausowenig wie ein schlechter Tag bedeutet, daß Sie schlecht sind.

Identifizieren Sie sich von nun an nicht mehr mit Ihrem Job, der Verantwortung, die Sie zu Hause tragen oder Ihren Verpflichtungen als Student. Betrachten Sie sich als eigenständige Person, nicht als jemand, der einer Gruppe, Firma, Familie oder Institution untergeordnet ist.

Egal, was heute passiert ist, in meinem Inneren bin ich immer noch ein guter Mensch.

Schlaflose Nächte. Die eigenen Ernährungsgewohnheiten, seine Geisteshaltung und Gemütsverfassung lassen sich ändern und bringen Änderungen mit sich.

Deng Ming-Dao

Jedesmal wenn Sie sich unwohl fühlen, sich schwer konzentrieren oder in der Nacht nicht schlafen können, bemühen Sie sich vielleicht vergeblich darum, Ihren inneren Frieden wiederherzustellen. Stellen Sie sich selbst folgende drei Fragen: «Ernähre ich mich richtig? Nehme ich mir Zeit zum Meditieren? Fühle ich mich in meiner Welt sicher?»

Beachten Sie zuerst Ihre Ernährung: Essen Sie reichlich frisches Obst und Gemüse, mageres Fleisch und Fisch und Vollkornprodukte? Trinken Sie tagsüber genügend Wasser? Als nächstes überlegen Sie, wieviel Zeit Sie sich täglich nehmen, um Ihren Geist zu beruhigen. Sie sollten sich täglich eine halbe Stunde mit sich selbst und der eigenen Spiritualität auseinandersetzen.

Und zu guter Letzt sollten Sie Ihr Heim in einen sicheren Hafen verwandeln. Versuchen Sie, Ihre Beziehungen stabil zu halten und Ihren Arbeitsbereich bequem einzurichten. Wenn Sie auf Ihre Ernährung, Ihre Zeiten der Ruhe und Ihre Lebens- und Arbeitsumstände achten, können Sie viel bewirken, um Ihren Seelenfrieden wiederherzustellen.

Heute abend rufe ich mir ins Gedächtnis, daß ich ohne gutes Essen, gute Gedanken und gute Beziehungen nicht tief und entspannt schlafen kann.

Wir neigen dazu, das Unbekannte zu vermeiden, denn es könnte uns schockieren oder enttäuschen oder einfach nur schwer zu bewältigen sein. Aber es ist das Unbekannte mit all seinen Enttäuschungen und Überraschungen, das uns am meisten bereichert.

Anne Morrow Lindbergh

Wenn Sie mit Ihrer Wohnsituation, Ihrem Job oder Ihrer Beziehung nicht zufrieden sind, aber dennoch Angst haben, etwas daran zu ändern, dann gehören auch Sie zu jenen Menschen, die steif und fest an der gegebenen Situation festhalten. Sie fürchten sich davor, Risiken einzugehen. Sie fürchten sich davor, zu versagen, wenn Sie tun, was Sie eigentlich tun möchten. Sie fürchten sich davor, Ihr Herz zu verschenken, weil Sie den Betreffenden ja verlieren könnten. Sie befürchten, daß man Sie nicht mehr mag, wenn Sie Ihr Leben verändern. Sie haben Angst vor dem Unbekannten. Aber die einzige wirkliche Konstante im Leben ist die Veränderung.

Denken Sie heute abend an die Menschen, Orte oder Dinge in Ihrem Leben zurück, die sich im Laufe der Jahre verändert haben. Denken Sie an etwas Gutes, das diese Veränderungen bewirkt hat. Wenn Sie eine positive Einstellung zur Veränderlichkeit haben, werden Sie eher bereit sein, eine Veränderung in Ihrem Leben vorzunehmen, wenn dies notwendig ist.

Wenn ich vorhabe, etwas Neues in meinem Leben zu tun, werde ich mich von nun an nicht mehr davor fürchten. Ich werde daran denken, daß ich immer die Möglichkeit habe, die Veränderung ebenfalls wieder zu verändern.

Tadeln kann jeder; zum Loben braucht man einen Fachmann.

Konstantin Stanislawski

Warum sind wir so kritisch und so sparsam mit unserem Lob? Etwas oder jemanden zu loben schadet uns in keiner Weise. Im Gegenteil: Es zeigt unsere Bereitschaft, zu geben, andere wahrzunehmen und dem, was sie tun, feinfühlig gegenüberzustehen. Ehrliches Lob ist eine Form von Liebe; häufig kommt es in dieser Form zu uns zurück.

Wann haben Sie zuletzt ein Lob ausgesprochen, das wirklich von Herzen kam? Denken Sie an Ihre Mitarbeiter oder Angestellten, Lebenspartner oder Familienmitglieder, Freunde oder Bekannte und andere, mit denen Sie zu tun haben. Was haben diese Menschen in letzter Zeit getan, das Ihrer Meinung nach Lob verdient? Vielleicht war ein Mitarbeiter Ihnen eine unschätzbare Hilfe bei einem schwierigen Projekt. Vielleicht war Ihr Partner besonders rücksichtsvoll. Vielleicht hat Ihr Kind sich in einer schwierigen Situation gut benommen, oder jemand hat Ihnen einen Rat erteilt, der Ihnen über eine kritische Zeit hinweghalf. Nehmen Sie sich vor, derlei Verhaltensweisen von nun an anzuerkennen, indem Sie sie loben.

Ich werde nach Gelegenheiten suchen, in denen ich Lob aussprechen kann, um anderen meine Liebe zu zeigen.

Ein seltsames Gefühl ... einfach eine Art unerklärbarer Traurigkeit, die jeden Nachmittag kommt, wenn der neue Tag für immer vorbei ist und nichts als zunehmende Dunkelheit vor einem liegt.

Robert M. Pirsig

So wie jeder Tag ein neuer Anfang ist, kann auch jeder Abend ein Neubeginn sein. Die Dunkelheit einer kalten Winternacht zwingt Sie nicht zum Winterschlaf; sie kann vielmehr eine Vielzahl aufregender und anspornender Möglichkeiten bieten. Sie können ein Projekt in Angriff nehmen, das Sie bisher aufgeschoben haben, den ersten Schritt tun, um neue Bekanntschaften zu machen, oder einfach ein neues Kochrezept ausprobieren.

Jede Nacht bietet Ihnen die Gelegenheit, Ihre Energiespeicher neu aufzuladen, nachdem Sie sie tagsüber entleert haben. Jede Nacht bietet Ihnen endlose Möglichkeiten, Ihre Ziele, Ihr Wachstum, Ihre Interessen erneut ins Zentrum zu rücken. Anstatt heute abend Ihre Zeit damit zu verbringen, über die vergangenen Ereignisse des Tages nachzudenken, genießen Sie den Augenblick. Seien Sie sicher, daß diese Nacht nicht nur ein Ende, sondern auch einen Anfang darstellt.

Jede Nacht ist ein Neubeginn. Ich werde die Dunkelheit der Nacht erhellen, indem ich das Alleinsein genieße oder den Abend zusammen mit einem guten Freund oder meiner Familie verbringe.

Die Schlaflosigkeit ist eine Wüste ohne Vegetation und ohne Bewohner.

Jessamyn West

Die emotionalen und körperlichen Auswirkungen der Schlaflosigkeit wurden ausführlich erforscht und dokumentiert. Sie reichen von Reizbarkeit und Appetitlosigkeit bis hin zu Depressionen und Halluzinationen. Sich genügend auszuruhen ist also für Ihre körperliche wie für Ihre geistige Gesundheit gleichermaßen wichtig.

Respektieren Sie heute abend Ihr Bedürfnis nach Schlaf. Schieben Sie es nicht auf, ins Bett zu gehen, damit Sie noch einen Korb Wäsche falten oder noch einen Schrank aufräumen können. Diese Arbeiten sind morgen auch noch da, Ihr Schlaf aber nicht. Nichts ist wichtig genug, um Sie vom Schlafen abzuhalten.

Heute abend erstelle ich eine Liste mit meinen Feierabend-Aktivitäten; ich ordne sie nach ihrer Dringlichkeit und setze das Schlafen an die erste Stelle. Ich werde dafür sorgen, daß ich genug Schlaf bekomme, damit ich morgen nicht das Gefühl habe, mich durch eine endlose Wüste zu schleppen.

Wir sollten ernsthaft nachdenken, bevor wir Türen zuschlagen, bevor wir Brücken hinter uns abbrechen, bevor wir den Ast absägen, auf dem wir sitzen.

Richard L. Evans

Hatten Sie heute einen schwierigen Tag? Vielleicht wurden Sie von jemandem enttäuscht. Womöglich haben bestimmte Ereignisse oder Umstände Sie aus der Fassung gebracht. Vielleicht bestand Ihre erste – und einzige – Reaktion in Wut. Leider können Sie beträchtlichen Schaden anrichten, wenn Sie verärgert reagieren, ohne nachzudenken. Sie sagen Dinge, die Sie später bedauern, treffen kurzsichtige Entscheidungen oder schlagen jemandem die Tür vor der Nase zu. Aber Augenblicke der Wut müssen nicht in feurigen Vulkanausbrüchen enden. Wenn Sie lernen, Ihren Zorn zu zügeln, bis Sie wieder ruhiger und vernünftiger sind – indem Sie beispielsweise langsam bis zehn zählen, um eine fünfminütige Pause bitten oder einen Spaziergang an der frischen Luft machen –, können Sie peinliche und bedauerliche Reaktionen vermeiden.

Nehmen Sie sich vor, mit Ihren Wutausbrüchen von nun an ruhig und vernünftig umzugehen. Denken Sie daran, daß ein weiser und reifer Mensch die Zeit zu Hilfe nimmt, um die Dinge wieder in die richtige Perspektive zu rücken.

Heute abend werde ich tief durchatmen und die Wunden des Zorns, die ich mir heute vielleicht zugefügt habe, durch Ruhe heilen zu lassen.

Wenn im Leben nicht alles glatt geht, trösten wir uns damit, daß es noch viel schlimmer sein könnte. Und wenn es noch schlimmer ist, dann finden wir Hoffnung im Gedanken, daß es nur noch besser werden kann.

Malcolm S. Forbes

Was ist das Schlimmste, das Ihnen in letzter Zeit passiert ist? Vielleicht haben Sie Ihre Arbeit verloren. Womöglich hat Ihnen ein guter Freund oder ein Mensch, den Sie lieben, anvertraut, daß er oder sie an einer schweren Krankheit leidet. Möglicherweise mußten Sie mit einer schwierigen Situation oder einer Krise in Ihrem Leben fertig werden. Jeder Verlust und jede Schwierigkeit kann Ihnen Kummer bereiten. Nichts kann die Situation erleichtern oder Ihnen dauerhaft helfen. Das Mitgefühl anderer bietet vielleicht kurzfristigen Trost, aber der ist nicht von Dauer und gibt keine Antworten auf die Fragen, die Sie beschäftigen. Sie wünschen sich ein erträglicheres Leben; und dazu brauchen Sie Geduld. Denn mit der Zeit *wird* es Ihnen wieder besser gehen.

Suchen Sie heute abend Trost in einer spirituellen Quelle. Bitten Sie Ihre höhere Macht um Hilfe, damit Sie von der Ruhelosigkeit und dem Kummer des Tages zur Ruhe und zum Frieden der Nacht gelangen.

Heute abend werde ich darauf vertrauen, daß mich meine höhere Macht selbst durch die schwierigsten Situationen und die kritischsten Zeiten führen wird.

Laß uns vergnügt die Arbeit des Tages verrichten, bring uns müde, zufrieden und würdevoll zu Bett und gewähre uns schließlich das Geschenk des Schlafes.

Robert Louis Stevenson

Heute abend werden Sie für alles, was Sie während des Tages getan haben, mit Schlaf belohnt. Um Ihren Schlaf friedlicher und entspannender zu machen und mit angenehmen Gedanken zu füllen, nehmen Sie sich ein paar Minuten Zeit, um Ihren Geist mit den Ereignissen des Tages abschließen zu lassen. Bevor Sie das Licht ausschalten, stellen Sie sich vor, daß Sie einen Pfad inmitten der Natur entlangwandern. Schauen Sie sich um. Atmen Sie tief. Betrachten Sie den See und die Berge, und lauschen Sie dem beruhigenden Geräusch des plätschernden Baches; oder beobachten Sie das Kommen und Gehen der Meeresbrandung, in der sich ein berauschender Sonnenuntergang spiegelt. An dem Zufluchtsort, den Sie sich in Ihrem Geist schaffen, ist nichts wichtig – nichts außer Seelenfrieden und die Stunden, die vor Ihnen liegen, in denen Ihr Geist Ruhe finden wird. Wenn Sie das Ende Ihres Pfades erreichen, spüren Sie vielleicht, wie die Spannungen und der Druck des Tages von Ihren Schultern weichen. Sagen Sie sich jetzt: «Heute war ein guter Tag. Ich kann meine Augen schließen und die Belohnung des Schlafes entgegennehmen.»

Ich hatte heute einen guten Tag. Ich habe alles gut gemacht. Heute abend bin ich zufrieden und bereit, mich vom Schlaf überkommen zu lassen.

Die Liebe ist etwas Wunderbares und vor allem etwas Gutes, sie allein macht jede Bürde leichter. Die Liebe ist wachsam und wacht über uns, auch wenn wir schlafen; obwohl sie ermüdend ist, werden wir ihrer nicht müde; obwohl sie fordernd ist, ist sie nicht erzwungen.

Thomas a Kempis

Die Liebe ist nicht nur ein Gefühl. Sie ist Wahrheit und voller Vergebung und Güte. Sie ist ein Geschenk, überquellend von Großzügigkeit und Ehrlichkeit. Liebe bedeutet, bereit zu sein, zu dienen und zu beschützen, zu schätzen und zu respektieren, zu ehren und stark zu sein. Man muß nicht verliebt sein, um Liebe zu empfinden; man braucht sie nur selbst zu verkörpern. Vermutlich werden Sie nicht allen Menschen, denen Sie begegnen, ein Gefühl der Liebe entgegenbringen, Sie können ihnen aber dennoch voller Liebe entgegenkommen.

Sind Sie den Menschen in Ihrer Umgebung heute liebevoll gegenübergetreten? Haben Sie ihnen gezeigt, daß Sie sie genau so akzeptieren und lieben, wie sie sind? Haben Sie diese Liebe uneingeschränkt und gern gegeben, ohne eine entsprechende Gegenleistung zu erwarten? Erkennen Sie das Gute, die Weisheit, die Schönheit und die Liebe in anderen Menschen ebensosehr, wie Sie sich wünschen, daß andere diese Eigenschaften an Ihnen schätzen? Denken Sie von nun an daran, daß Sie mehr Menschen lieben können als nur jene, in die Sie verliebt sind. Die Liebe wohnt in allem und jedem.

Heute abend werde ich jemandem meine Liebe zeigen, damit ich die Liebe in mir selbst spüren kann.

Spannung ist eine Gewohnheit. Entspannung ist eine Gewohnheit. Schlechte Gewohnheiten kann man ablegen, und gute Gewohnheiten kann man sich schaffen.

William James

Ist Ihnen bewußt, wodurch sich Ihre Nervosität über bevorstehende Ereignisse bemerkbar macht? Nägelkauen, unruhiges Auf- und Abgehen, tiefe Seufzer und verzweifeltes Händeringen sind einige der harmloseren Indizien, die auf nervöse Anspannung hinweisen können. Es gibt aber weit schädlichere Mittel, die wir einsetzen, um unsere strapazierten Nerven zu beruhigen. Hierzu gehören Drogen, Alkohol, Koffein, Zucker, Tabak, Sex oder Essen. Sind Sie häufig nicht imstande, sich zu entspannen oder einzuschlafen, weil Sie in einem Strudel aus Anspannung und Ängsten gefangen sind?

Ersetzen Sie jetzt eine schlechte Angewohnheit durch eine gute. Statt an den Nägeln zu kauen, greifen Sie nach einer Muschel, einem glatten Stein oder einem beruhigenden Kristall. Statt sich eine Zigarette anzuzünden, atmen Sie langsam und tief durch. Wenn Sie schlechte Gewohnheiten durch positive ersetzen, können Sie sich auf weniger schädliche Weise von Ihrer Nervosität befreien.

Welche schlechten Gewohnheiten kann ich durch gute ersetzen, um mich von meiner inneren Unruhe zu befreien und besser einschlafen zu können?

Intimität entsteht immer nur vorübergehend. Wir machen den Fehler, sie ständig zu wollen.

JoAnn Magdoff

Haben Sie bemerkt, daß Menschen, die Ihnen etwas bedeuten, aus Ihrem Leben verschwinden? Daß intime Beziehungen nicht immer allzu lange halten und daß alte Freundschaften manchmal leise sterben? Sie haben vielleicht den Eindruck, daß sich die Gefühle der Intimität, die Sie anderen Menschen entgegenbringen, schneller verändern, als Sie wollen. Rufen Sie sich ins Gedächtnis, was Sie wahrscheinlich schon am eigenen Leib erfahren haben. Erstens: «Manchmal müssen gute Dinge zu Ende gehen.» Und zweitens: «Besondere, intime Augenblicke können wiederkehren.»

Innige, liebevolle Gefühle, die Sie einem Menschen in der Vergangenheit entgegenbrachten, müssen nicht für immer verschwinden, wenn der Kontakt zu dem Betreffenden sich lockert. Sie können durchaus auf eine dritte Person übertragen werden. Sie müssen nur darauf vertrauen, daß Zeit und Entfernung Sie zwar von einigen Menschen trennen, Sie aber andererseits auch wieder mit anderen Menschen zusammenbringen können.

Erfreuen und entspannen Sie sich heute abend, indem Sie daran zurückdenken, wie Sie miteinander gelacht und geschwatzt haben, und trösten Sie sich mit den Erinnerungen an eine Berührung oder Umarmung.

Heute abend werde ich mich bemühen, Intimität nicht als Investition in die Zukunft zu betrachten, sondern als Bereicherung des gegenwärtigen Augenblicks zu erleben.

Ich glaube, der Sinn des Lebens besteht darin, nützlich zu sein, verantwortungsvoll zu sein, mitfühlend zu sein … eine Bedeutung zu haben, etwas zu vertreten, einen Unterschied bewirkt zu haben, dadurch daß man gelebt hat.

Leo Rosten

Ein Schüler hatte gerade seinen Aufsatz zum Thema «Tod und Sterben» beendet, in dem er ausführlich beschrieb, wie man ihn nach seinem Tod in Erinnerung behalten möge. Ein paar Tage später kam der junge Mann bei einem Autounfall ums Leben. Bei seinem Begräbnis wurde sein Aufsatz vorgelesen, und seine Familie, seine Freunde, Mitschüler und Lehrer befolgten seine Wünsche.

Ob Sie gesund sind, sich mit dem Alter konfrontiert sehen oder gerade mit einer Krankheit zu kämpfen haben, konzentrieren Sie sich auf die guten Dinge in Ihrem Leben, die Sie bisher erreicht haben, die guten Eigenschaften, die Sie haben, und darauf, was sie Positives zu Ihrem Leben und dem Leben anderer beigetragen haben. Ändern Sie von nun an Ihre Ansicht, wenn Sie Sinn und Zweck des Lebens darin sehen, ständig um Glück, Ruhm, Reichtum oder materielle Güter zu kämpfen. Richten Sie Ihr Hauptaugenmerk darauf, zu geben, andere zu leiten und Gutes zu fördern. Ein gutes Leben in der Zukunft beginnt mit der Gegenwart.

Was ist für mich der Sinn des Lebens? Heute abend werde ich darüber nachdenken, was ich in meinem Leben bedeuten kann, und nicht, was mein Leben mir bedeuten sollte.

Ich habe nur eine Lampe, von der sich meine Füße leiten lassen, und das ist die Lampe der Erfahrung.

Patrick Henry

Stellen Sie sich vor, nachts ohne eine Taschenlampe durch den Wald zu gehen. Sie mögen mit dem Wald so vertraut sein, daß Sie den Weg tagsüber problemlos zurücklegen könnten, aber ohne ein Licht in der Nacht würden Sie sich fühlen, als ob Sie den Weg mit verbundenen Augen gingen – und zum allerersten Mal.

Ihre täglichen Erfahrungen lehren Sie, in vielen Fällen den richtigen Weg einzuschlagen, so daß Sie bei Tageslicht problemlos dorthin gelangen, wohin Sie gehen möchten. Aber in der Nacht fehlt Ihnen die Erfahrung. Ähnlich ist es mit Krisenzeiten. Auch hier fühlen Sie sich vielleicht desorientiert. Zwar haben Sie in der Vergangenheit schon festgestellt, daß alles – also auch Ihre jetzigen Schwierigkeiten – vorübergeht. Trotzdem fühlen Sie sich unfähig, mit Ihrer Angst, Ihrer Trauer, Ihren Zweifeln, der Sorge und der Unsicherheit klarzukommen. Doch wie viele Lichter können Ihnen heute abend den Weg erhellen! Strecken Sie Ihre Hand nach einem Freund oder einem geliebten Menschen aus, der Ihnen zuhört, wenn Sie ihm erzählen, wie Sie sich fühlen, und der Ihnen versichert, daß alles gut wird.

Heute abend kann ich mich dazu entschließen, allein durch die Dunkelheit zu stolpern. Genausogut aber habe ich die Möglichkeit, mich im Lichtschein der Menschen zu bewegen, die ich kenne und denen ich vertraue.

Es gibt zwei Dinge im Leben, die wir anstreben: erstens, zu bekommen, was wir wollen; und zweitens, es zu genießen. Nur die weisesten unter den Menschen erreichen das zweite.

Logan Pearsall Smith

Vor fünfundzwanzig Jahrhunderten sagte der chinesische Philosoph Laotse, daß Überfluß unsere Sinne überlasten, uns unausgeglichen und krank machen kann. Sind Ihr Heim, Ihre Garage, Ihre Kleiderschränke und Schubladen, Ihre Zimmer und Ihr Terminkalender mit all den Dingen, die Sie wollen, hoffnungslos überladen? Sehen Sie sich heute abend um, und machen Sie im Geiste eine Inventur all der materiellen Güter, die Sie angehäuft haben. Fragen Sie sich: «Genieße ich diese Dinge wirklich? Machen sie mich glücklich? Sind sie *wirklich* wichtig?»

Trennen Sie sich von Dingen, die Sie nicht mehr brauchen. Es kann Ihnen helfen, zu erkennen, was Sie haben und was Sie wirklich wollen. Konzentrieren Sie sich auf einen Bereich in Ihrem Heim, und nehmen Sie sich vor, ihn bald zu durchforsten. Machen Sie es sich zur Regel, alles, was Sie nicht mehr verwenden, auszurangieren. Alte Besitztümer aufzugeben schafft nicht nur mehr Ordnung in Ihrem Leben, sondern bringt Ihnen auch neue Energie.

Ich werde es mir zum Ziel machen, Dinge, die ich nicht mehr verwende, einem wohltätigen Zweck zuzuführen.

... sie schaute sich um und stellte fest, daß es gar keine Monster waren, nur sich bewegende Schatten der vom Mondlicht beschienenen Bäume vor ihrem Fenster.

Lisa Alther

Wie oft hat man Ihnen als Kind gesagt, daß Ihre Angst vor dem Einschlafen nur das Ergebnis einer lebhaften Phantasie sei? Heute, da Sie erwachsen sind, kann Ihre nächtliche Phantasie noch immer mit Ihnen durchgehen, so daß Sie die Realität verzerrt wahrnehmen. Vielleicht stellen Sie sich Dinge vor, die nicht der Wirklichkeit entsprechen. Ein Freund ruft Sie nicht zurück, und Sie glauben, daß er Sie nicht mehr mag. Ihr Boß verhielt sich tagsüber abweisend, und Sie befürchten, morgen gefeuert zu werden. Ihr Partner hat keine Lust auf Sex, und Sie nehmen an, daß er Sie betrügt. Sie lassen Ihrer Phantasie freien Lauf und verlieren dabei die Realität aus den Augen! So werden kleinere Unannehmlichkeiten zu großen Katastrophen.

Heute abend brauchen Sie außer den Gedanken, die wild durch Ihren Kopf jagen, nichts zu fürchten. Sie können sie vertreiben, indem Sie die Dinge so betrachten, wie sie wirklich sind. Lassen Sie heute abend nicht zu, daß die Dunkelheit Ihre Gedanken verwirrt. Benutzen Sie Ihren Verstand, um klar zu sehen.

Ich werde daran denken, daß die Realität in der Nacht verzerrt erscheinen kann, wie die «Monster», die in Wirklichkeit Schatten sind und im Mondlicht auf meinem Fenster tanzen.

Habe gestern, zwischen Sonnenauf- und -untergang, zwei goldene Stunden verloren; jede besetzt mit 60 diamantenen Minuten. Keine Belohnung wird ausgesetzt, denn sie sind für immer dahin.

Horace Mann

Haben Sie häufig Schwierigkeiten damit, Aufgaben oder Projekte zu Ende zu bringen? Entscheidungsschwäche oder Verschleppungstaktik sind häufig die Ursache dafür. Jedes kleine Detail einer Aufgabe lange abzuwägen, bevor Sie es anpacken, kann Sie daran hindern, damit fertig zu werden. Ein Projekt vor sich herzuschieben, weil es Ihnen zu groß oder zu komplex erscheint, kann dazu führen, daß Sie es niemals angehen.

Wenn Ihnen ein solches komplexes oder umfangreiches Projekt bevorsteht, sollten Sie es zunächst in kleinere Teilbereiche aufteilen. Und falls Sie Probleme haben, auch nur eine kleine, einfach zu erledigende Aufgabe anzupacken, dann sollten Sie sich klarmachen, womit Sie belohnt werden, wenn Sie das Projekt abgeschlossen haben. Das kann Anerkennung, Geld oder das Gefühl sein, etwas geleistet zu haben. Und auf diese Belohnung können Sie dann hinarbeiten, bis Sie die Aufgabe erledigt haben.

Heute abend nehme ich mir vor, die kostbaren Augenblicke meines Lebens nicht mehr zu verschwenden. Ich werde aus dem restlichen Tag und aus allen Tagen, die vor mir liegen, das Beste machen.

Ich habe erst spät im Leben entdeckt, wie leicht es ist, einfach zu sagen: «Ich weiß es nicht.»

W. Somerset Maugham

Viele Menschen genieren sich, die Wahrheit zu sagen, wenn sie gefragt werden, ob sie dieses oder jenes wichtige Buch gelesen haben oder über eine bestimmte Person oder ein Ereignis Bescheid wissen. Warum aber sollte man nicht einfach wahrheitsgemäß antworten können: «Nein, ich habe das Buch nicht gelesen. Könnten Sie mir etwas darüber erzählen?»

Wenn Sie das nächste Mal über etwas nicht Bescheid wissen, geben Sie es einfach zu, und bitten Sie um mehr Informationen. Ihre Ehrlichkeit gibt Ihnen die Gelegenheit, etwas zu lernen, und sie stellt Nähe zu Ihren Mitmenschen her, die Ihnen gerne weiterhelfen werden. Außerdem verschafft sie Ihnen den Respekt derer, die es selbst nicht wagen würden, ihre Unkenntnis einzugestehen, und erlöst Sie von dem unangenehmen Gefühl, in der Defensive zu sein. Wie lehrt schon das Tao: «Diejenigen, die wissen, daß sie nicht wissen, erlangen Weisheit.»

Heute werde ich zugeben, wenn ich etwas nicht weiß. Dadurch werde ich den Respekt der anderen nicht verlieren – sie werden im Gegenteil meiner Couragiertheit und meiner Ehrlichkeit Respekt zollen.

Menschen, die mit dem Kopf durch die Wand wollen, verletzen sich nur selbst.

Will Rogers

Neigen Sie dazu, nachts wütend im Haus herumzutoben, weil es tagsüber nicht so gelaufen ist, wie Sie wollten? Hält Ihre Wut Sie wach, weil Sie die kritischen Situationen im Geiste wieder und wieder Revue passieren lassen? Um das intensive Gefühl des Zorns abzubauen, müssen Sie zuerst Abstand gewinnen. Dann können Sie es verarbeiten. Abstand gewinnen Sie in zwei Schritten. Sagen Sie sich zunächst laut: «Ich spüre, wie ich wütend werde, und brauche eine Pause.» Anschließend sollten sie die Angelegenheit so lange auf sich beruhen lassen, bis Sie sich beruhigt haben.

Um Ihren Zorn zu verarbeiten, empfiehlt es sich, etwas Körperliches zu tun. So werden Sie sich vor dem Schlafengehen abreagieren. Machen Sie einen Spaziergang oder eine Runde mit dem Staubsauger. Derlei Aktivitäten können einen Teil der Spannung in Ihrem Körper abbauen und Sie von dem ablenken, was Ihre Wut ausgelöst hat. Befreien Sie sich auf gesunde Weise von Ihrem Zorn, und Sie werden Ihren Seelenfrieden finden.

Wenn ich heute abend immer noch wütend bin, werde ich meine Augen schließen und mir vorstellen, daß ich eine sportliche Glanzleistung vollbringe, einen Marathonlauf absolviere oder auf einem schneebedeckten Berg an einem Slalomrennen teilnehme. Dort werde ich meine Wut zurücklassen, um in mein weiches, sanftes Bett zurückzukehren.

Gleichgültig, ob man sich dessen bewußt ist oder nicht: Es gibt für den einzelnen keine Grenzen. Aber bevor man das nicht begriffen hat, kann man es auch nicht in die Tat umsetzen. Die Einschränkungen, die jeder von uns erfährt, ergeben sich allein daraus, wie wir unseren Verstand benutzen.

John Daido Loori

Im Jahre 1982 verlor der Bergsteiger Hugh Herr bei dem Versuch, den Mount Washington zu besteigen, beide Beine. Die Ärzte erklärten ihm, er müsse akzeptieren, daß er mit dieser Behinderung keine Berge mehr erklimmen könne. Herr hörte nicht auf sie. Ganz im Gegenteil: Er entwarf eine neue Art von Beinprothese, die es ihm ermöglichte, auch weiterhin zu klettern. Er machte sich für die Entwicklung technischer Hilfsmittel für körperlich Behinderte stark. Herr überwand seine scheinbar unüberwindlichen Grenzen – denn seiner Ansicht nach sind Grenzen nichts als Einbildung.

Auf welche Art setzen Sie sich Ihre Grenzen selbst? Denken Sie oft, daß etwas unmöglich ist oder daß bestimmte Risiken zu groß sind? Nehmen Sie sich vor, heute eine dieser selbstauferlegten Einschränkungen aufzugeben. Beweisen Sie, daß diese Grenze nicht existiert.

Meine Grenzen existieren nur in meinem Kopf.

Wenn Sie sich Sorgen machen, beschreiten Sie immer dieselben Pfade und stellen schließlich fest, daß Sie im Kreis gelaufen sind.

Harold B. Walker

Der einzige Bewohner einer kleinen Insel hat nur einen sehr begrenzten Platz zur Verfügung, auf dem er sich bewegen kann. Wenn Sie sich Sorgen machen, dann geht es Ihnen ähnlich. Die Sorge beschränkt Ihren Geist auf einen einzigen Gedankengang und hält Ihren Körper in einem ständigen Zustand der Anspannung und der Angst. Vielleicht glauben Sie ja, daß Ihre Sorge dazu beiträgt, eine Lösung zu finden, aber in Wirklichkeit beharren Sie auf der Aussichtslosigkeit des Problems. Sie sind wie der Inselbewohner, der Tag und Nacht denselben Weg beschreitet – ohne irgendwo hinzukommen.

Erst wenn Sie Ihre Sorge loslassen, können Sie Lösungen klar erkennen oder Änderungen ins Auge fassen. Um sich jetzt von den Fesseln der Sorge zu befreien, fragen Sie sich: «Was kann ich tun, um diese Situation zu ändern?» Möglicherweise *können* Sie ja gar nichts tun. Dann ist es ohnehin Zeitverschwendung, sich weiterhin Sorgen zu machen. Konzentrieren Sie sich statt dessen auf entspannende Gedanken, damit Sie friedlich schlafen können.

Solange ich mir Sorgen mache, stecke ich entweder in einer Vergangenheit fest, die vorbei ist, oder in einer Zukunft, die erst kommen muß. Heute abend bleibe ich in der Gegenwart, indem ich mich meinem Bedürfnis nach heiterer Gelassenheit und Schlaf widme.

Das folgende könnte ohne weiteres ein altes Sprichwort sein: Wenn dich deine Lage umbringt, dann mach, daß du aus ihr rauskommst.

Hugh Prather

Vielleicht schütteln auch Sie ungläubig den Kopf, wenn Sie erleben, daß Menschen, die mißhandelt werden oder in einer lebensbedrohlichen Situation sind, nichts dagegen unternehmen. Aber neigen Sie selbst nicht ebenfalls zu dieser Art von Trägheit? Womöglich verabscheuen Sie Ihren Job so sehr, daß Sie jeden Abend müde und ausgelaugt sind. Vielleicht macht Ihre intime Beziehung Sie so unglücklich, daß Sie sich auf nichts anderes mehr konzentrieren können. Ihre Situation ist mit unbequemen Schuhen vergleichbar: Natürlich wollen Sie sie ausziehen. Aber wie?

Beginnen Sie noch in dieser Minute damit, indem Sie sich fragen: «Gibt es Situationen in meinem Leben, die mir körperliches oder emotionales Unbehagen bereiten?» Wenn Sie erkannt haben, was Sie bedrückt, überlegen Sie sich, bevor Sie das Licht ausschalten, noch eine Möglichkeit, wie Sie diese «Schuhe» morgen «ausziehen» können. Dann können Sie Ihre Augen schließen und einschlafen.

Heute abend werde ich den ersten Schritt unternehmen, um mich aus einer unbequemen Situation zu befreien, die mir meinen Seelenfrieden raubt.

Schließlich war er so todmüde, daß er jegliche Furcht vergaß – er schlief ein wie ein Mann, der eine halbe Stunde später dem Exekutionskommando gegenübertreten soll.

Nadine Gordimer

Haben Sie jemals solche Klagen geäußert: «Ich bin so müde, daß ich nicht mehr geradeaus schauen kann. Ich bin so müde, daß ich im Stehen einschlafen könnte. Ich glaube, ich könnte monatelang ununterbrochen schlafen.» Derartige Bemerkungen hört man besonders häufig von Menschen, die glauben, sich um alles kümmern zu müssen. Ihr Leitsatz lautet: «Wenn ich es nicht erledige, tut es niemand – oder niemand richtig.» Sich völlig zu verausgaben beschränkt sich nicht auf eine bestimmte Tätigkeit oder Rolle in ihrem Leben.

Die Auswirkungen eines solchen Verhaltens sind rasch spürbar. Nichts zermürbt den Körper, den Geist und die Seele mehr als der Versuch, alle Aufgaben selbst zu übernehmen. Sie sollten immer daran denken, daß Sie im Spiel des Lebens lediglich eine kleine Rolle übernommen haben. Sie sind nicht der Regisseur, der Bühnenbildner, der Beleuchtungstechniker, der Autor, der Produzent, der Presseagent und der Werbefachmann in einem. Sie sind einfach nur ein Mensch.

Heute abend werde ich daran denken, daß ich nicht auf die Welt kam, um die ganze Erde auf meinen Schultern zu tragen. Ich kann lernen, mich auszuruhen, ohne mich ständig anderen gegenüber verpflichtet zu fühlen.

FEBRUAR

Der Februar ist die ideale Zeit, um all die Bücher zu lesen, die sich im Laufe der Zeit aufgestapelt haben … Der Februar ist eine Zeit, in der wir wieder zum Kind werden können, eine Zeit, in der wir der Welt die Zunge herausstrecken, in der wir Schneeflocken fangen oder unsere Hände an einer Tasse heißen Kakao wärmen …

Joanna Kavanagh

Der chinesische Begriff *tzu jan* bedeutet sowohl «Naturwissenschaften» als auch «in Harmonie mit der Natur leben». Wenn Sie sich auf die Zyklen der Natur einstimmen, können Sie Ihren eigenen Energiefluß besser spüren. Wie die Natur haben auch Sie Zyklen in Ihrem Leben, in denen Ihre Energie erneuert wird (Frühling), stark und kräftig ist (Sommer), abnimmt (Herbst) und erschöpft ist (Winter). Da der Februar ein Wintermonat ist, haben Sie vielleicht weniger Energie als während der anderen Jahreszeiten. Nutzen Sie also den Februar als Monat der Meditation und der Innenschau – als Monat, in dem Sie die Welt um sich herum vergessen und für eine Weile Winterschlaf halten.

Heute abend sollten Sie sich nicht gegen Ihren natürlichen Energiezyklus auflehnen. Wenn Sie müde sind, gönnen Sie Ihrem Geist Ruhe. Wenn Sie wieder mehr Energie und einen klareren Kopf haben, werden die Dinge, über die Sie jetzt vielleicht nachdenken müßten, immer noch da sein.

Heute abend werde ich meinen natürlichen Energiezyklus nicht ignorieren. Ich werde mich ausruhen und dieser zyklischen Bewegung meine Achtung erweisen, statt sie zu bekämpfen.

Was würden Sie tun, wenn Sie an einem Ort festsäßen, wenn jeder Tag genau gleich wäre und nichts einen Unterschied machte?

Bill Murray in *Und täglich grüßt das Murmeltier*

Im Film *Und täglich grüßt das Murmeltier* sitzt ein unausstehlicher und egozentrischer Wetteransager beim Fernsehen, dargestellt von Bill Murray, in einer Zeitfalle fest. Er wacht jeden Morgen auf und stellt fest, daß noch immer der 2. Februar ist. Er ist dazu verdammt, diesen Tag immer wieder zu erleben, bis er endlich versteht und sich verändert.

So mag man sich vielleicht in der Mitte seines Lebens fühlen. Möglicherweise fühlen Sie sich ebenso gefangen und deprimiert wie die von Murray dargestellte Person, weil jeder neue Tag genauso aussieht wie der vorherige.

Heute abend aber sollten Sie sich folgenden Gedanken vor Augen führen: Sie können Ihre Welt und jeden Tag verändern, aber nur, wenn Sie sich zuerst selbst verändern. Überlegen Sie sich eine kleine «Reparatur» oder Verbesserung, die Sie an sich selbst oder in Ihrem Leben vornehmen können. Selbst kleine Veränderungen können Ihnen die Verpflichtungen, die Sie jetzt, in der Mitte Ihres Lebens, tagtäglich erfüllen – Ihre Arbeit, die Sorge um die Familie, die Sie gegründet haben, und das Verfolgen Ihrer Interessen – wertvoller machen.

Nicht wie ein Schlafwandler, sondern aktiv und lebendig will ich mein Leben gestalten. So mache ich das Beste daraus.

Lassen Sie niemals den Kopf hängen. Geben Sie niemals auf. Setzen Sie sich nicht hin, um zu jammern. Suchen Sie nach anderen Wegen.

Sachel Paige

Wenn Kinder müde sind, bringen sie ihre Gefühle klar zum Ausdruck. Sie setzen sich hin und fangen – egal wo sie sind – an zu weinen. Vielleicht haben Sie auch als Erwachsener manchmal das Bedürfnis, sich wie ein Kind einfach fallenzulassen und aufzugeben. Doch obwohl Ihre Tränen Sie vielleicht von einem Teil der Anspannung und Enttäuschung befreien, können sie Ihnen nicht die Last von den Schultern nehmen. Statt Ihren Tränen und dem Gefühl, kapitulieren zu wollen, freien Lauf zu lassen, sollten Sie versuchen, produktive Wege zu finden, um Ihre Aufgaben zu lösen.

Nehmen Sie sich vor, von nun an andere Menschen um Hilfe zu bitten. Vielleicht gibt es ja in Ihrem Haus oder Ihrer Familie Menschen, die Ihnen einige der Verpflichtungen, wie die Familienbetreuung und sonstige Aufgaben im Haushalt abnehmen können. Statt das Gefühl zu entwickeln, dem Druck der eigenen Verantwortung nicht standzuhalten, sollten Sie sich abends vornehmen, am Tage über einige brauchbare Lösungen nachzudenken. Rufen Sie sich ins Gedächtnis, daß nichts unveränderlich ist – wenn Sie es nicht wollen.

Warum versuche ich, mich um alles zu kümmern? Wer hat mir den Titel «Superfrau» oder «Supermann» verliehen? Ich will mir realistische Gedanken darüber machen, wo meine Grenzen liegen.

Die Menschen sind einsam, denn sie bauen Mauern statt Brücken.

Joseph Newton

Erinnern Sie sich daran, wie Sie als Kind einen Schutzwall aus Schnee gebaut haben? Erst türmten Sie den pappigen Schnee zu einer hohen Mauer auf. Dann kauerten Sie sich dahinter nieder und produzierten massenweise Schneebälle, die Sie in der Schlacht einsetzten. Wer den besten Schutzwall hatte, gewann für gewöhnlich die Schlacht, denn seine Mauer bot ihm den besten Schutz. Verstecken Sie sich als Erwachsener noch immer hinter Ihrem Schutzwall aus Schnee? Vielleicht befindet sich diese Mauer in Ihrem Inneren, ein Wall, den Sie in der Kindheit zu errichten begannen, um sich vor den Verletzungen und dem Schmerz einer zerrütteten Familie zu schützen. Und im Laufe der Jahre haben Sie diese Schutzvorrichtung möglicherweise immer weiter verstärkt, je häufiger Sie verletzt wurden.

Vielleicht fühlen Sie sich hinter Ihrer Mauer sicher, aber auch einsam. Ihre Einsamkeit wird abnehmen, wenn Sie eine kleine Lücke schaffen, um andere hereinzulassen. Sie müssen Ihre Mauern nicht völlig niederreißen, aber Sie können einem anderen Menschen Zugang gewähren. Und im Laufe der Zeit machen Sie vielleicht die Erfahrung, daß Sie sich dadurch zwar unsicherer fühlen – aber gleichzeitig auch weniger einsam.

Ich kann mich auch dann noch sicher fühlen, wenn ich einigen wenigen Menschen, die ich besonders schätze, gestatte, meinen inneren Schutzwall zu durchdringen.

Es ist wahr: Wenn wir auf unserer Reise zwei Schritte nach vorn machen, machen wir gleichzeitig häufig auch einen oder mehrere Schritte zurück. Aber wenn wir darauf vertrauen, daß die lauen Frühlingslüfte wiederkehren werden, kommen uns die kalten Winterwinde gleich weniger schneidend vor.

Robert L. Veninga

Schwierigkeiten können uns so überwältigend und allumfassend vorkommen, als ob sie ein Eigenleben hätten. Vielleicht beschleicht Sie manchmal das Gefühl, niemals über eine schwierige Zeit oder einen schmerzhaften Verlust hinwegkommen zu können. Dann sollten Sie aus dem Fenster blicken und sich ins Gedächtnis rufen, daß die Bäume, die jetzt noch kahl sind, bald wieder ausschlagen werden. Der Boden, der jetzt noch gefroren und schneebedeckt ist, wird auftauen. Die Knollen, die Sie im Herbst eingesetzt haben, werden bald die ersten Triebe und Blüten hervorbringen.

Wenn Sie daran denken, daß der Frühling alles neu beleben wird, dann können Sie auch darauf vertrauen, daß Sie Ihre persönliche Krisenzeit überwinden werden. An einem Tag mag es scheinen, als ob sich die Wolken gelichtet hätten; am nächsten Tag kehren sie vielleicht wieder. Aber nichts dauert ewig. Sie müssen daran glauben, daß Sie von einem Ort zum nächsten gelangen können – mit Geduld, Zeit und Zuversicht.

In einem Augenblick lächle ich, im nächsten können Tränen fließen. Heute abend werde ich darauf vertrauen, daß beides zu einem Prozeß gehört, in dessen Verlauf ich bereit werde für einen neuen Anfang.

Gott aber sollte seinen Auserwählten, die Tag und Nacht zu ihm rufen, nicht Recht schaffen und sollte sie lange warten lassen?

Lukas 18;7

Eines Abends während des Bürgerkrieges drangen feindliche Soldaten in das Haus einer alten Frau ein und verlangten ein Abendessen. Sie trampelten laut herum, warfen ihre schlammigen Stiefel und ihre schmutzige Kleidung auf ihre Möbel und steckten viele ihrer wertvollen Gegenstände ein, während sie für die Männer kochte. Als das Essen fertig war und sie sich zu den Soldaten an den Tisch setzte, verkündete sie: «Mein Brauch ist es, vor dem Abendessen zu beten. Ich hoffe, Sie haben nichts dagegen.» Dann senkte sie ihren Kopf und dankte für ihr Heim, ihre Gesundheit, für das Essen auf dem Tisch und die Gäste, mit denen sie ihr Abendbrot teilen sollte. Als sie «Amen» sagte und aufblickte, waren die Männer fort.

Wenn Sie sich heute abend fühlen, als ob Ihre Feinde die Oberhand über Sie gewonnen hätten, wenn Sie sich von Angst und Sorge überwältigt fühlen oder wenn Sie Gefahren oder Schwierigkeiten in Ihrem Leben zu bewältigen haben, wenden Sie sich mit Ihren Gebeten an eine höhere Macht. Solange Sie mit Ihnen ist, kann Ihnen nichts geschehen.

Heute abend werde ich meine Hand nach der unsichtbaren Macht der spirituellen Stärke ausstrecken. Ich werde zu meiner höheren Macht um Schutz, Führung, Hoffnung und Gelassenheit beten.

Wäget wohl vorher, was eure Schultern vermögen oder nicht, eh ihr die Last zu tragen übernehmt.

Horaz

Sie schaffen sich Ihren Streß selbst, wenn Sie versuchen, zu viel in zu kurzer Zeit zu erledigen. Es beginnt für gewöhnlich ganz einfach und unschuldig, indem Sie anbieten «auszuhelfen», und endet häufig damit, daß Sie Verpflichtungen übernehmen, die weit über Ihr ursprüngliches Angebot hinausgehen. Doch statt mit Ihren Hilfsangeboten aufzuhören, strecken Sie bei der nächsten Gelegenheit erneut die Hand aus! Warum? Vielleicht vermittelt es Ihnen ein gutes Gefühl. Möglicherweise macht es Ihnen Spaß, beschäftigt zu sein. Vielleicht ist es Ihnen ja ein Bedürfnis, anderen zu helfen. Es kann aber auch sein, daß Sie die wahren Gründe für Ihr Verhalten gar nicht kennen, daß es ungesunde Gründe sind: Vielleicht wollen Sie erreichen, daß man Sie mag. Möglicherweise haben Sie Angst vor unverplanter Zeit. Es geht Ihnen vielleicht nur dann gut, wenn Sie mehrere Projekte gleichzeitig bearbeiten.

Nehmen Sie sich vor, von nun an «Nein» zu sagen, wenn es angebracht ist – und sagen Sie «Ja», wenn es darum geht, etwas ganz Besonderes nur für sich selbst zu tun.

Wenn ich mir nicht wenigstens einen Abend pro Woche reservieren kann, um etwas für mich zu tun, dann bin ich zu beschäftigt. Ich freue mich darauf, einige meiner Verpflichtungen auf andere zu übertragen, damit ich mich mehr um mich selbst kümmern kann.

... Sie müssen an sich selbst glauben – daran glauben, daß Sie wissen, was zu tun ist, um das Problem zu lösen ... und daran glauben, daß Sie imstande sein werden, die notwendigen Schritte zu unternehmen.

Marsha Sinetar

Was würden Sie anders machen, wenn Sie das Wort «versuchen» aus Ihrem Wortschatz streichen und statt dessen das Wort «können» einsetzen würden? Würden Sie nicht plötzlich beginnen, Ihr Potential auszuschöpfen, statt nur Möglichkeiten wahrzunehmen; würden Sie sich nicht Ziele setzen, statt Unsicherheiten Raum zu bieten; würden Sie nicht viel mehr Ergebnisse vorweisen statt wiederholter, fruchtloserVersuche? Sie würden beginnen, an sich selbst zu glauben.

Wie können Sie diesen Glauben an sich selbst – diesen Glauben, daß Sie etwas schaffen *können* – fördern? Beginnen Sie einfach damit, einfache Dinge in Angriff zu nehmen. Backen Sie einen Kuchen, kein Soufflé. Melden Sie sich nur für einen Abendkurs und nicht gleich für mehrere an. Lesen Sie ein Selbsthilfebuch, nicht eine ganze Bibliothek. Meditieren Sie, und zwar einfach nur, indem Sie sich mit entsprechenden Techniken vertraut machen. Streben Sie keine Perfektion an; Sie müssen hinterher schließlich keine Kurse geben.

Ich kann mir auf dem Weg zu einem großen Ziel ein kleines, leicht erreichbares Ziel setzen. Statt mich auf das Endergebnis zu fixieren, konzentriere ich mich darauf, zu beginnen.

Menschen, die zu beschäftigt sind, um sich tagsüber Sorgen zu machen, und zu müde, um sich nachts Sorgen zu machen, sind wirklich gesegnet.

Leo Aikman

Der Schlaf belohnt Sie für die Aktivitäten des heutigen Tages. Um Ihren Körper von der Energie des Tages zu befreien und Ihren Geist mit angenehmen Gedanken zu erfüllen, nehmen Sie sich vor dem Schlafengehen etwas Zeit zum Meditieren. Setzen oder legen Sie sich bequem hin, und schließen Sie Ihre Augen. Stellen Sie sich vor, wie Sie eine Treppe, die mit einem weichen Teppich ausgelegt ist, hinuntergehen, und zählen Sie dabei rückwärts von zehn bis eins. Malen Sie sich mit jedem Schritt aus, daß Sie einem üppigen Wald näher kommen. Wenn Sie die letzte Stufe erreicht haben, blicken Sie sich um. Vielleicht sehen Sie einen glitzernden Fluß, in dem sich der leuchtende Vollmond spiegelt. Vielleicht erkennen Sie in der Ferne Berge, über denen sich der Nachthimmel mit seinen funkelnden Sternen wölbt.

Stellen Sie sich beim Einatmen vor, daß reine, frische Luft in Ihre Lungen dringt. Lassen Sie diese Luft langsam und tief bis in Ihren Bauch vordringen. Atmen Sie dann langsam und gleichmäßig aus, und spüren Sie, wie Ihr Bauch wieder flach und leer wird. Stellen Sie sich vor, Ihr Atem wäre nur eine sanfte Brise, die die Blätter auf den Bäumen des Waldes ganz sacht bewegt. Atmen Sie ein, atmen Sie aus. Schlafen Sie ein.

Heute abend werde ich mir eine friedliche, ruhige Welt vorstellen, in der nichts anderes zählt als mein Schlaf.

Ich habe in der Nacht geweint, denn ich war zu kurzsichtig, um zu erkennen, daß ein anderer Mensch mich brauchte; aber noch nie habe ich auch nur im geringsten bedauert, wenn ich etwas zu freundlich war.

Anonym

Sie brauchen nur die Zeitung aufzuschlagen, und Sie werden von der Herzlosigkeit, die auf der ganzen Welt herrscht, schier überwältigt. Legen Sie die Zeitung beiseite, und werfen Sie einen Blick auf Ihr eigenes Leben. Ist es ebenfalls von Herzlosigkeit geprägt? Haben Sie einen Mitarbeiter oder ein Familienmitglied schroff behandelt? Haben Sie sich im Straßenverkehr rücksichtslos verhalten oder sich im Supermarkt vorgedrängt? Waren Sie einer körperbehinderten Person gegenüber ungeduldig? Waren Sie zu einem Freund, der einsam war und reden wollte, unfreundlich?

Freundlichkeit ist wie eine wunderschöne, blühende Pflanze. Nehmen Sie sich ihrer an, gießen Sie sie, düngen Sie sie, und sie wird gedeihen. Doch sobald Sie sie nicht mehr pflegen, wird ihre Schönheit verblassen, und sie stirbt. Nehmen Sie sich von nun an Zeit, all die Blumen um sich herum anzuschauen und sich zu fragen: «Welchen Menschen gegenüber habe ich es an freundlicher Aufmerksamkeit fehlen lassen?»

Statt die herzlosen Dinge, die ich in der Vergangenheit gesagt oder getan habe, zu bereuen, kann ich jetzt zu den «Blumen» in meinem Leben freundlich und liebevoll sein. In diesem Sinne werde ich meinen Garten pflegen und zusehen, wie er gedeiht.

«Die Straße», schrieb Cervantes, «ist immer besser als die Raststätte.» Jene, die Ruhm und Reichtum als ihre Raststätte ansehen und angekommen sind, verpassen den ganzen Sinn des Lebens. In Wirklichkeit gibt es keine Raststätte, kein endgültiges Ziel. Die Straße führt immer und ewig weiter...

Leonard E. Read

Denken Sie manchmal: «Wenn ich befördert werde, sind meine finanziellen Probleme vorbei. Wenn mein Ehepartner und ich umziehen, werden wir viel besser miteinander auskommen.» Oder: «Wenn ich den richtigen Menschen treffe, werde ich glücklich sein»? Doch wenn Sie diese Dinge dann endlich erreicht haben, ist Ihre finanzielle Situation dann wirklich stabil, sind Sie mit Ihrer Ehe zufrieden und wahrhaft glücklich? Zu glauben, daß eine Person, ein Ort oder ein Gegenstand Ihnen alles gibt, was Sie vom Leben erwarten, ist, als ob Sie daran glauben, in der Lotterie zu gewinnen. Menschen, Orte und Dinge liefern Ihnen nicht die Antworten, die Sie suchen, und geben Ihnen nicht, was Sie brauchen. Dafür müssen Sie schon selbst sorgen.

Sie müssen auf der Straße des Lebens reisen und Ihren eigenen Weg finden. Sie mögen zwar auf Ihrer Reise ein paar wunderbaren Menschen begegnen, einige großartige Orte sehen, doch was letztendlich wirklich zählt, sind Ihre Entdeckungen auf dem Weg.

Ich darf nicht erwarten, daß alle meine Wünsche und Bedürfnisse irgendwie erfüllt werden, ohne daß ich mich darum bemühe. Um zu bekommen, was ich will und brauche, muß ich selbst danach suchen.

So möge dann beten zu Dir jeder Fromme zur Zeit der Bedrängnis. Und brechen herein die Fluten der Wasser, ihn werden sie nicht erreichen.

Du bist meine Zuflucht, Du wirst mich bewahren vor Ängsten, mich umgeben mit Liedern der Rettung.

Psalm 32;6–7

Vielleicht fällt es Ihnen im Augenblick schwer, sich zu entspannen und voller Freude einem erholsamen Schlaf entgegenzublicken. Die Sorge um ein bevorstehendes Ereignis erfüllt möglicherweise sowohl Ihren Körper als auch Ihren Geist. Vielleicht sind Sie in den Gedanken daran so gefangen, daß Sie wie ein Zeitreisender wirken – Sie existieren in der Gegenwart gar nicht, sondern irgendwann in der Zukunft.

Ihr Denken kreist in einem Strudel aus Anspannung und Angst, Ihre Muskeln sind verkrampft, während Sie wie gebannt darauf warten, was Ihnen bevorsteht. Bitten Sie um Hilfe, damit Sie lernen, in der Gegenwart zu leben, damit Sie sich beruhigen und entspannenden Schlaf finden können. Beten Sie zu einer höheren Macht, daß Sie Ihnen hilft, Ihre Nervosität abzulegen. Sprechen Sie folgende Worte zu ihr: «Schenke mir heute abend die Gelassenheit, um in der Gegenwart verharren zu können. Ich kann das Morgen nicht ändern oder beeinflussen. Es kommt von selbst. Hilf mir, bis es so weit ist, meinen Geist und Körper zu entspannen.»

Verursacht mir ein bevorstehendes Ereignis heute abend große Sorgen? Ich werde darum beten, mich auf die Gegenwart konzentrieren zu können, damit ich ruhig und gelassen bleiben kann.

Die schönste Entdeckung, die wahre Freunde machen können: Sie können sich individuell entwickeln, ohne sich auseinander zu entwickeln.

Elisabeth Foley

In einer engen Freundschaft oder intimen Beziehung kommt es allzu oft vor, daß man glaubt, sich wie Zwillinge verhalten zu müssen: Man will gleich denken, gleich reden, gleich handeln. Individualität kann zwei Menschen, die gut miteinander harmonieren, bedrohlich vorkommen. Vielleicht befürchten sie, sich auseinander zu entwickeln, wenn sie getrennte Wege gehen, oder den Frieden und die Harmonie in ihrer Beziehung zu stören. Doch Zeiten, die jeder für sich verbringt, sind nicht nur für die beiden Individuen innerhalb einer Beziehung unbedingt notwendig, sie sind auch förderlich für die Beziehung selbst.

Da eine einzige Person niemals all Ihre Bedürfnisse befriedigen kann, ist es wichtig, ein angemessenes und gesundes Gleichgewicht zwischen «getrennter Zeit» und «gemeinsamer Zeit» zu schaffen. Denken Sie daran, wie wichtig es ist, die zeitweise Trennung von einem guten Freund oder Partner zu ermutigen, zu unterstützen und zu respektieren – und nicht als Bedrohung für die Gemeinsamkeit zu betrachten.

Wenn ich dazu bereit bin, werde ich mit einem mir nahestehenden Menschen darüber sprechen, wieviel Zeit ich allein oder mit anderen verbringen muß. Ich werde diesen Menschen dazu ermutigen, dasselbe zu tun. Dieses Gespräch wird uns dabei helfen, einander näherzukommen.

Nur zwischen Menschen, die aufrichtig und ehrlich miteinander umgehen, herrscht Liebe.

Henry David Thoreau

An jedem 14. Februar schicken Millionen von Menschen jenen, die sie lieben, Valentinsgrüße. Wie begann diese Tradition? Eine Theorie besagt, sie habe ihren Ursprung im Mittelalter. Damals glaubte man, daß die Vögel sich am 14. Februar zu paaren beginnen, und wollte es ihnen gleichtun. Diese Ansicht war in England weit verbreitet und wird bereits in Chaucers Werken im 15. Jahrhundert erwähnt. Die ersten Valentinskarten tauchen im 16. Jahrhundert auf.

Aber wie echt ist Ihre Liebe, wenn sie nur durch Ihre Unterschrift auf einer Grußkarte, einen Blumenstrauß oder ein Abendessen in einem feinen Restaurant zum Ausdruck gebracht wird? Um Ihre Liebe zu zeigen, halten Sie sich an einfache Dinge. Schreiben Sie ein Gedicht, das von Herzen kommt. Tun Sie etwas Unerwartetes und Besonderes. Umarmen Sie Ihren Partner. Wenn Sie Ihre Liebe auf derart ehrliche Weise ausdrükken, sind Ihre Gefühle um einiges glaubwürdiger.

Ich werde mir vom Valentinsbrauch nicht vorschreiben lassen, wie ich meine Liebe zeige. Ich werde meine Liebe durch die Dinge ausdrücken, die ich tun will *und nicht durch die, die ich tun* sollte.

Der genießt die wahre Muße, der Zeit hat, den Zustand der Seele zu fördern.

Henry David Thoreau

Haben Sie am Ende des Tages das Gefühl, wirklich etwas geleistet zu haben? Obwohl alles nach Plan lief, beschleicht Sie vielleicht das Gefühl, dem vergangenen Tag fehle es an Inhalt. Ein Grund dafür kann sein, daß Sie zwar all Ihre Pflichten erfüllt haben, aber keine Gelegenheit hatten, Ihren eigenen Bedürfnissen nachzugehen. Und dieses Pflichtgefühl prägt vielleicht auch Ihre Abende. Auch hier konzentrieren Sie sich auf das, was sie tun *müssen*, und nicht auf das, was Sie *wollen*. Nehmen Sie sich heute abend vor, etwas anderes zu tun – etwas, das abseits der Routine liegt –, wenigstens an einem Abend pro Woche. Sie können sich beispielsweise Zeit reservieren, um Ihr Lieblingsbuch nochmals zu lesen, um Musik zu hören, einen Freund oder eine Freundin anzurufen, einen Brief zu schreiben oder ein langes, heißes Bad zu nehmen. Selbst die kleinste Abweichung von Ihrer allabendlichen Routine kann Ihnen dabei helfen, sich zu erholen, sich zu konzentrieren, entspannter zu sein und besser zu schlafen.

Etwas Abwechslung ist gesund! Von nun an werde ich mich bemühen, neue Wege einzuschlagen und mich nicht immer der gleichen abendlichen Routine zu unterwerfen.

Ebbe und Flut unseres Willens sind wie die Gezeiten ... Wenn wir unsere vergeblichen Kämpfe und Klagen lange genug aufgeben, um von unserem Ich Abstand zu nehmen ... erkennen wir, daß es das Leben eigentlich gut mit uns meint.

Charles B. Newcomb

Alles in der Natur verändert sich. Sie können sich darauf verlassen, daß Sonne und Mond auf- und untergehen und daß Ebbe und Flut sich ebenso abwechseln wie die Jahreszeiten. Und Sie können sich genauso darauf verlassen, daß Sie Teil dieses natürlichen Rhythmus sind.

Auch in Ihrem Leben gibt es natürliche Rhythmen: einen, der Sie aufwachen läßt – der Rhythmus der Flut –, und einen, der Sie einschlafen läßt – der Rhythmus der Ebbe. Heute abend kann Sie Ihr natürlicher Rhythmus der Ebbe, der sich in körperlicher Müdigkeit, geistiger Erschöpfung und dem Wunsch, sich zurückzuziehen, ausdrückt, zu Frieden und Entspannung führen. Wenn Sie diesem Fluß folgen und ihm vertrauen können – so wie Sie allem in der Natur vertrauen –, werden Sie Ruhe finden und sich für den morgigen Tag erholen können. Es ist jetzt Zeit, Ihrem natürlichen Rhythmus zu folgen und friedlich zu schlafen.

Kann ich mich heute nacht entspannt ausruhen? Kann ich mich darauf verlassen, daß der natürliche Fluß in meinem Innern meinen Geist, meine Seele und meinen Körper beruhigen wird? Heute abend werde ich einfach loslassen.

Um so glücklich wie möglich zu leben, sollten die Tage rigoros geplant werden und die Abende der Veränderung vorbehalten sein.

Mignon McLaughlin

Wie spontan sind Sie? Wenn Sie Ihre Vorhaben für die nähere Zukunft ändern müßten, würde Ihnen das leicht- oder schwerfallen? Sie sind vielleicht wütend, verstimmt, verletzt, traurig oder frustriert, wenn ein Freund anruft, um eine Verabredung abzusagen, oder ein Schneesturm oder etwas anderes, das Sie nicht beeinflussen können, Ihre Pläne durchkreuzt. Möglicherweise werden Sie feststellen, daß Sie manchmal so unbeweglich sind, daß Sie noch nicht einmal den Weg verändern, auf dem Sie morgens zur Arbeit gelangen. Vielleicht parken Sie immer auf dem gleichen Parkplatz und sitzen bei Besprechungen immer auf dem gleichen Platz. Diese Unbeweglichkeit hat sich im Laufe der Zeit entwickelt. Daher wird es auch einige Zeit dauern, bis sie zum Verschwinden gebracht ist und Sie wieder lokkerer werden. Kleine Veränderungen in Ihrer Routine oder Ihren Verhaltensmustern können Ihnen dabei helfen, mit größeren Veränderungen fertig zu werden.

Nehmen Sie heute abend eine kleine Veränderung an Ihrem morgigen Tagesablauf vor. Machen Sie dann jeden Abend eine weitere, geringfügige Änderung, so daß Sie allmählich mehr Flexibilität entwickeln können.

Durch langsame und geringfügige Veränderungen werde ich ab heute abend langsam lernen, meine Unbeweglichkeit aufzugeben und spontaner und flexibler zu werden.

... Wenn wir weiterhin mit uns selbst leben wollen, müssen wir ständig daran arbeiten, arbeiten, arbeiten.

Dr. Robert J. White

Heute abend haben Sie vielleicht das Gefühl, daß Sie im Laufe des Tages in irgendeiner Weise versagt haben. Vielleicht haben Sie einen Termin nicht eingehalten oder jemanden im Stich gelassen. In dem bewußten Augenblick glaubten Sie vielleicht, Ihr Bestes zu tun. Aber jetzt bedauern Sie, daß Sie sich nicht mehr bemüht haben. Erwarten Sie heute abend nicht von sich selbst, alles richtig und jeden glücklich zu machen. Auf einige Dinge haben Sie keinen Einfluß. Selbst der begabteste Chirurg verliert einen Patienten, trotz seiner Fachkenntnis, eines erstklassigen Operationsteams und der besten medizinischen Technologie.

Machen Sie sich heute abend klar, daß Sie das Ergebnis Ihrer Bemühungen nicht steuern können. Akzeptieren Sie diese Einschränkung, aber versuchen Sie weiterhin, immer Ihr Bestes zu tun.

Ich nehme mir vor, weiterhin mein Bestes zu geben, selbst wenn das für die anderen nicht gut genug ist. Das Wichtigste dabei ist, daß ich mich bemühe und mich von der Stelle bewege.

Nur in ruhigen Gewässern spiegelt sich die Umgebung unverzerrt wider. Nur ein ruhiger Geist kann die Welt angemessen wahrnehmen.

Hands Margolis

Beim Meditieren befreien Sie Ihren Geist von belastenden Gedanken, damit Sie sich körperlich entspannen und inneren Frieden finden können. Die Meditation ist eine Möglichkeit, sich zu öffnen, um ebenso mit Ihrem «Inneren» wie auch einer höheren Macht zu «kommunizieren». Wie meditieren Sie? Es gibt keine festen Regeln. Manche Menschen setzen sich in einen ruhigen, von Kerzenlicht erhellten Raum und schließen die Augen; andere hören entspannende Musik, eine Kassette mit Naturgeräuschen oder eine Meditationskassette; andere singen ein Wort; andere bevorzugen die Bewegungsmeditation, bei der sie laufen oder gehen.

Wenn Sie mit dem Meditieren beginnen, wählen Sie einen Ort, an dem Sie nicht gestört werden, und einen festen Zeitpunkt jeden Abend. Wenn belastende Gedanken aufkommen, lassen Sie diese einfach durch Ihr Bewußtsein strömen. Schenken Sie ihnen nicht allzuviel Beachtung; lassen Sie sie sanft in Ihren und aus Ihrem Geist treiben. Achten Sie darauf, gleichmäßig zu atmen, Ihren Körper zu entspannen und Ihre Gedanken zu beruhigen.

Heute abend werde ich mir vorstellen, mein Geist sei so ruhig wie die Oberfläche eines winzigen Teiches an einem sonnigen, windstillen Sommertag. Nichts kann den Wasserspiegel bewegen, nichts die Tiefen meines Geistes aufwühlen.

Menschen sind wie Teebeutel. Man weiß selbst nicht, wie stark man eigentlich ist, bis man ins heiße Wasser geworfen wird.

Bruce Laingen

Vielleicht finden Sie, das Leben wäre wunderbar, wenn nur alles ein wenig einfacher und leichter wäre. Doch denken Sie einmal an eine besonders schwierige Zeit in Ihrem Leben zurück. Das kann Ihre Kindheit, eine schmerzliche Beziehung, eine Krankheit oder Verletzung oder der Verlust eines Arbeitsplatzes gewesen sein. Wären Sie heute genauso stark, wenn Sie diese Erfahrung nicht gemacht hätten? Sicherlich hat sie einen Eindruck hinterlassen, der Ihr Denken, Fühlen, Handeln und Ihren Glauben noch heute beeinflußt.

Wenn Sie sich heute in einer schwierigen Situation befinden, dann sollten Sie nicht vor ihr weglaufen oder nach einem einfachen Ausweg suchen. Fragen Sie sich statt dessen: Was kann ich lernen, wenn ich ganz bewußt durch diese Erfahrung hindurchgehe? Werde ich dadurch stärker, jetzt – und künftig?

Heute werde ich mich um eine positivere und optimistischere Einstellung bemühen, weil ich dadurch schwierige Zeiten besser überstehen kann.

Jeder Generation fällt es schwer, die Bedürfnisse ihrer Kinder wahrzunehmen – weil ihre eigene Kindheit ihnen noch in den Ohren klingt.

Ellen Goodman

Wenn Sie an Ihre Kindheit zurückdenken, erinnern Sie sich vielleicht an all die Verletzungen, die Traurigkeit oder die Angst, die Sie erleiden mußten, weil Ihre Familie zerrüttet war oder weil Sie emotional, körperlich oder sexuell mißbraucht wurden. Wenn Ihre Gedanken dann in die Gegenwart wandern, stören Sie sich vielleicht daran, wie gleichgültig Ihre Kinder den Bemühungen gegenüberstehen, die Sie unternehmen, damit sie nicht dasselbe durchmachen müssen wie Sie selbst. Vermutlich fragen Sie sich: «Warum erkennen sie nicht, um wieviel es ihnen besser geht?» Aber wenn Sie versuchen, das Unglück Ihrer eigenen Kindheit an Ihren Kindern wiedergutzumachen, geben Sie ihnen nicht, was sie wirklich brauchen: Ihre Zeit und Aufmerksamkeit heute, in der Gegenwart. Wenn Sie Ihre Kinder mit den materiellen Gütern überhäufen, die Sie selbst nicht hatten, verlieren sie jedes Maß. Wenn Sie niemals mit ihnen schimpfen, zeigen Sie ihnen keine Grenzen und bringen ihnen nicht bei, zwischen richtig und falsch zu unterscheiden. Wenn Sie ständig für sie da sind, geben Sie ihnen keine Möglichkeit, an eigenen Erfahrungen zu wachsen.

Um meinen Kindern eine gesunde Kindheit zu ermöglichen, dürfen mich nicht nur meine eigenen Kindheitserinnerungen beeinflussen. Ich muß mich von den Bedürfnissen meiner Kinder leiten lassen.

Früher hieß es: «Früh ins Bett, früh aus dem Bett, macht einen Mann gesund, reich und weise.» Heute gilt für viele Menschen: «Spät ins Bett, früh aus dem Bett, macht mich süchtig, bekümmert und bringt mir den frühen Tod.»

Gary E. Hurst, Mike Kachura und Larry D. Sides

Sind Sie überglücklich, wenn Sie Ihre Arbeit gut gemacht haben? Fühlen Sie sich wie ein kompletter Versager, wenn Sie eine schlechte Leistung erbracht haben? Steht die Arbeit bei Ihnen an erster Stelle? Haben Sie das Gefühl, mehr Sie selbst zu sein, wenn Sie arbeiten? Fällt es Ihnen schwer, sich im Urlaub zu entspannen? Dann sind Sie arbeitssüchtig!

Die Arbeitssucht bringt es mit sich, daß Sie Ihr Privatleben nicht von Ihrem Berufsleben trennen können. Sie identifizieren sich übermäßig mit Ihrer Arbeit, und es fällt Ihnen schwer, sie jemals gänzlich hinter sich zu lassen.

Um sich aus Ihrer Arbeitssucht zu befreien, nehmen Sie sich zwischendurch Zeit zum Nichtstun. Bringen Sie Ihre Arbeit nicht mit nach Hause, und stehen Sie nicht früher auf, um als erster im Büro zu sein. Geben Sie Ihrem Geist und Ihrem Körper die Chance, sich von der Arbeit zu erholen, indem Sie sich genügend Ruhezeit gönnen.

Ich arbeite schwer. Kann ich ebensoviel Kraft darauf verwenden, mein Arbeitsaufkommen zu reduzieren? Wenn ich mich heute abend ausruhe, sehe ich den morgigen Tag aus der richtigen Perspektive und kann wieder zu Kräften kommen.

So wie wir für uns empfinden, müssen wir für alle Lebensformen empfinden ...

Greenpeace

In den fünfziger Jahren setzte die Weltgesundheitsorganisation ein bestimmtes Schädlingsbekämpfungsmittel ein, um im Norden Borneos die Malaria zu bekämpfen. Die Moskitos und die Malaria verschwanden. Aber Forscher entdeckten bald, daß das Mittel auch Wespen und andere Insekten tötete, die bis dahin die Raupen gefressen hatten, welche wiederum die Strohdächer in den Dörfern zerfraßen. Außerdem verbreiteten sich bald andere Krankheiten, da die Ratten typhusverseuchte Flöhe hatten und die Zahl der Ratten zunahm, weil die Katzen gestorben waren, nachdem sie Eidechsen gefressen hatten, die verseuchte Insekten gefressen hatten. Diese Geschichte zeigt, daß wir die Verbindung zwischen Mensch und Natur ernst nehmen müssen, wenn diese in Frieden miteinander leben sollen.

Dasselbe gilt für Sie. Wenn Sie Ihr Leben ändern, werden auch die Menschen in Ihrer Umgebung davon betroffen. Sie müssen sich dieser Veränderung anpassen. Streben Sie heute abend danach, nicht nur Harmonie in Ihrem eigenen Leben, sondern auch im Leben der Menschen in Ihrer Umgebung zu schaffen.

Für meinen Seelenfrieden ist das innere Gleichgewicht und die Harmonie in meiner Umgebung ebenso wichtig wie bei mir selbst. Ich werde mich bemühen, nicht nur meine Bedürfnisse zu verstehen und zu respektieren, sondern auch die Bedürfnisse anderer.

Die Welt ist voller Menschen, die nach dem spektakulären Glück suchen, das Gefühl der Zufriedenheit jedoch nicht zu schätzen wissen.

Doug Larson

In Disneyland gibt es eine Achterbahn, die «Space Mountain» heißt. Sie steht für Geschwindigkeit, Aufregung und Nervenkitzel. Am anderen Ende des Vergnügungsparks gibt es eine Bahn namens «It's a Small World». Sie ist ganz anders. Auf ihr unternimmt man eine Reise in ferne Länder, während Kinder verschiedenster Nationalitäten das Lied von der «Kleinen Welt» singen. Der Unterschied zwischen diesen beiden Bahnen ist wie der Unterschied zwischen Zufriedenheit und spektakulärem Glück. Die eine ist vergnüglich, während die andere atemberaubend ist.

Es ist nur natürlich, daß man lieber das erhebende Gefühl der Ekstase erleben möchte als ein sanftes, beschauliches Dahinschlängeln. Aber nur wenn Sie Glück mit einem emotionalen Hoch und Unglück mit einem emotionalen Tief gleichsetzen, finden Sie Ihr Leben langweilig. Es ist wichtig, zu akzeptieren, daß das Leben nicht immer wie eine Achterbahn verlaufen muß. Sie können zufrieden, fröhlich, heiter und gelassen sein – und dennoch glücklich.

Versuche ich in meinem Leben ständig von einem emotionalen Hoch zum nächsten emotionalen Hoch zu gelangen, damit ich glücklich bin? Ich will akzeptieren, daß Glück nicht unbedingt dramatisch sein muß. Glück kann auch einfach und sanft sein.

Wenn Sie auf Perfektion abzielen, werden Sie entdecken, daß es sich um ein bewegliches Ziel handelt.

George Fisher

Glauben Sie, daß Sie in allem, was Sie tun, unfehlbar und beinahe vollkommen sein müssen? Glauben Sie, daß Ihr Wert als Person davon abhängt, wie perfekt Sie alles erledigen? Ein dermaßen perfektionistisches Denken ist unrealistisch. Ihr Wert hängt vielmehr davon ab, wie sehr Sie imstande sind, menschlich und lebendig zu sein. Wenn Sie meinen, Sie müßten immer perfekt sein, kann Sie dies davon abhalten, etwas Neues zu probieren, weil Sie Angst vor einem Fehlschlag haben.

Denken Sie realistisch statt perfektionistisch. Jedesmal, wenn Sie sich beim Gedanken «Ich sollte in allem perfekt sein» oder etwas Ähnlichem ertappen, fragen Sie sich: «Ist das vernünftig?» Sie werden erkennen, daß Ihre Vorstellung von Vollkommenheit Ihrer eigenen Phantasie entspringt – und keineswegs die Dinge so widerspiegelt, wie sie wirklich sind. Das kann Ihnen dabei helfen, das Bedürfnis, immer an die Spitze zu gelangen, loszulassen.

Von nun an werde ich nicht mehr ständig von mir erwarten, vollkommen zu sein. Ich werde mein Bestes geben. Und das ist es doch, worauf es wirklich ankommt.

In der Morgendämmerung schimmert der Horizont. In der Abenddämmerung begibt sich der Himmel zur Ruhe.

Tao-te-king

Ihr ganzes Leben besteht aus Zyklen. Etwas geht zu Ende, etwas Neues beginnt. Wenn Sie den Arbeitsplatz wechseln, geht die Zeit, die Sie in der bisherigen Firma verbracht haben, zu Ende, aber gleichzeitig bedeutet es auch, daß Sie woanders arbeiten werden. Am Ende einer langjährigen Beziehung hören Sie auf, mit dieser Person Zeit zu verbringen, aber statt dessen werden Sie Ihre Zeit fortan mit jemand anderem verbringen. Es ist ein Zeichen von Weisheit, solche Lebenszyklen nicht nur zu erkennen, sondern sie auch zu akzeptieren. Wenn Sie sie nicht akzeptieren, konzentrieren Sie Ihre Energie allein auf das Gewesene und Verlorene und entwickeln sich nicht weiter: Um zu leben und zu wachsen, müssen Sie in Bewegung bleiben.

Rufen Sie sich heute abend ins Gedächtnis, daß die Vergangenheit unwiederbringlich vergangen ist. Sie wird niemals mit der Gegenwart verschmelzen, auch wenn sie erst gestern oder am Morgen des gleichen Tages Gegenwart war. Sie werden sich deutlicher in der Gegenwart fühlen, wenn Sie von diesem Augenblick an versuchen, alles frisch und neu zu machen.

Die Sägespäne, die beim Bearbeiten von Holz entstehen, können niemals mehr zur vorherigen Form zusammenwachsen. Um die Gegenwart zu akzeptieren, muß ich neue Holzstücke bearbeiten und neue Sägespäne anhäufen.

Wenn man tagsüber so viele Ideen hätte, wie man sie hat, wenn man nicht schlafen kann, dann würde man ein Vermögen verdienen.

Griff Niblack

Haben Sie sich schon des öfteren gefragt, warum Sie manchmal in der Nacht wacher sind als bei Tag? Vielleicht haben Sie den ganzen Tag – vom Aufstehen bis zum Schlafengehen – den Eindruck, sich durch eine dicke, trübe Brühe kämpfen zu müssen. Ihre Glieder sind schwer, Ihr Geist scheint im Nebel umherzuirren. Aber sobald Sie sich hinlegen, haben Sie das Gefühl, frei auf offener See dahinzusegeln. Ihr Körper scheint voller Energie zu sein, und Ihr Geist sprudelt über von Gedanken und Ideen, so daß Sie zum Schlafen gar keine Zeit haben.

Statt heute nacht wachzuliegen, über die Zukunft nachzudenken und zu planen, stellen Sie sich vor, wovon Sie träumen möchten. Auf diese Weise können Sie sich beibringen, Ihre eigenen, aufregenden Träume zu träumen – und zwar während Sie schlafen!

Wovon werde ich heute nacht träumen? Bevor ich schlafen gehe, schließe ich meine Augen und stelle mir einen Traum vor. In diesem Traum werde ich genau das tun, was ich tun möchte, und genau der Mensch sein, der ich sein möchte.

Wir hätten mehr Ruhe, wenn wir uns weniger darum kümmerten, was die anderen sagen und tun.

Thomas a Kempis

Kreist Ihr Leben um den Menschen, den Sie lieben, um die Familie, die Sie gegründet haben, um den Beruf, den Sie erlernt haben, oder um die Wünsche Ihrer Eltern? Dann gehören Sie wahrscheinlich zu den Menschen, die immer versuchen, es allen recht zu machen, und glauben: Das wird von mir erwartet.

Leben Sie in einer Beziehung, aber nicht *für* sie. Engagieren Sie sich in Ihrer Familie, aber lassen Sie sich nicht von ihr bestimmen. Üben Sie einen Beruf aus, aber definieren Sie sich nicht darüber. Und wenn Sie noch Eltern haben, so bedenken Sie, daß Sie kein Kind mehr sind. Wenn Sie sich verhalten, wie andere es von Ihnen erwarten, wenn Sie etwas oder jemanden zu Ihrem Mittelpunkt machen, oder wenn Sie das tun, was Sie *sollten*, statt zu tun, was Sie *wollen*, so ist die Folge ein Gefühl der Anspannung. Sie verlieren Ihre innere Mitte und den Kontakt zu Ihren eigenen Bedürfnissen.

Nehmen Sie sich vor, von nun an nicht mehr das zu tun, was andere von Ihnen erwarten. Fragen Sie sich: «Was möchte *ich* tun?» Und dann versuchen Sie, es zu verwirklichen, egal, ob mit oder ohne Zustimmung der anderen.

Nur wenn ich mir das Recht nehme, meine eigenen Entscheidungen zu treffen, kann ich mein eigenes Leben leben. Ich werde von nun an Entscheidungen treffen, die mit folgenden drei Worten beginnen: «Ich habe beschlossen ...»

Auch die Furcht, die Angst, die Traurigkeit können zu Gott führen.

Elie Wiesel

Als sich Henry David Thoreau am Walden-See aufhielt, veranlaßte ihn eine Reihe verregneter Frühlingstage zu folgenden Betrachtungen: Zuerst beklagt er sich über den Regen, der ihn im Haus festhält, er ist aber glücklich, daß die Bohnen, die er unlängst gepflanzt hat, bewässert werden. Als der Regen anhält, schreibt er, selbst wenn die Samen in der Erde verrotten sollten, «... so wird der Regen dem Gras im Hochland doch guttun, und wenn er gut für das Gras ist, dann ist er auch gut für mich.»

Vielleicht weinen Sie, weil jemand, den Sie lieben, im Sterben liegt. Vielleicht weinen Sie, weil Sie traurig, überfordert, frustriert, verängstigt oder allein sind. Aber diese Tränen werden Ihre Seele reinigen und Sie erfrischen.

Vergleichen Sie Ihre Tränen heute abend mit dem sanften Frühlingsregen, den Thoreau vor Jahren erlebte. Die Tränen, die Sie jetzt vergießen, sind notwendig, damit Neues in Ihnen wachsen kann.

Heute abend werde ich daran denken, daß Traurigkeit und Freude zum Leben gehören. Ohne das eine kann das andere nicht bestehen.

MÄRZ

Wer einen Berg abträgt, fängt damit an, kleine Steine wegzutragen.

Chinesisches Sprichwort

Der Schriftsteller Joseph Conrad schrieb einen langen und leidenschaftlichen Roman, wobei er immer wieder mit der Sprache zu kämpfen hatte. Da seine Muttersprache Polnisch war, fiel es ihm sehr schwer, seine Geschichte präzise auf englisch zu formulieren. Als er das Buch schließlich fertiggestellt hatte, schrieb er nicht «Ende». Statt dessen kritzelte er ein anderes Wort quer über die letzte Seite. Es lautete nicht «fertig» oder «beendet», sondern «Sieg». Und das war dann auch der Titel seines Romans, *Sieg!* Fragen Sie einen Schriftsteller, wie er sein Buch zu Ende gebracht habe, und häufig wird die Antwort lauten: «eine Seite nach der anderen» oder sogar «ein Wort nach dem anderen». Die gewaltige Aufgabe, einen Roman zu schreiben, kann nur bewältigt werden, indem man viele kleine Schritte macht.

Ebenso verhält es sich mit den Zielen in Ihrem Leben. Wiegen Sie sich heute abend in dem sicheren Gefühl, daß Sie Ihre Ziele bald erreichen werden – aber nur, indem Sie Schritt für Schritt vorangehen!

Mein «Sieg» besteht darin, unablässig an dem Projekt oder auf das Ziel hin zu arbeiten, das mir wichtig ist. Ich werde daran denken, daß ich um so mehr Schritte machen muß, je größer die Aufgabe ist.

«Auch das geht vorbei.» Wie aussagekräftig dieser Satz doch ist! Wie ernüchternd in der Stunde des Sieges! Wie tröstend in unserer tiefsten Not! «Auch das geht vorbei.»

Abraham Lincoln

In schweren Stunden haben Sie vielleicht manchmal den Eindruck, als stünde die Zeit still. Sie glauben, nichts anderes mehr empfinden zu können als Schmerz, und Sie sehen eine traurige, leere, hoffnungslose, deprimierte und einsame Zukunft vor sich. Doch diese Phase wird nicht ewig dauern. Der Schmerz vergeht, ebenso wie das Vergnügen. Nichts bleibt, wie es ist; nichts steht jemals still.

Heute abend können Sie sich mit dem Gedanken beruhigen, daß die Zeit im Flug vergeht, wenn Sie sich amüsieren, aber daß jede Stunde Ihnen wie zwei Stunden vorkommt, wenn Sie eine schwere Zeit durchmachen.

Sie müssen in jedem Augenblick nichts anderes tun, als diesen Augenblick zu ertragen. Auch er wird vorübergehen. Sie dürfen sich auf Ihre Stärke, Ihre Geduld und Ihre Zuversicht verlassen und darauf, daß dieser Augenblick – und die Gefühle, die Sie in diesem Augenblick empfinden – nicht ewig dauern wird. Die Zeit vergeht, ebenso wie der Schmerz.

Heute abend werde ich daran denken, daß auch das Schwere vorbeigehen wird. Ich werde meditieren und darum beten, daß eine höhere Macht mir über diese schwierige Zeit hinweghilft.

Warum entdecken manche Menschen ohne weiteres den wunderschönen Himmel und das Gras, liebliche Blumen und unglaubliche Menschen, während es anderen grundsätzlich schwerfällt, überhaupt etwas Schönes in dieser Welt zu finden?

Leo Buscaglia

Fragen Sie sich manchmal, warum ein Fremder, dem Sie morgens begegnet sind, zu Ihnen sagte: «Schöner Tag, nicht wahr?» Fühlen Sie sich unbehaglich, wenn man Sie herzlich willkommen heißt, unerwartet umarmt oder wenn Sie positiven Menschen begegnen? Vielleicht fragen Sie sich, wie jemand überhaupt so zufrieden sein kann. Möglicherweise sagen Sie sich: «Wenn dieser Mensch mit mir tauschen müßte, wäre auch er nicht mehr glücklich. Das schafft niemand!» Es mag schwer sein, diese negative Einstellung zu überwinden. Es erfordert einige Arbeit, die Dinge positiver zu betrachten, denn diese Denkweise erscheint Ihnen vielleicht seltsam und fremd.

Statt heute abend wachzuliegen und über all die negativen Dinge nachzudenken, die heute passiert sind, gehen Sie die Ereignisse des Tages durch und suchen Sie nach etwas Positivem. Konzentrieren Sie sich auf diese Erinnerung, und genießen Sie die angenehmen Gefühle, die sie hervorruft.

Heute abend werde ich versuchen, positiv zu sein. Ich werde über meinen Tag nachdenken und mich auf etwas Erfreuliches konzentrieren, das mir heute widerfahren ist.

Die Wut festzuhalten ist, als ob man nach einem Stück heißer Kohle greift, um es nach jemandem zu werfen – man verbrennt sich dabei nur selbst.

Buddha

Wie oft waren Sie in der Vergangenheit wütend auf Ihren Partner, ein Kind, Ihre Geschwister, Ihre Eltern, einen Mitarbeiter oder einen Freund, ohne diese Wut loswerden zu können? Anstatt damals an Ihrer Wut zu arbeiten, haben Sie sie vielleicht ignoriert oder versucht, sie zu überdecken – so wie man ein Pflaster auf eine Wunde klebt. Aber dieses Verhalten konnte Ihren Zorn nicht heilen, sondern nur verbergen. Und je länger Sie damit fortfahren, Ihre Gefühle nicht zum Ausdruck zu bringen, desto mehr wächst die Wut in Ihrem Innern. Ein ungelöster Konflikt ist wie ein leuchtendrotes Neonlicht, das ständig in Ihrem Geist blinkt. So sehr Sie auch versuchen, es zu ignorieren, Sie werden es nicht schaffen. Solange Sie nicht wissen, wie Sie Ihren Zorn loswerden können, ist er wie ein roter Schleier, durch den Sie die Welt sehen.

Beten Sie heute um Beistand, damit es Ihnen gelingt, die Wut aus vergangenen Tagen loszulassen. Das mag nicht einfach sein, denn der Wunsch, daran festzuhalten, ist möglicherweise genauso stark wie der Wunsch, sie aufzugeben. Mit etwas Übung können Sie aber lernen, die Wut, die in Ihnen lodert, zu besiegen.

Ich bin es müde, an vergangenem Ärger festzuhalten. Heute abend werde ich aufhören, überall rot zu sehen, und meine Welt wird sich in sanften, entspannenden Farben zeigen.

Sie möchten Zeit mit Ihren Kindern verbringen, doch wie sollen Sie das schaffen, wenn Sie auch noch arbeiten und *Ihre Familie betreuen* und *dafür sorgen wollen, daß Ihr Kind genug Schlaf bekommt.*

Arnold L. Stolberg

Unsere heutige Gesellschaft stellt an die Eltern enorme Anforderungen. Sie haben nicht nur Ihre Familie zu erhalten, sondern müssen auch Ihrer Arbeit nachgehen und einen Haushalt führen, emotional und materiell für die Familie sorgen und die individuellen Bedürfnisse eines jeden Familienmitgliedes befriedigen. Das führt häufig dazu, daß die Mahlzeiten oft spät oder nicht gemeinsam eingenommen werden; die Kinder kommen manchmal viel zu spät ins Bett, damit sie etwas Zeit mit ihren Eltern verbringen können.

Wie können Sie diese Situation verändern? Statt Ihre Kinder später zu Bett zu bringen, sorgen Sie von nun an dafür, allesamt früher zu Bett zu gehen, damit Sie alle früher aufstehen und ein gemeinsames Frühstück genießen können. Halten Sie Ihre Kinder dazu an, nicht sämtliche Nachmittage durch außerschulische Aktivitäten zu verplanen, damit sie einen Teil der Hausarbeit übernehmen. Hören Sie auf, Arbeit vom Büro mit nach Hause zu bringen, damit Ihre Abende mit den Kindern «familienfreundlicher» werden.

Ich werde mir überlegen, wie ich von nun an meine Abende besser gestalten kann. Als besonderen Schwerpunkt plane ich gemeinsame Zeit zum Spielen und genügend Zeit zum Schlafen sowohl für die Erwachsenen als auch für die Kinder ein.

Andere ständig zu täuschen war so selbstverständlich für sie, daß es ihr wie eine Art Wahrheit vorkam.

Louise Erdrich

Stellen Sie sich einen ruhigen See mit glatter Oberfläche vor, in dem sich der Himmel und die Bäume, die dem Ufer entlang wachsen, widerspiegeln. Unweit vom Ufer treibt eine Schar Gänse auf dem Wasser. Sie nehmen diese Szene in sich auf und staunen darüber, wie friedlich sie ist. Aber ist sie das wirklich? Was Sie nicht sehen, sind die Füße der Gänse, die heftig paddeln. Was Sie nicht spüren, ist die starke Strömung in der Tiefe des Wassers. Aus diesem Bild können Sie etwas lernen: Die Dinge sind nicht immer das, was sie zu sein scheinen. Ebenso kann es sich mit Ihnen verhalten. Hinter Ihrem Lächeln verbergen sich möglicherweise Schmerz und Enttäuschung. Sie arbeiten vielleicht deshalb so emsig, weil Sie tief im Inneren nervös sind und ständig nach Anerkennung suchen. Hinter der Fassade des verantwortungsbewußten Erwachsenen verbirgt sich eventuell ein verletztes, zorniges Kind.

Nehmen Sie sich heute abend vor, sich und andere nicht länger zu täuschen, sondern Ihr wahres Gesicht zu zeigen. Beschließen Sie, ehrlich zu sein und die Emotionen, die unter der Oberfläche vorhanden sind, zu zeigen.

Den Schein zu wahren hilft mir nicht – und bringt mich niemandem näher.

Ruhe bedeutet keineswegs, einfach nur nichts zu tun. Zu ruhen bedeutet, zu gesunden.

Daniel W. Josselyn

Wenn Sie wie die meisten Menschen sind, dann nehmen Sie sich wahrscheinlich erst Zeit, auszuruhen, wenn Ihr Körper förmlich danach schreit. Wenn Sie aber lernen, auf die Botschaft Ihres Körpers zu lauschen, können Sie auf seine Warnsignale reagieren: verspannte Muskeln, Rückenschmerzen, leichte Kopfschmerzen, steife Schultern, müde Augen und Konzentrationsmangel. Sich auszuruhen bedeutet nicht, nichts zu tun. Es bedeutet, daß Sie Ihr Tempo verlangsamen, weniger aktiv sind und Spannungen abbauen. Auszuruhen kann zum Beispiel bedeuten, sich einen Augenblick lang hinzulegen, ins Kino zu gehen, ein gutes Buch zu lesen, fernzusehen, Musik zu hören oder mit Freunden zu reden.

Wenn Sie gut ausgeruht sind, haben Sie auch mehr Energie. Die Chinesen erklären dies anhand der Schildkröte, die weiß, wann sie sich in ihren Panzer zurückziehen muß, um wieder Energie zu tanken: «Die Schildkröte weiß mit ihrer Energie umzugehen, deshalb kann sie hundert Jahre lang ohne Nahrung auskommen.»

Um wieder Lebensenergie zu tanken, werde ich mich heute abend aus der Hektik zurückziehen und mich ausruhen, damit ich gut schlafen kann. Auf diese Weise kann ich meine emotionale, meine physische und meine spirituelle Stärke steigern.

Wenn wir einatmen, kommt die Luft in die innere Welt. Wenn wir ausatmen, geht die Luft in die äußere Welt. Die innere Welt ist grenzenlos und die äußere Welt ist ebenfalls grenzenlos. Wir sagen «innere Welt» oder «äußere Welt», aber in Wirklichkeit gibt es nur eine einzige, ganze Welt.

Zen-Philosophie

Yin und Yang bilden den Mittelpunkt der östlichen Philosophie. Das Yin stellt die Phase der Ruhe und Entspannung dar, während das Yang die Phase der Aktivität repräsentiert; das gesamte Leben geht aus der harmonischen Synthese dieser beiden Kräfte hervor. Sie brauchen sowohl Augenblicke der Besinnung und inneren Einkehr, um sinnvoll und zielgerichtet zu handeln, als auch Augenblicke der Tat, in denen Ihre Gedanken Form annehmen können. In der westlichen Philosophie hingegen müssen Sie sich entscheiden: entweder handeln *oder* ruhen. Doch wenn Yin und Yang in Ihrem Leben nicht ausgeglichen sind, werden Sie von einem Extrem ins andere geraten. Phasen, in denen Sie sich überanstrengen, werden sich mit solchen abwechseln, in denen Sie erschöpft zusammenbrechen.

Stellen Sie sich heute abend Ihr Yin und Yang als zwei Waagschalen vor. Bringen Sie sie ins Lot, indem Sie tief atmen und sich vorstellen, daß Ihr Leben voller Frieden und Harmonie ist.

Mein Yin und Yang ins Gleichgewicht zu bringen heißt nicht, mich für das eine oder andere zu entscheiden, sondern auf beiden Seiten Extreme zu vermeiden und einen harmonischen Ausgleich zwischen Aktivität und Ruhe zu schaffen.

Man braucht langfristige Ziele, um sich von kurzfristigen Niederlagen nicht frustrieren zu lassen.

Generalmajor Charles C. Noble

Die technischen Hilfsmittel, die es heute gibt, wurden nicht über Nacht erfunden. Manchmal versagte selbst der tausendste Prototyp. Aber die Erfinder arbeiteten ständig daran weiter, bis sie etwas entdeckten, *das* funktionierte. Sie wurden dabei von ihren langfristigen Zielen motiviert.

Jedes Projekt, jedes Ziel und jede Veränderung, die Sie anstreben, können Sie nur mit Ausdauer und Hingabe erreichen. Wie Richard L. Evans sagt: «Zuerst muß man damit beginnen – dann muß man weitermachen.» Sie dürfen ein Anliegen nicht aufgeben, nur weil jetzt der schwierige Teil beginnt. Statt auf den Punkt am Ende der Straße zu schauen, wo Sie jetzt gerne schon wären, betrachten Sie den gegenwärtigen Augenblick. Wenn Sie einen kleinen Schritt in die Richtung unternehmen, wohin Sie gelangen möchten, dann sind Sie Ihrem Ziel um diesen Schritt näher.

Ein langfristiges Ziel ist wie eine Taschenlampe und die kurzfristigen Ziele sind wie die Batterien. Ich brauche beides, um meinen Weg zu erhellen. Mag sein, daß ich meine kurzfristigen Ziele von Zeit zu Zeit ändern muß, aber sie werden mir dabei helfen, mein langfristiges Ziel nicht aus den Augen zu verlieren.

Wenn Sie Macht über sich selbst haben, dann haben die Umstände keine Macht über Sie. Ihr inneres Klima bestimmen Sie selbst.

Olga Rosmanith

Ertappen Sie sich schon mal bei Gedanken wie «Das schaffe ich nicht», «Ich bin zu nervös», «Ich weiß, daß dieser Mensch mich nicht mag» oder «Das kann ich nicht»? Derlei Gedanken oder Äußerungen erzeugen Streß und treten häufig dann auf, wenn Sie eine Situation unter dem Einfluß von Angst oder Furcht bewerten. Andererseits werden positive Gedanken Sie geistig und körperlich beruhigen, so daß Sie Gefühle der Panik und der Angst beiseite schieben können.

Wie fördern Sie positive anstelle von belastenden Gedanken? Wenn Sie heute abend eine belastende Situation erleben, sprechen Sie laut oder in Gedanken folgende Worte vor sich hin: «Bleib ruhig... Alles ist in Ordnung... Du bist schon einmal mit so etwas fertig geworden... Die Situation ist nicht bedrohlich... Mach immer nur einen Schritt nach dem anderen...» usw. Je mehr Sie sich heute abend solch positiven Gedanken widmen, desto weniger Auswirkung werden Ihre negativen Gedanken haben.

Wie ich mich fühle, habe ich immer selbst in der Hand. Heute abend kann ich in meinen Geist und meinen Körper den Samen pflanzen – für Streß oder für Gelassenheit.

... jeder Zyklus der Gezeiten ist richtig; jeder Zyklus der Welle ist richtig; jeder Zyklus einer Beziehung ist richtig.

Anne Morrow Lindbergh

Ein Foto oder ein Gemälde hält einen bestimmten Augenblick fest. Was auf dem Bild ist, bleibt für immer gleich. Doch in unserem Alltag suchen wir ein «Stillleben» vergeblich. Nichts bleibt von einer Minute zur nächsten gleich. Viele Dinge in Ihrem Leben unterliegen Zyklen – unter anderem Ihre intime Beziehung. Wahrscheinlich fürchten Sie Veränderungen in Ihrer Beziehung, weil Sie glauben, jede Abweichung von der Norm könne sie gefährden. Jede Veränderung in Ihrem glücklichen Beisammensein kann Schmerz, Verlust oder Ablehnung bedeuten. Doch Veränderungen gehören dazu; nur durch sie können Sie wachsen und sich weiterentwickeln. Sie sind ganz natürlich, wie der Rhythmus von Ebbe und Flut, der Wechsel der Jahreszeiten, das Zu- und Abnehmen des Mondes und der Sonnenauf- und -untergang.

Seien Sie heute abend versichert, daß Ihre Beziehung nur dann in Ordnung ist, wenn sie einem Rhythmus unterliegt. Genießen Sie die guten und die schlechten Zeiten als Teil eines natürlichen Zyklus, der Sie Ihrem Partner näherbringt.

Heute abend werde ich daran denken, daß eine Veränderung Menschen nicht notwendigerweise auseinandertreibt, sondern oft auch zusammenbringt. So wie das Wasser des Ozeans zurückweicht und wiederkehrt, aber nie an Kraft verliert, so kann auch meine Beziehung durch eine Veränderung gestärkt werden.

Lachen … bringt das Blut in Wallung, erweitert den Brustkorb, elektrisiert die Nerven, beseitigt die Spinnweben vom Gehirn und reinigt das gesamte System.

Anonym

Wußten Sie, daß ein großes Unternehmen einst die Muppets engagierte, um die Umstrukturierung und die möglicherweise bevorstehende Entlassung von Arbeitnehmern zu erklären? Oder daß ein Gefängnis Zeichentrickfilme als Therapie einsetzt, um zornigen Insassen über den Verlust ihrer Freiheit hinwegzuhelfen? Humor gehört zu den wenigen Dingen, durch die Sie streßbelastete Situationen, denen Sie nicht entgehen können, besser bewältigen. Der Humor entführt Sie, wenn auch nur für Augenblicke, aus Ihren Schwierigkeiten und macht sie erträglicher. Aber solange Sie nicht imstande sind, das Leben mit Humor zu nehmen, wird es Ihnen schwerfallen, dieses Hilfsmittel einzusetzen.

Suchen Sie von nun an nach Möglichkeiten, Ihr Leben humorvoller zu gestalten. Schauen Sie sich Wiederholungen Ihrer Lieblingskomödien im Fernsehen an. Leihen Sie sich ein lustiges Video aus. Lesen Sie ein Buch mit Witzen, oder blättern Sie ein Comic-Buch durch. Wenn Sie sich zuerst auf den Humor in den Medien konzentrieren, finden Sie vielleicht auch bald in ihrem wirklichen Leben mehr davon.

Ich brauche kein Komödiant zu sein, um lachen zu können. Ich muß nur versuchen, die andere Seite des Lebens zu sehen – die humorvolle Seite.

Wenn wir unsere Feinde hassen, geben wir ihnen Macht über uns – Macht über unseren Schlaf, unseren Appetit und unser Unglück. Unser Haß berührt sie überhaupt nicht, aber er verwandelt unsere Tage und Nächte in die reinste Hölle.

Dale Carnegie

«Dieser Mensch bringt mich noch zur Weißglut!» murren Sie vielleicht auf Ihrem Heimweg von der Arbeit, während Sie zu Abend essen, während jedes Werbespots im Fernsehen, während Sie sich die Zähne putzen und während Sie in Ihren Pyjama schlüpfen. Selbst nachdem Sie das Licht neben Ihrem Bett ausgeschaltet haben, ist das Bild des Betreffenden noch in Ihnen lebendig. Sosehr Sie auch versuchen mögen, ihn zu vergessen, Ihre starken negativen Gefühle lassen dies nicht zu.

Doch wenn Sie Ihre wertvollen Nächte damit verbringen, Ihre starke Ablehnung für einen Mitarbeiter, Vorgesetzten, Lehrer, Elternteil, früheren Geliebten oder sogar einen Fremden aufrechtzuerhalten, verschwenden Sie Zeit und Energie. Statt sich heute abend auf diesen Menschen zu konzentrieren, denken Sie an all diejenigen, die Ihnen lieb und teuer sind. Stellen Sie sich ihre Gesichter vor; sie spenden Ihnen Stärke, Glück und Trost. Schlafen Sie mit diesen Bildern im Kopf ein.

Warum verschwende ich meine Zeit damit, an eine Person zu denken, die mich verärgert hat? Statt in der Menge nur ein Gesicht zu sehen, das ich nicht mag, werde ich viele Gesichter sehen, die ich mag.

Wenn Sie sich einsam fühlen, solange Sie allein sind, sind Sie in schlechter Gesellschaft.

Jean-Paul Sartre

Stellen Sie sich einen Augenblick lang vor, daß Sie morgen nichts zu tun haben. Sie brauchen nicht zur Arbeit zu gehen, keine Besorgungen zu machen, keine Mahlzeiten für die Familie zu kochen und für niemanden da zu sein. Zunächst sind das vielleicht großartige Aussichten. Aber wie wohl ist Ihnen wirklich bei dem Gedanken, so viel Zeit nur für sich zu haben? Denken Sie an die Zeit zurück, in der Sie zuletzt allein waren. Hatten Sie das Bedürfnis, gleich den Fernseher einzuschalten oder zum Telefon zu greifen, um sich nicht völlig einsam zu fühlen? Wenn Sie sich selbst mögen, dann genießen Sie Ihre eigene Gesellschaft ebenso wie die anderer Menschen. Aber wenn Sie sich selbst nicht mögen, sehnen Sie sich nach anderen und sind nur ungern allein.

Nehmen Sie sich vor, das Alleinsein von nun an mehr zu genießen. Haben Sie keine Angst davor, nehmen Sie sich Zeit für sich selbst, und spüren Sie, wie es ist, mit sich allein zu sein.

Warum sollte ich nicht *gerne Zeit mit mir allein verbringen wollen? Das ist die beste Gelegenheit, um eine wunderbare Beziehung zu mir selbst aufzubauen.*

Geduld! Eine Windmühle läuft niemals los, um den Wind zu suchen.

Andy J. Sklivis

Es kann sehr frustrierend sein, wegen einer Krankheit oder einer Verletzung das Bett hüten zu müssen. Aber auch wenn der Heilungsprozeß anscheinend nur langsam vorwärtsgeht – Sie werden sich wahrscheinlich doch jeden Tag ein wenig besser fühlen und wieder ein wenig mehr von Ihren normalen Fähigkeiten zurückerlangen.

Wenn Sie den Heilungsprozeß abzukürzen versuchen, werden Sie sich am Ende bloß frustriert und hilflos fühlen. In Ihrer Situation wird Geduld wirklich zu einer Tugend. Denn mit Geduld werden Sie den gegenwärtigen Zustand akzeptieren und darauf vertrauen, daß er sich ändern wird.

Um Geduld zu entwickeln, müssen Sie sich auf etwas anderes als Ihre Verletzung oder Ihre Krankheit konzentrieren. Richten Sie Ihre Gedanken auf andere Menschen, andere Themen und andere Beschäftigungen. Geduld bedeutet, auf etwas warten zu können, das sich nicht an den Terminkalender hält.

Heute werde ich mich in Geduld üben und darauf vertrauen, daß die Zeit meine Wunden heilen wird.

Sie lassen Ihre Kinder lange aufbleiben, damit sie etwas Zeit miteinander verbringen können. Sie gehen mit Ihrer Tochter in ein Restaurant, das Sie nicht ausstehen können, nur um Streit zu vermeiden … Sie sind bereit, auch noch die dritte Gutenachtgeschichte vorzulesen, obwohl Sie vor Erschöpfung den Tränen nah sind.

Barbara F. Meltz

Fühlen Sie sich «schuldig», weil Sie arbeiten, obwohl Sie Kinder haben? Das geschieht den meisten arbeitenden Eltern von Zeit zu Zeit. Aber es ist wichtig, zwischen gesundem Schuldbewußtsein – «Ich hätte nicht so lange im Büro bleiben sollen.» oder «Die Aufführung, an der mein Kind teilnahm, war viel wichtiger als meine Konferenz.» – und der Schuld, die Sie auffrißt – «Ich bin ein schlechter Vater / eine schlechte Mutter. Ich bin nie für mein Kind da!» – zu unterscheiden.

Bevor Sie heute abend einschlafen, nehmen Sie sich vor, sich bald mit Ihren Kindern zusammenzusetzen, um die Zeit zu bestimmen, die Sie gemeinsam verbringen möchten. Dann schließen Sie Ihre Augen, und vertrauen Sie darauf, daß Sie einen Kompromiß zwischen Ihrer Arbeitszeit und den Erwartungen Ihrer Kinder finden werden, der alle Beteiligten zufriedenstellt.

Ich muß mir ein gesundes Schuldbewußtsein erwerben. Ich werde mir bewußtmachen, wieviel Zeit ich bei der Arbeit verbringe, und Möglichkeiten finden, meinen Kindern und anderen mehr Zeit zu widmen.

Wenn man auf den Tag zurückblickt und nicht wenigstens etwas Freude, Spaß und Befriedigung gefunden hat, so war dies ein verlorener Tag.

Dwight D. Eisenhower

Manchmal scheint sich so vieles bedrohlich über Ihnen zusammenzubrauen. Sie sind von Angst und Sorge erfüllt – Sie haben Angst, Ihre Liebe zum Ausdruck zu bringen, Angst vor Ihren Gefühlen, vor dem Alleinsein, Angst davor, verlassen oder zurückgewiesen zu werden oder zu versagen. Manchmal scheint die ganze Welt voller tragischer Menschen und erschreckender Ereignisse zu sein. Doch nichts hat wirkliche Macht über Sie, solange Sie positiv denken. Wie Charles Fletcher Lummis sagt: «Ich bin größer als alles, was mir widerfahren kann. All die Sorgen, das Mißgeschick und das Leid befinden sich vor meiner Tür. Ich bin im Haus und ich habe den Schlüssel.»

Wenn Sie heute abend über Ihren Tag nachdenken, lassen Sie die positiven Gefühle hinein, und sperren Sie die negativen aus. Dann können Sie sich sicher und geborgen fühlen, denn dieser Tag war sinn- und wertvoll.

Heute abend werde ich eine positive Haltung einnehmen und mich daran erinnern, daß mir dieser Tag Freude und Erfüllung gebracht hat.

Besteht nicht der Sinn des Lebens darin,
zu wissen, wo man hingehört,
daß man in Sicherheit ist, unvergänglich ist,
zu wissen, daß man in seinem Geist
bereits eins ist mit Gott?

Emmanuel

Wissen, wo man auf spirituellem Gebiet «hingehört», sich mit einer höheren Macht – der Natur, der Menschheit oder dem Universum – verbunden fühlen – das Bedürfnis danach kann manchmal zu einer fixen Idee werden. Wie ein Verhungernder ständig an Nahrung denkt, so ist auch ein auf spirituellem Gebiet Hungernder blockiert. Seine Gedanken kreisen ständig um seine Verbindung mit einer höheren Macht.

Aber Sie waren und werden immer mit der spirituellen Welt verbunden sein. Sie brauchen nicht «erleuchtet» worden oder nur knapp dem Tod entgangen zu sein, regelmäßig die Kirche zu besuchen oder Kurse bei einem spirituellen Lehrer zu besuchen. Um das Gefühl einer spirituellen Verbundenheit herzustellen, müssen Sie nur eines: Ihr Leben gut gestalten. Machen Sie sich heute abend bewußt, daß Sie schon deshalb ein spirituelles Wesen sind, weil Sie am Leben sind.

Ich brauche nur meine Augen zu öffnen und die liebevolle Unterstützung zu erkennen, die ich anderen geben und von ihnen erhalten kann. Das ist spirituelle Erleuchtung.

Die Menschen machen sich auf, die Höhe der Berge zu bestaunen, die riesigen Wellen des Meeres, die Länge der Flüsse, die unendliche Größe des Ozeans, die Bahn der Sterne; aber sie gehen aneinander vorbei, ohne einander zu bestaunen.

Heiliger Augustinus

In Arizona gibt es eine bestimmte Palmenart, die nicht in der Wüste, sondern auf der Schattenseite der Schluchten wächst. Wie ist es möglich, daß tropische Pflanzen Jahr für Jahr an den dunklen, fast senkrecht abfallenden Wänden bestehen können? Wie können sie blühen, wenn sie nur zwei Stunden am Tag von der Sonne beschienen werden? Die steinigen Wände der Schlucht reflektieren genügend Licht und speichern genügend Wärme, um das Überleben der Bäume zu gewährleisten. Aber so weit brauchen Sie gar nicht zu reisen, um zu dieser Jahreszeit ähnliche Wunder zu entdecken. Winzige grüne Triebe kämpfen sich aus der Erde empor, die ersten Insekten summen in der warmen Sonne, die aus dem Süden zurückgekehrten Schwalben bringen Ihnen ein Abendständchen.

Versuchen Sie, von nun an die Schönheiten der Natur in Ihrer Nähe zu schätzen. Sie werden sich vielleicht über die Vielzahl der prächtigen Dinge wundern, die Sie bisher gar nicht bemerkt haben.

Heute abend werde ich mich sowohl an meinem eigenen Wachstum als auch am Wachstum der Natur um mich herum erfreuen.

Geschichtlich gesehen geht alles so schnell, daß beinahe jeder Tag zum Jahrestag für ein schreckliches Ereignis wird.

Joe Brainard

Woran erinnern Sie sich: an den Jahrestag eines schmerzlichen Ereignisses oder eher an den Jahrestag einer besonders schönen Begebenheit? Das Schreckliche ist Ihnen vielleicht viel präsenter als das Schöne. Die Medien tragen dazu bei, uns an schlimme Vorfälle zu erinnern, indem sie uns auf wichtige Daten in der Geschichte oder auf Katastrophen hinweisen.

Wie wäre es, wenn Sie von nun an einen Kalender mit positiven Jahrestagen in Ihrem Leben anlegten: der Tag, an dem Sie sich zum ersten Mal verliebten, Ihr Schulabschluß, der Tag, an dem Sie befördert wurden, oder ein romantischer Abend, den Sie mit Ihrem Partner verbrachten. Wenn Sie einen solchen Kalender anlegen und ständig ergänzen, können Sie sich jedes Jahr an erfreuliche Dinge erinnern. Sie können dann *jeden* Tag als den Jahrestag für ein positives Ereignis feiern.

Was ist mir heute Besonderes passiert? Heute abend werde ich in den guten Erinnerungen schwelgen und sie geistig in meinen Kalender mit glücklichen Ereignissen eintragen.

Etwas Neues fängt damit an, daß man sich sagt: Was vorbei ist, ist vorbei.

Marian Christy

Gehören Sie zu den Menschen, die Angst vor einem Neubeginn haben, die nur ungern Veränderungen vornehmen oder neue Aufgaben übernehmen? Es ist so verlockend, Träumen über Vergangenheit oder Zukunft nachzuhängen, und deshalb fällt es oft schwer, das Hauptaugenmerk auf die Gegenwart zu richten. Natürlich kann man sich keine Ziele setzen, ohne von der Zukunft und seinen Wünschen zu träumen. Und wie soll man sich verändern, wenn man nicht über das eigene Verhalten in der Vergangenheit nachdenkt? Und doch kann es Sie daran hindern, den Anforderungen der Gegenwart gerecht zu werden, wenn Sie zuviel Zeit damit verbringen.

Wie können Sie sich so stark wie möglich auf die Gegenwart konzentrieren? Stellen Sie sich die drei Teile Ihres Lebens – Vergangenheit, Gegenwart und Zukunft – als Figuren auf einer Bühne vor. Es steht jedoch nur ein Scheinwerfer zur Verfügung, es kann also nur ein Teil Ihres Lebens hell erleuchtet werden. Sie selbst bedienen den Scheinwerfer. Wohin richten Sie sein Licht?

Ich kann stur und unflexibel an Dingen festhalten, die vorbei sind, oder ich kann aufgeschlossen sein und bereit, weiterzukommen. Heute abend werde ich mich daran erinnern, daß mir diese Möglichkeiten bei jeder Entscheidung, die ich treffen muß, offenstehen.

Es ist allgemein bekannt, daß unser Körper über natürliche Heilkräfte verfügt… Viele Menschen haben gelernt, sich zu entspannen und auszuruhen, wie das die Tiere machen, um der Natur die Gelegenheit zu geben, ihre Krankheiten zu heilen.

Horatio W. Dresser

Vielleicht haben Sie schon bemerkt, daß jene Menschen, die nur selten krank sind, ihr Wohlergehen an die oberste Stelle setzen. Sie achten auf eine gesunde Ernährung, treiben viel Sport, sorgen für genügend Schlaf und bewahren sich eine positive Einstellung. Aus diesem Grund bleiben diese Menschen körperlich, emotional und geistig meist gesund – auch wenn sie gerade eine schwierige Zeit durchmachen.

Versuchen Sie, als ersten Schritt für Ihr Wohlbefinden, gesundheitsschädigende Angewohnheiten aufzugeben. Statt spät abends noch kalorienreiche oder salzige Kost zu sich zu nehmen, greifen Sie zu frischem Obst, Magermilch oder Hüttenkäse. Hören Sie auf zu arbeiten, wenn Sie sich müde fühlen – und nicht erst, wenn Sie die Augen nicht mehr offenhalten können oder kurz vor dem Zusammenbruch stehen. Und gehen Sie rechtzeitig zu Bett, damit Sie sich von den Strapazen des Tages erholen können.

Heute abend werde ich den ersten Schritt tun, um mein Wohlbefinden zu stärken. Ich werde meine inneren Heilkräfte stärken, indem ich mich entspanne und meinen Körper mit Respekt behandle.

Es hat nur dann einen Sinn, etwas zu sagen, wenn das, was man sagt, besser ist als das Schweigen.

Edmund Muskie

In unserem Alltag sind wir von so vielen Geräuschen umgeben, daß es uns manchmal schwerfällt, uns selbst denken zu hören. Viele Menschen verbergen sich hinter diesem Lärm, um nicht mit sich selbst oder der Ruhe konfrontiert zu werden. Wenn Sie es aber vermeiden, gleich das Radio oder den Fernseher einzuschalten, sobald Sie von der Arbeit nach Hause kommen, dann finden Sie die Muße für andere Dinge: Sie können meditieren, einen Brief an einen Freund oder eine Freundin schreiben, etwas Kreatives tun oder Ihren eigenen Gedanken lauschen. Wenn Sie das nächste Mal automatisch das Radio oder den Fernseher einschalten, fragen Sie sich, aus welchem Grund Sie das tun. Wenn Sie eine bestimmte Sendung wirklich anhören oder sehen möchten, dann lassen Sie das Gerät an. Doch wenn Sie eigentlich gar nicht richtig zuhören, schalten Sie aus.

Beschließen Sie, von nun an in Ihren Feierabend eine Phase der Stille zu integrieren. Zu Anfang fühlen Sie sich dabei vielleicht noch unwohl, doch im Laufe der Zeit werden Sie feststellen, daß die Ruhe Ihren Sinnen wohl tut.

Kann ich lernen, die Stille zu genießen? Ich ziehe meine eigene, reale Gesellschaft der künstlichen Gesellschaft von Radio und Fernsehen vor.

Angst sperrt ein, Vertrauen befreit; Angst lähmt, Vertrauen stärkt; Angst entmutigt, Vertrauen ermutigt; Angst macht krank, Vertrauen heilt; Angst macht nutzlos, Vertrauen macht nützlich.

Harry Emerson Fosdick

Eine alte Geschichte, die Chuang Tzu einst erzählte, berichtet von einem Mann, der sich vor seinem eigenen Schatten und dem Geräusch seiner Schritte so sehr fürchtete, daß er davor wegrannte. Doch je schneller er lief, desto lauter klangen seine Schritte und desto hurtiger folgte ihm sein Schatten. Er rannte schneller und schneller, bis er schließlich an Erschöpfung starb. Wenn er bloß angehalten und sich unter einem Baum ausgeruht hätte, wäre der Schatten verschwunden und seine Schritte wären verhallt.

Ihre Ängste sind wie diese Schatten und Schritte; Vertrauen herrscht, wenn Sie sich im Schatten des Baumes ausruhen. Das eine quält Sie, das andere tröstet Sie. Sobald Sie Ihre Ängste erkennen, werden sie nicht mehr so viel Macht über Sie haben. Die meisten Ängste erweisen sich bei näherem Hinsehen als Angst vor dem Unbekannten. Sobald Ihnen dies klar ist, können Sie darauf vertrauen, daß Sie Ihre Ängste überwinden werden.

Wovor fürchte ich mich und warum? Ich weiß, daß ich mit Vertrauen meine schlimmsten Ängste besiegen kann.

Für eine Ehe braucht es zwei Menschen, aber einer genügt, um die Ehe zu ändern. Wir fühlen uns in unserer Ehe hilflos, weil wir unseren Partner nicht kontrollieren können. Tatsächlich aber müssen wir nur eines lernen: uns selbst zu kontrollieren.

Melvyn Kinder und Connell Cowan

An einer Beziehung müssen immer beide Partner arbeiten. Aber wenn Sie die meiste Zeit unzufrieden sind mit Ihrer Beziehung, dann können auch nur Sie selbst etwas tun. Wenn Sie zur Therapie gehen, Zeit mit sich selbst verbringen, um etwas über sich zu lernen, neue Interessen entwickeln, um Ihren Horizont zu erweitern, oder eine Sucht bekämpfen, verändern Sie sich selbst. Und das kann sich auch positiv auf die Beziehung auswirken.

Die besten Beziehungen sind jene, in denen beide zunächst mit sich selbst und dann miteinander zufrieden sind. Denken Sie heute abend daran, wie wichtig es ist, den Partner nicht ändern zu wollen. Konzentrieren Sie sich von nun an darauf, sich selbst zu verändern. Sie werden wahrscheinlich staunen, wie dies Ihre Beziehung verbessern kann!

Heute abend werde ich folgenden Leitspruch verinnerlichen, um meine intime Beziehung zu verbessern: «Ich liebe (meinen Partner), weil ich mich selbst liebe.»

... es gibt Hunderte von Aufgaben, die wir an einem Tag erledigen möchten, doch wenn wir sie nicht einzeln in Angriff nehmen und eine nach der anderen langsam und gleichmäßig durch den Tag gleiten lassen, so wie die Sandkörner durch den engen Hals der Sanduhr gleiten, dann werden wir uns körperlich und geistig unweigerlich überfordern.

Ted Bengermino

Wenn Sie schlafen gehen, ist es besonders wichtig, wie Sie sich körperlich und geistig fühlen. Wenn Sie angespannt oder nervös sind, das Gefühl haben, der Tag habe Ihnen Ihre Kraft geraubt, werden Sie wahrscheinlich unruhig und schlecht schlafen. Statt Frieden, Ihren Frieden, zu finden, denken Sie vielleicht immer weiter darüber nach, was Sie noch alles erledigen müssen. Aber was für einen Unterschied macht es, wenn ein paar Dinge unerledigt bleiben? Nichts ist jemals so wichtig, daß es genau jetzt erledigt werden müßte.

Lassen Sie den Tag hinter sich. Atmen Sie tief ein, und entspannen Sie Ihre Schultern, während Sie langsam ausatmen. Atmen Sie nochmals ein, und ballen Sie Ihre Hände dabei zur Faust, dann öffnen Sie Ihre Hände wieder, während Sie ausatmen. Spüren Sie, daß sich Ihre Schultern und Hände anders anfühlen, nachdem Sie die Anspannung des Tages losgelassen haben. Machen Sie dasselbe mit Ihrem Geist; atmen Sie tief ein und lassen Sie dann von all dem Geschnatter in Ihrem Kopf ab.

Heute abend werde ich die Anspannung des Tages aus meinem Körper und meinem Geist vertreiben.

Du erwartest so sehr von mir, daß ich Erfolg habe. Würdest du es verstehen, wenn ich versagte? … Könntest du mich lieben, wenn ich versagte?

Schwester Mary Paul

Wovor fürchten Sie sich in Ihrem Streben nach Erfolg am meisten? Wahrscheinlich davor, von anderen fallengelassen zu werden – ihre Bewunderung, ihren Respekt und vielleicht sogar ihre Liebe zu verlieren. Wenn Sie innerlich mit sich selbst nicht zufrieden sind, dann streben Sie nach äußerer Anerkennung – einem guten Job, einem hohen Gehalt, einem Haus, materiellen Gütern, einem tollen Auto. Damit möchten Sie Liebe und Anerkennung bei den Menschen finden, die Sie mit Ihrem Erfolg zu beeindrucken suchen.

Heute abend sollten Sie erkennen, daß Sie für sich genommen erfolgreich sind – mit oder ohne derlei Äußerlichkeiten. Selbst wenn Ihnen heute etwas mißlungen ist, können Sie die Bewunderung, den Respekt oder die Liebe derjenigen, die in Ihrem Leben wirklich zählen, nicht verlieren. Jene Menschen werden Sie lieben, egal ob Sie Erfolg haben oder versagen, denn sie lieben Sie so, wie Sie sind. Denken Sie heute an die Menschen, die Sie lieben und an Sie glauben. Seien Sie dankbar, daß Sie sie haben, denn ihre Liebe wird Ihnen immer sicher sein.

Heute abend führe ich mir vor Augen, daß mein größter Erfolg darin besteht, Menschen um mich zu haben, die mich so lieben, wie ich bin. Diese Menschen sind es, die mich erfolgreich machen!

Um Frieden zu finden, wann immer Sie wollen, bauen Sie Ihr eigenes Nest aus angenehmen Gedanken.

John Ruskin

Um Ruhe zu finden, müssen Sie, wie ein Vogel, zuerst Ihr eigenes «Nest» bauen. Dieses Nest kann Ihr Heim sein oder ein ruhiger Raum. Aber es muß nicht unbedingt ein Ort sein. Es kann auch aus ungreifbaren Dingen geschaffen werden. Es kann zum Beispiel darin bestehen, Abstand von negativen Gedanken zu schaffen, sich täglich von einem geliebten Menschen umarmen zu lassen oder sich Zeit für Freude und Entspannung zu nehmen. Ohne solche behaglichen Nester in Ihrem Leben kann es manchmal schwer sein, Frieden zu finden.

Beginnen Sie jetzt, sich Ihr Nest aufzubauen, indem Sie sich Zeit nur für sich selbst nehmen, Ihrem Partner mitteilen, was er für Sie tun kann, um Sie zu unterstützen, oder indem Sie Zeit mit positiven Menschen verbringen und vergnügliche Dinge tun.

Bevor ich heute nacht zu Bett gehe, werde ich meine Augen schließen und an etwas Angenehmes denken, das ein Nest des Friedens in meiner Welt darstellen kann.

Wenn die freundlichen Lichter gelöscht werden, gibt es immer noch ein Licht, das dem Herzen den Weg weist.

Olga Rosmanith

Nachts in ein unbeleuchtetes Haus oder eine dunkle Wohnung heimzukehren kann beängstigend sein. Sobald die Lichter angehen, fühlen Sie sich wahrscheinlich erleichtert und finden sich wieder zurecht. Manchmal erahnen Sie in der Dunkelheit den richtigen Weg, denn Ihr Vertrauen auf eine höhere Macht erfüllt Sie mit innerem Licht. Wenn Sie voller Angst, Zweifel und Unsicherheit sind, wird Ihr Licht schwächer, geht aus und Sie stolpern in Ihrer inneren Dunkelheit. Doch wenn Sie voller Vertrauen, Hoffnung und Zuversicht sind, wird Ihr Licht hell leuchten, und Ihre Schritte werden sicher sein.

Denken Sie heute abend daran, Ihr inneres Licht anzuzünden. Lassen Sie es hell leuchten, indem Sie ein Gebet sprechen oder eine vertraute Passage eines spirituellen Textes lesen. Wenn Sie sich um Ihr inneres Licht kümmern und ihm vertrauen, kann die Nacht Sie nicht mehr erschrecken.

Heute abend werde ich ein ewiges Licht schaffen, das immer für mich da ist, um meinen Pfad durch die Dunkelheit zu erhellen und mir meine Ängste zu nehmen.

Es gibt Zeiten, in denen das Schweigen am lautesten spricht.

Leroy Brownlow

Gandhi, der große spirituelle Führer Indiens, verbrachte einen Tag in der Woche schweigend. Egal, was an jenem Tag geschah oder wer ihn besuchen kam, er sprach den ganzen Tag nicht und teilte sich anderen nur schriftlich mit.

Wie können Sie Ruhe finden? Nehmen Sie sich regelmäßig Zeit zum Meditieren, und sitzen Sie dabei allein und ruhig da. Atmen Sie langsam und bewußt, um Ihre Energie zu konzentrieren, beruhigen Sie Ihren Geist, und wenden Sie sich nach innen – einem Ort zu, der weitab von allem Lärm liegt. Nach dem Meditieren werden Sie regeneriert und erfrischt sein, Ihre Spannungen werden sich aufgelöst haben, und Ihr Herz und Ihr Geist werden von Frieden erfüllt sein. Meditieren Sie heute abend, bevor Sie schlafen gehen. Manche Menschen meditieren gleich am Morgen, andere am Ende des Tages. Jeden Tag mit Meditation zu beginnen und zu beenden wäre ideal, aber am wichtigsten ist es, regelmäßig zu meditieren, damit Sie die Kraft des Schweigens spüren können.

Heute abend werde ich meditieren. Ich werde ruhig dasitzen, den Geist von allem Wirrwarr befreien und mich dann fragen: «Was muß ich wirklich wissen?»

Was ist das für ein herrlicher Abend, wenn man mit dem ganzen Körper empfindet und durch jede Pore Freude aufnimmt.

Henry David Thoreau

Wenn Sie mit all Ihren Sinnen empfinden, dann werden Sie die Schönheit der Nacht erfahren. Nehmen Sie die Silhouetten der Bäume wahr, die Gebäude und die Schatten, die im Licht der Laternen tanzen. Lauschen Sie dem Rauschen des Windes. Atmen Sie die kühle, reine Luft tief ein, und nehmen Sie die Düfte des Frühlings in sich auf. Stellen Sie sich vor, den Abend in Ihrem Gesicht zu spüren, wie er Sie sanft streichelt. Öffnen Sie Ihren Mund, und kosten Sie im Geiste die unzähligen Regentropfen.

Stellen Sie sich heute abend vor, wie Sie einen Spaziergang in einer friedlichen Umgebung machen. Genießen Sie die Schönheit des Abends mit all Ihren Sinnen. Lassen Sie sich von der Nacht berühren, und erfreuen Sie sich an ihr. Lassen Sie sich dann von all dem, was Sie gesehen, gerochen, gehört, gefühlt und geschmeckt haben, in einen wohligen Schlaf einlullen.

Ich werde für die Nacht ebenso dankbar sein wie für den Tag. Heute abend werde ich im Geiste einen Spaziergang unternehmen und die Nachtluft in jede meiner Poren eindringen lassen, um mich zu reinigen und zu beruhigen.

APRIL

Wenn ich mein Leben nochmals leben könnte, dann würde ich noch viel früher im Frühling damit anfangen, barfüßig herumzulaufen, und ich würde noch viel später in den Herbst hinein damit fortfahren. Ich würde häufiger tanzen gehen. Ich würde öfter Karussell fahren. Ich würde mehr Gänseblümchen pflücken.

Nadine Stair

Sie können keinen Teil Ihres Lebens noch einmal leben – nicht einmal die letzten fünf Minuten. Aber eines können Sie tun: Sie können noch in dieser Minute beginnen, Ihr Leben so zu leben, wie Sie es schon immer leben wollten. Ob es Ihnen bewußt ist oder nicht, Sie haben jeden Abend wieder aufs neue die Wahl: Sie können sich dafür entscheiden, alles so zu machen, wie Sie es schon immer gemacht haben, sich zu fühlen, wie Sie sich schon immer gefühlt haben, und sich zu verhalten, wie Sie sich schon immer verhalten haben, *oder Sie können beschließen, sich zu ändern.*

Mit einer Veränderung eröffnet sich Ihnen die Möglichkeit, sich anders zu fühlen, anders zu handeln und Neues auszuprobieren. Sie können ängstlich und besorgt oder fröhlich und positiv sein. Sie können vor dem Fernseher sitzen bleiben oder aufstehen und Gymnastik machen. Sie können starr an Ihrem üblichen Tagesablauf festhalten oder spontan sein. *Sie haben die Wahl.*

Von nun an will ich mein Leben so leben, wie ich es mir immer gewünscht habe. Ich kann ein Risiko eingehen und einen anderen Weg einschlagen.

Man braucht mehr als nur ein weiches Kissen, um gut zu schlafen.

Anonym

Möglicherweise fällt es Ihnen schwer, Ihren Geist zu entspannen. Ihr Kopf ist so vollgestopft mit Fakten, Ideen, Träumen und Gefühlen, die das Signal «Entspanne dich und schlafe!» blockieren. Wenn Sie in Ihren Kopf blicken könnten, würden Sie wahrscheinlich einen ganzen Stapel von Zetteln und Botschaften finden. Welche Botschaften wären es am heutigen Abend? Auf einem Zettel fänden Sie vermutlich das Wort «Schuld». Vielleicht fühlen Sie sich schuldig, weil Sie Ihr Kind heute morgen mit lauten Worten zurechtgewiesen haben. Auf anderen Zetteln würden Sie womöglich Worte wie «Zorn», «Streß», «Eifersucht», «Angst» oder ähnliches finden. All diese Empfindungen versperren den Zugang zu Entspannung, Zufriedenheit und Gelassenheit.

Heute abend wollen Sie das Beste aus Ihrem Schlaf machen. Deshalb stellen Sie sich jetzt vor, wie Sie nach und nach jeden dieser Zettel aus Ihrem Kopf entfernen. Vergewissern Sie sich, daß jeder Zettel dorthin wandert, wo er hingehört – in den Müll.

Heute abend werde ich meinen Geist «säubern», bevor ich zu Bett gehe. Ich werde all die ungewollten Botschaften aus meinem Kopf entfernen und durch eine einzige, kurze Botschaft ersetzen: Schlafen!

... Präsident Benjamin Harrison und seine Frau waren von dieser neumodischen Elektrizität, die man im Weißen Haus installiert hatte, dermaßen eingeschüchtert, daß sie es nicht wagten, die Schalter zu berühren ... Wenn keine Dienstboten da waren, um das Licht auszumachen, wenn die Harrisons zu Bett gingen, ließen sie es über Nacht an.

Jane Goodsell

Sie können nicht erwarten, daß Sie jede Nacht Ihres Lebens, 365 Tage im Jahr, tief und friedlich schlafen. Es wird unweigerlich von Zeit zu Zeit schlaflose Nächte geben. Schwierigkeiten am Arbeitsplatz, familiärer Druck, zu spät eingenommene Mahlzeiten, Energiezyklen und andere Umstände können Ihnen so manche schlaflose Nacht bereiten.

Am besten ist es dann, über eine schlaflose Nacht oder einen schlimmen Traum zu lachen. Betrachten Sie problematische Nächte mit Humor. Wenn Sie aus einem Alptraum aufwachen, sagen Sie einfach: «Diesen Traum lasse ich zurückgehen. Den habe ich nicht bestellt.» Oder wenn Sie sich eine Zeitlang hin- und hergewälzt haben, können Sie sagen: «Ich lasse mich vom wirklichen Leben nicht mehr einschüchtern. Ich schalte jetzt meine Phantasiewelt ein.»

Den Ängsten, die mich nachts heimsuchen, kann ich wie ein Komödiant entgegentreten, der es mit einem feindseligen Publikum zu tun hat. Humor wird sie letzten Endes verscheuchen.

Nach einer Vision muß man auch handeln. Es reicht nicht, die Treppe hinaufzublicken – man muß sie schon erklimmen.

Vance Havner

Älter zu werden wird häufig als etwas Negatives betrachtet. Aber die Reife kann Ihnen auch Gelegenheit geben, viele neue Dinge zu tun, sich selbst auf neue Weise zu entwickeln und Ihren Blick auf weiter gesteckte Ziele zu richten. Nur weil Ihr Körper einem gewissen Alterungsprozeß unterliegt, bedeutet das noch lange nicht, daß auch Ihr Geist altert und sich abnutzt oder Ihre Zuversicht und Entschlossenheit schwinden.

Suchen Sie heute abend Trost in der Gewißheit, daß Sie sich noch viele weitere Ziele setzen und sie auch erreichen können – egal wie alt Sie sind. Denken Sie an ein aufregendes Hobby, dem Sie nachgehen möchten. Stellen Sie sich vor, wie Sie dieses Hobby ausüben und genießen, und vergessen Sie niemals: Es ist alles möglich!

Heute abend werde ich daran denken, daß die Weisheit nicht Teil des biologischen Alterungsprozesses ist. Ich muß schon etwas unternehmen, um sie zu erlangen. Ich muß mutig in die Welt hinausgehen und mir neue Aufgaben und neue Ziele setzen.

Meine Welt besteht aus Menschen, die geben, und Menschen, die nehmen. Jene, die nehmen, essen vielleicht besser, aber jene, die geben, schlafen besser.

Byron Frederick

Es ist nicht schwer zu erkennen, daß sich egoistisches Verhalten negativ auf andere Menschen auswirken kann. Wer sich rücksichtslos über die Bedürfnisse und Gefühle anderer hinwegsetzt, um zu bekommen, was er will, kann Schmerz und Leid bereiten. Ist Ihnen aber auch bewußt, daß sich Ihr eigener Egoismus auch auf Sie selbst auswirken kann? Ralph Waldo Emerson sagte einst: «Der Egoist leidet mehr unter seinem Egoismus als derjenige, dem der Egoismus des anderen ein paar Vorteile vorenthält.» Versagen auch Sie sich den Trost von Beziehungen, Familie und Freunden, Zeiten des Vergnügens und der Freude? Sich selbst hart und respektlos zu behandeln auf der Suche nach Ihren selbstsüchtigen Zielen, kann Sie geistig, körperlich und spirituell auslaugen.

Nehmen Sie sich heute abend vor, in Zukunft mehr auf sich selbst zu achten. Belohnen Sie sich täglich mit mindestens einer gütigen und geduldigen Geste sich selbst gegenüber.

Mein Egoismus hält mich oft davon ab, mir selbst gegenüber rücksichtsvoll und großzügig zu sein. Von nun an werde ich mich darum bemühen, der Nutznießer meines Verhaltens zu sein und nicht das Opfer.

Laß deinen inneren Frieden nicht verlorengehen, selbst wenn die ganze Welt aus den Fugen zu geraten scheint.

Heiliger Franz von Sales

Vielleicht haben Sie es in Ihrem Leben mit nervösen Menschen, viel zu vielen Terminen und jeder Menge frustrierender Erlebnisse zu tun. Doch auch wenn Ihre Umgebung einem Schlachtfeld gleicht, heißt das nicht, daß Sie sich heute nacht auf eine Schlacht vorbereiten oder wachliegen müssen. Alles was außerhalb Ihrer Person geschieht, ist nicht Ihre Sache. *Sie* müssen sich nur um eines sorgen, nämlich darum, Ihren inneren Frieden zu bewahren. Wie? Atmen Sie langsam und tief bis in Ihren Bauch ein. Atmen Sie dann wieder völlig aus, und stellen Sie sich dabei vor, daß Sie all die negativen Energien in sich und um sich herum – das Durcheinander von Konflikten, Auseinandersetzungen und Krisen – loslassen. Konzentrieren Sie sich anschließend auf die Einzelprobleme, die Ihren inneren Frieden beeinträchtigen. Versuchen Sie jetzt, sich ein klares Bild von ihnen zu verschaffen, indem Sie sie eines nach dem anderen eine Zeitlang in Ihrem Geist festhalten. Dann sagen Sie laut: «Das ist *nicht* meine Energie!» «Reinigen» Sie Ihren Geist, und sagen Sie dann: «Dieses Problem ist nun gelöst.»

Heute abend werde ich die negativen Energien loslassen, die meinen Geist und Körper «verunreinigen» können. Egal, was um mich herum passiert, ich werde Ruhe finden, wenn ich wieder zu mir selbst finde.

Wo werde ich in fünf Jahren sein? Ich erfreue mich daran, es nicht zu wissen. Das ist etwas vom Besten im Leben – seine wunderbaren Überraschungen.

Marlo Thomas

Ein Mann, der gerade 98 Jahre alt geworden war, wurde nach seinem nächsten Ziel gefragt. «Morgen noch zu leben», antwortete er. Manche Leute setzen sich komplizierte Ziele, für die sie jahrelang schwer arbeiten müssen. Andere schaffen sich hochtrabende Ziele, von denen sie annehmen, daß sie ihnen Erfolg, Glück und Erfüllung bescheren werden. Und dann gibt es jene, welche die Kerze ihres Lebens an beiden Enden anzünden, weil sie immer mehr und mehr wollen.

Wünsche wie der des alten Mannes, den nächsten Tag noch zu erleben, sind die besten Ziele, denn sie sind einfach, unkompliziert und leicht erreichbar. Setzen Sie sich von nun an ein einfaches Ziel bei der Gestaltung Ihres Abends – sich eine halbe Stunde hinzusetzen und die Zeitung zu lesen, eine neue CD von Anfang bis zum Ende zu hören, schon lange fällige Briefe zu schreiben oder einen ausgedehnten Spaziergang zu machen. Dann können Sie mit dem Gefühl schlafen gehen, daß Sie das Ziel des Abends erreicht haben.

Statt komplizierter, langfristiger Ziele werde ich mir ein einfaches, lohnendes Ziel setzen und es genießen, wenn ich es erreicht habe.

Elend und Schuld verketten sich wie Glück und Verdienst.
Rosalie Perles

Sind Ihnen die Konsequenzen Ihres Verhaltens immer bewußt? Eine alte Regel besagt, daß man sich eigentlich nur selber schadet, wenn man jemand anderem Schaden zufügt. Im Zorn ausgesprochene Worte verletzen nicht nur den, an den sie gerichtet wurden, sondern können auch Sie selbst verletzen, wenn Sie damit eine Freundschaft zerstören, ein gutes Arbeitsverhältnis beeinträchtigen, einen Kunden vor den Kopf stoßen oder einen geliebten Menschen brüskieren.

Nehmen Sie sich heute abend vor, in Zukunft stärker an die Konsequenzen Ihres Tuns zu denken. Versuchen Sie, Verhaltensweisen zu vermeiden, die später Schuldgefühle, Reue oder Schmerz in Ihnen auslösen könnten. Und lernen Sie, bis zehn zu zählen, *bevor* Sie «explodieren» oder eine feindselige Haltung einnehmen.

Heute abend werde ich daran denken, was passieren kann, wenn ich mich anderen gegenüber zornig, unfreundlich oder verletzend verhalte. Und ich nehme mir vor, jeden so zu behandeln, wie auch ich behandelt werden möchte.

Wenn du die Tür hinter dir schließt und das Licht in deinem Zimmer löschst, so bist du trotzdem nicht allein; denn Gott wohnt in dir, und deine Seele wohnt in dir, und beide brauchen kein Licht, um zu sehen, was du tust.

Epiktet

Haben Sie manchmal so große Angst vor dem Alleinsein in der Nacht, daß Sie sich auf eine Weise trösten, die Sie selbst kindisch finden? Vielleicht lassen Sie die Nachttischlampe brennen. Vielleicht können Sie nur einschlafen, wenn das Radio oder das Fernsehen läuft. Womöglich nehmen Sie ja auch Ihr Stofftier in den Arm, nachdem Sie das Licht gelöscht haben. Doch Sie sind niemals wirklich allein – ganz besonders bei Nacht. Immer sind drei Engel bei Ihnen, die über Ihren Schlaf wachen. Der erste Engel ist eine höhere Macht – Ihr Glaube an etwas, das größer ist als Sie. Der zweite ist Ihr Glaube an sich selbst. Und der dritte ist der sanfte, hoffnungsvolle Geist in Ihrem Innern, der Ihnen hilft, auf morgen zu vertrauen.

Heute abend können Sie ganz friedlich einschlafen. Vertrauen Sie darauf, daß Sie nie allein sind. Ihre drei Schutzengel wachen immer über Sie – bei Tag und bei Nacht.

Tagsüber ist mir die Anwesenheit meiner Schutzengel vielleicht nicht so bewußt, aber ich bin sicher, daß sie nachts über mich wachen. Und deshalb bin ich nie allein.

Überlegen Sie, was Sie erreichen wollen, halten Sie daran fest, und tun Sie jeden Tag, was notwendig ist, um Ihr Ziel zu erreichen. Und mit jedem Sonnenuntergang werden Sie ihm näherkommen.

Elbert Hubbard

Jede gute Geschichte hat einen Anfang, einen Mittelteil und ein Ende. Der Anfang ist wie Ihr Morgen, neu, vielversprechend und hoffnungsvoll. Der Mittelteil der Geschichte ist Ihr Tagesablauf. Er enthält all die Ereignisse, Gespräche, Orte und Konflikte des Tages. Das Ende der Geschichte ist dieser Abend. Vielleicht haben Sie bereits Lösungen für die Konflikte und Kompromisse, für die Probleme im Mittelteil der Geschichte gefunden sowie ein logisches Ende für einige Ereignisse, die sich am Anfang der Geschichte zugetragen haben.

Nun müssen Sie Ihre Geschichte zum Abschluß bringen. Sie können ihr weitere Konflikte, Probleme und Ereignisse hinzufügen oder sie mit einem Gefühl der Hoffnung, der Dankbarkeit und des Friedens beenden. Welchen Schluß werden Sie wählen – ein Ende, das eine Fortsetzung erfordert, oder ein Happy-End?

Wenn ich heute abend das Ende meiner Geschichte «schreibe», werde ich alle offenen Fragen aus dem Anfang und Mittelteil klären, damit ich das «Buch» schließen und erleichtert aufatmen kann.

Es gibt Menschen, die lernen, die offen sind für die Ereignisse um sie herum, die zuhören und ihre Lektion verstehen … Es ist völlig unerheblich, ob Sie erfolgreich sind oder versagen. Wichtig ist, ob Sie bereit sind, zu lernen.

Carole Hyatt und Linda Gottlieb

In Ihrem Gedächtnis sind unzählige Erinnerungen, Fakten und Fertigkeiten gespeichert. Einige davon haben wir durch eigene Erfahrung erworben, aber ein Großteil der Informationen wurde und wird uns von anderen mitgeteilt. Für unser Wissen sind unsere Lehrer verantwortlich; unsere Familie versorgt uns mit einem Grundstock an Moralvorstellungen; unsere Freunde demonstrieren uns, wie viele verschiedene Persönlichkeiten und Lebensstile es gibt. In unseren Kindern spiegelt sich wider, was wir ihnen beigebracht haben, und sie wiederum zeigen uns *ihre* Sicht der Welt.

Harry Emerson Fosdick sagte: «Das Leben ist wie die Bibliothek eines Schriftstellers. Sie enthält ein paar Bücher, die er selbst geschrieben hat, aber die meisten wurden für ihn geschrieben.» Von Zeit zu Zeit borgen sich andere vielleicht etwas aus Ihren «Bücherschränken» aus, aber Sie müssen Tag für Tag darauf achten, daß die Schränke mit neuem Material versorgt werden. Sie müssen offen und aufgeschlossen sein, um die Lektionen des Lebens, die Ihnen erteilt werden, aufzunehmen.

Nur wenn ich bereit bin, zu lernen, können das Leben und die Menschen in meiner Umgebung mir wertvolle Lehrer sein.

Es ist nicht die physische Trennung von anderen Menschen, die uns einsam macht, erst die geistige, die spirituelle Trennung führt uns in die Isolation.

Anne Morrow Lindbergh

Haben Sie jemals bewundert, wie ein Stativ oder ein dreibeiniger Hocker das Gleichgewicht hält? Die drei Beine können das Stativ oder den Hocker nur dann aufrecht halten, wenn sie genau an der richtigen Stelle angebracht sind. Auch Sie selbst sind mit solch einem dreibeinigen Hocker vergleichbar, denn Sie müssen Ihre geistige, körperliche und spirituelle Energie sorgfältig ausbalancieren, um auf den Beinen zu bleiben. Wenn einer dieser drei Aspekte zu kurz kommt oder gar fehlt, verlieren Sie den Kontakt zu sich selbst – und zu anderen.

Widmen Sie sich heute abend Ihren geistigen, körperlichen und emotionalen Bedürfnissen. Wenn diese drei Komponenten im Gleichgewicht sind, dann fühlen Sie sich nicht nur sich selbst, sondern auch anderen näher.

Heute abend werde ich mein geistiges, körperliches und spirituelles Wachstum nicht zu kurz kommen lassen und für ein gesundes Gleichgewicht in meinem Leben sorgen.

Zu erwarten, daß die Welt Sie gerecht behandelt, weil Sie ein guter Mensch sind, ist beinahe so, als ob Sie erwarteten, daß der Stier Sie nicht angreift, bloß weil Sie Vegetarier sind.

Dennis Wholey

Nicht jeder lebt nach der goldenen Regel: «Was du nicht willst, das man dir tu, das füg auch keinem andren zu.» Die Maßstäbe, die Sie im Umgang mit anderen anlegen, werden nicht unbedingt auch auf Sie angewendet. Wie können Sie es also schaffen, heute und jeden Abend Ihren inneren Frieden zu bewahren, wenn man der positiven Energie, der Selbstlosigkeit, der Offenheit und der Ehrlichkeit, die Sie in Ihr Heim, Ihre Arbeitsumgebung und Ihre Beziehungen einbringen, mit Wut, Unaufrichtigkeit, Spannungen, Konflikten und Auseinandersetzungen begegnet?

Denken Sie als erstes daran, daß jeder Mensch nach seinen eigenen Maßstäben reagiert, egal wie Sie sich verhalten. Statt das Verhalten der anderen ändern zu wollen, sollten Sie sich und Ihr eigenes Verhalten mit Wohlgefallen betrachten. Seien Sie stolz auf Ihre Ehrlichkeit, die selbstlose Liebe, die Sie schenken, Ihre Entschlossenheit, eine gute Mutter / ein guter Vater zu sein, und auf die Art und Weise, wie Sie mit sich selber umgehen.

Ich brauche nicht von anderen belohnt zu werden, um zu wissen, daß ich ein guter Mensch bin. Heute abend werde ich darauf vertrauen, mein Bestes getan, die anderen gut behandelt und mich gleichzeitig um mich selbst gekümmert zu haben.

Die beiden Worte «Ruhe» und «Frieden» sind mehr wert als tausend Goldstücke.

Chinesisches Sprichwort

Hören Sie eigentlich auf Ihre innere Stimme, die Ihnen sagt, wann es Zeit ist, sich auszuruhen, sich zu entspannen, Frieden zu suchen, langsamer zu treten oder die Dinge aus einem anderen Blickwinkel zu betrachten? Wenn Sie mit Hilfe von Meditation wieder lernen, auf Ihre innere Stimme zu hören, können Sie ein besseres Gleichgewicht zwischen Aktivität und Ruhe schaffen und so Ihre erschöpften Energiereserven wieder aufladen. Wie meditiert man? Zunächst sollten Sie sich einen ruhigen, friedlichen Ort suchen (einen gemütlichen Raum in Ihrem Haus oder Ihren Lieblingsplatz im Freien), nehmen Sie eine bequeme Position ein (setzen Sie sich im Schneidersitz auf den Boden, oder legen Sie sich hin) und suchen Sie sich etwas, worauf Sie sich konzentrieren können (zum Beispiel das Wort «Frieden», eine brennende Kerze, einen Kristall, einen bestimmten Gedanken oder ein Gefühl wie zum Beispiel «die Liebe, die ich für meinen Partner empfinde»). Bemühen Sie sich um eine ruhige Geisteshaltung. Wenn Ihr Geist ruhig ist – frei von allem Ballast –, können Sie Ihre Aufmerksamkeit nach innen richten. Das ermöglicht es Ihnen, Ihre Gedanken und Gefühle besser wahrzunehmen und dennoch völlig gelassen zu sein.

Heute abend werde ich versuchen, durch Meditation den Kontakt zu meiner inneren Stimme herzustellen.

Wie jämmerlich, woran wir messen, ob wir reich oder arm sind – ein paar Münzen, Decken und Teppiche, etwas mehr oder weniger Ziegel, Holz oder Farbe, ein modischer Mantel...

Ralph Waldo Emerson

Wenn wir gerade eine Steuererklärung abliefern müssen und das Gefühl haben, es bleibe uns nur wenig von unserem schwer verdienten Geld, fällt es uns sicher nicht leicht, die Reichtümer in unserem Leben zu erkennen. In derlei Augenblicken sollten Sie sich nicht länger auf Geld oder materielle Güter konzentrieren, sondern statt dessen Ihr Augenmerk auf die kreativen Kräfte des Lebens richten. Die Vögel, die munter herumfliegen. Die Nester mit Eiern, die von den Eltern geduldig warmgehalten werden. Irgendwo pflügt ein Bauer das Feld, Kinder spielen, Menschen musizieren, Lehrer unterrichten. Sie sind ein Teil all dieser Dinge. Konzentrieren Sie sich nun auf Ihr eigenes Leben. Es beinhaltet so vieles, das man nicht kaufen oder verkaufen kann: Ihre Gesundheit, Ihre Freunde, ein Kind, ein Partner, Ihre Eltern, besondere Orte, die Sie besucht haben, Ihr kreatives Talent, Ihr Glück.

Konzentrieren Sie sich heute abend nicht auf Ihre Ausgaben, sondern auf das, was Ihnen zum Geschenk gemacht wurde. Es ist viel kostbarer als die größte Menge Geld.

Heute abend werde ich daran denken, daß mein wahrer Reichtum nicht in meiner Geldbörse oder auf meinem Bankkonto ist. Er wohnt in meinem Herzen, meinem Heim und in meinem Leben.

Eine Umarmung ist ein perfektes Geschenk – sie paßt allen, weil sie keine bestimmte Größe hat, und niemand wird Ihnen böse sein, wenn Sie sie zurückgeben.

Ivern Ball

Fürchten Sie sich vor Intimität? Vielleicht gehören auch Sie zu den Menschen, denen eine Umarmung, eine Berührung oder der leichte Knuff eines Freundes Unbehagen bereiten. Möglicherweise haben Sie von Ihren Eltern nicht gelernt, daß Berührungen und Gefühle ganz natürlich sind. Womöglich glauben Sie, jeglicher Körperkontakt zwischen zwei Menschen bedeute immer eine sexuelle Annäherung. Oder vielleicht haben Sie ein derart geringes Selbstwertgefühl und können nicht glauben, daß so herzliche Gefühle echt sein können. Lassen Sie es einfach zu, wenn Ihre Freunde Liebe und Fürsorge körperlich ausdrücken. Eine Umarmung bedeutet einfach: Es mag Sie jemand und will das zeigen.

Seien Sie von nun an bereit, eine Umarmung entgegenzunehmen oder selbst einen Freund zu umarmen. Dadurch lernen Sie nicht nur, der Umarmung zu vertrauen, sondern Sie spüren auch die wunderbare Liebe, die Sie bei jeder Umarmung umgibt.

Ich werde meine Angst vor Körperkontakt mit Freunden überwinden, indem ich bereit bin, jemanden zu umarmen, der mir etwas bedeutet. Vielleicht umarmt er mich ja ebenfalls!

Das Leben hat mich das Denken gelehrt, aber durch das Denken habe ich nicht gelernt zu leben.

Aleksandr Ivanovich Herzen

Wenn Ihre Probleme und Konflikte zur Qual werden, dann denken Sie zuviel über sie nach. Am Anfang versuchen Sie bloß Ihre Gedanken zu organisieren. Dann möchten Sie Zusammenhänge, Lösungen und weitere Schritte finden. Sie geben Ihren Gedanken eine andere Richtung oder beginnen Ihre Überlegungen mit *«Was wäre wenn …»*. Sie versuchen vorauszuahnen, wie Ihr Vorhaben sich auf Sie und andere auswirken wird. Ihre Gedanken driften ab, plötzlich grübeln Sie über Dinge nach, die mit dieser Sache gar nichts zu tun haben. Im Handumdrehen sind einige Minuten vergangen, und Sie können *einfach nicht damit aufhören*, nachzudenken.

Lassen Sie diese Nacht nicht zu einer «Nacht des Grübelns» werden. Führen Sie sich zunächst vor Augen, daß Ihr Geist enorme Mengen an Informationen verarbeiten kann, aber dennoch beschränkt ist. Anstatt sich einzig und allein auf Ihren Intellekt zu verlassen und Ihre Konflikte durch Denken zu lösen, lassen Sie sich selbst Raum für spirituelle Lösungen. Manchmal lösen sich die verwirrendsten oder beunruhigendsten Situationen ganz ohne Ihr Zutun in Wohlgefallen auf!

Heute abend setze ich mir vor dem Schlafengehen ein Zeitlimit, um über eine bestimmte Situation nachzudenken. Sobald die festgesetzte Zeit verstrichen ist, werde ich eine höhere Macht darum bitten, mir zu einer Lösung zu verhelfen, damit ich ruhig schlafen kann.

Wir lieben die Sterne zu sehr, um uns vor der Nacht zu fürchten.

Inschrift an der Mauer des Alleghany-Observatoriums, Universität von Pittsburgh

Lieben Sie Ihre Arbeit oder Ihre Hobbys so sehr, daß Sie beinahe eine andere Person werden, wenn Sie sich damit beschäftigen? Ihre Stimme klingt lebhaft, Ihre Augen leuchten, und Sie fühlen sich rundum wohl, sobald Sie über Ihr Hobby, Ihre Interessen oder Ihren Beruf reden können?

Wenn es in Ihrem Leben nicht *irgend etwas* gibt, das Sie voller Leidenschaft lieben können, dann versäumen Sie eine emotionale Erfahrung, die Sie antreibt und zum Lernen und Wachsen motiviert. Wenn Sie einem Hobby nachgehen, entdecken Sie vielleicht eine Menge Fertigkeiten, Talente und Geduld an sich selbst, die Sie sich gar nicht zugetraut haben. Diese positiven Fähigkeiten zu entwickeln kann Ihnen mehr Vergnügen bereiten, als Sie jemals erlebt haben.

Denken Sie heute abend über etwas nach, das Ihnen großen Spaß macht. Wenn Sie noch kein solches Hobby haben, überlegen Sie, was Ihnen in Zukunft entsprechendes Vergnügen bereiten könnte.

Was mache ich gern? Ich werde schätzen lernen, was mich geistig und körperlich fordert oder zu spirituellem Wachstum anregt – meine Arbeit, ein Hobby oder die Zeit, die ich mit einem anderen Menschen verbringe.

In etwas Vollkommenem und Großartigem völlig aufzugehen: Das bedeutet Glück. Und wenn das Glück zu dir kommt, dann kommt es so natürlich wie der Schlaf.

Willa Cather

Haben Sie Probleme damit, nach einem hektischen Tag ruhig zu werden und sich zu entspannen? Vielleicht fällt es Ihnen schwer, Ihr Tempo zu verlangsamen, nicht weiterhin voller Unruhe und Anspannung zu sein und sich an den einfachen Dingen des Lebens zu freuen. Sie können viel tun, um schnell und effektiv von Arbeitszeit auf Freizeit «umzuschalten». Beginnen Sie sich schon auf der Heimfahrt vom Büro zu entspannen. Hören Sie beruhigende Musik im Auto, machen Sie Entspannungsübungen für Ihre gesamte Muskulatur – indem Sie tief aus- und einatmen und dabei jeden einzelnen Muskel Ihres Körpers zunächst anspannen und dann entspannen –, oder lesen Sie im Bus oder Zug einen Roman oder eine Zeitschrift.

Setzen Sie zu Hause ein Zeichen für das Ende des Arbeitstages. Schlüpfen Sie in bequeme Kleidung, bereiten Sie sich Ihr Lieblingsgetränk zu, treiben Sie Sport, oder nehmen Sie ein heißes Bad. Dabei ist es nicht wichtig, *was* Sie tun, sondern daß Ihnen die betreffende Tätigkeit dabei hilft, sich am Ende des Tages zu entspannen.

Von diesem Augenblick an schiebe ich meine Sorgen über das Morgen und meine Anspannungen des heutigen Tages beiseite. Wenn ich mich in meiner Freizeit entspannen kann, werde ich viel glücklicher sein.

Alles, was wir niederschreiben, enthält einen kleinen Hoffnungsschimmer, egal welch tiefer Verzweiflung es entstammen mag.

Elias Canetti

Führen Sie ein Tagebuch? Regelmäßige Tagebucheintragungen können Ihr Wachstum fördern und dazu beitragen, Ihnen die Angst vor Risiken und Veränderungen zu nehmen. Ein Tagebuch erleichtert es Ihnen, sich Ziele zu setzen und zu erreichen, mehr über sich selbst zu erfahren und den Tag zum Abschluß zu bringen. Wenn Sie Ihre Gedanken, Gefühle und Handlungsweisen schriftlich festhalten, machen Sie so etwas wie eine persönliche Bestandsaufnahme: Sie betrachten sich selbst intensiver und erkennen, an welchen Bereichen Sie noch arbeiten müssen, damit Sie «Fehler» beheben und «Gutes» fördern können. Regelmäßige Eintragungen in ein Tagebuch dienen auch dazu, Ihnen auf ganz praktische und handfeste Weise bewußtzumachen, was in Ihrem Leben funktioniert und was nicht. Dieses Wissen können Sie später jederzeit auf ähnliche Situationen und Ereignisse anwenden.

Bevor Sie heute abend schlafen gehen, sollten Sie den Entschluß fassen, sich bald ein Tagebuch anzuschaffen und es regelmäßig zu nutzen.

Ein Tagebuch kann mir helfen, mich persönlich weiterzuentwickeln und zu lernen. Heute abend nehme ich mir vor, meine Vergangenheit, Gegenwart und Zukunft schriftlich festzuhalten.

Meine Situation ist momentan vielleicht unangenehm, aber das ist notwendig, damit ich wachsen kann.

Anonym

Es gibt viele schwierige und unangenehme Situationen im Leben, viele Ungerechtigkeiten und Enttäuschungen. Es wäre herrlich, wenn kein Mensch traurige Zeiten erleben müßte, wenn niemand sich schwierigen Aufgaben oder heftigen Auseinandersetzungen zu stellen hätte. Aber schlimme Erfahrungen fördern Ihr Wachstum. Sie selbst haben die Wahl, wie Sie damit umgehen wollen: Sie können die Hände in den Schoß legen und sich über die Ungerechtigkeiten des Lebens und über das Schicksal, das Ihnen so übel mitspielt, beklagen. Genausogut können Sie Ihre egozentrische Denkweise aber auch ablegen und dabei entdecken, welch tiefe Wahrheit in den folgenden Worten John Miltons steckt: «Der Geist ist ein Ort für sich und in sich – er kann aus der Hölle einen Himmel machen und aus dem Himmel eine Hölle.»

Hören Sie noch heute abend auf, die Schwierigkeiten, mit denen Sie es zu tun haben, ausschließlich negativ zu betrachten. Denken Sie statt dessen an all die positiven Dinge, die Sie *haben,* und an das, was sie *tun* und *ändern* können.

Heute abend werde ich die positiven Dinge in meinem Leben zählen, nicht die negativen.

Man dringt tiefer in sich ein als beim Schlafen. Man kommt mit einem Ort in Berührung, der frei von Gedanken ist. Und doch ist man hellwach.

Tom Stiles

Yoga zu betreiben ist mittlerweile richtig in Mode gekommen. Yoga ist eine alte Form der körperlichen und geistigen Ertüchtigung, die lange, gleichmäßige Atemzüge mit langsamen, sachten Bewegungen kombiniert – beugen, dehnen, balancieren, strecken und die Muskeln spielen lassen. Bei der Ausführung einer Yoga-Übung gibt es keine Eile. Genausowenig gelten beim Yoga Leitsprüche wie «Ohne Fleiß kein Preis!». Yoga dient dazu, Sie sowohl körperlich als auch geistig beweglich zu halten; es trainiert also Körper und Geist gleichermaßen. Besonders hilfreich kann es auch bei chronischen Beschwerden sein – etwa bei Arthritis, bei Rückenproblemen oder Asthma, bei starken Blähungen oder Darmentzündungen –, weil es von der geistigen und körperlichen Fixierung auf einen bestimmten Körperteil oder bestimmte Beschwerden ablenkt.

Heute abend sollten Sie wahlweise Yoga oder andere sportliche Übungen anstreben, die Ihnen dabei helfen, sich sowohl körperlich zu entspannen als auch Ihren inneren Frieden zu finden.

Sport hält mich nicht nur körperlich in Form, sondern auch geistig, weil er mich von meinen Depressionen, Ängsten oder Phobien befreien kann, die mich nachts manchmal wach halten.

Gib niemals auf. Genau wenn du aufgibst, wird das Blatt sich wenden.

Harriet Beecher Stowe

Haben Sie jemals eine Verletzung erlitten, die Sie für einige Zeit außer Gefecht gesetzt hat? Ihr Arzt hat Ihnen wahrscheinlich geraten, den verletzten Körperteil soweit wie möglich zu schonen, damit er heilen kann. Aber was sollen Sie tun, wenn Sie einen emotionalen Schmerz erleiden? Vielleicht bleiben Sie im Bett – Tag und Nacht. Womöglich können Sie weder essen noch schlafen. Vielleicht nehmen Sie sich jede Menge vor, damit Sie keine Zeit haben, um den Schmerz wahrzunehmen. Möglicherweise entwickeln Sie irgendwelche körperlichen Krankheiten. Doch Bewegungslosigkeit vermag den emotionalen Schmerz nicht zu heilen. Arbeit, die bis zur physischen oder geistigen Erschöpfung führt, vermag Ihren Kummer nicht zu vertreiben. Und sich selbst krank zu machen erschöpft nur Ihre ohnehin schon angeschlagenen Energiereserven.

Die beste Art und Weise, um mit emotionalen Problemen umzugehen, ist, sich dem Schmerz zu stellen und ihn zu spüren. Wenn Sie Ihre Gefühle in Worten zum Ausdruck bringen können, so beten Sie. Wenn nicht, dann beten Sie halt ohne Worte, durch Ihre Tränen und Ihre Seufzer.

Heute abend werde ich darauf vertrauen, daß mein emotionaler Schmerz allmählich vergehen wird. Selbst wenn ich nicht weiß, worum ich beten soll, kann ich meine Gefühle in wortlosen Gebeten zum Ausdruck bringen.

Man will nicht nur glücklich sein, sondern glücklicher als die andern. Und das ist deshalb so schwer, weil wir die anderen für glücklicher halten, als sie sind.

Montesquieu

Allzu oft suchen die Menschen ihr Glück außerhalb ihrer eigenen Person. Das führt häufig dazu, daß sie unglücklich sind, weil sie ständig nach mehr, etwas Größerem, etwas Besserem suchen. Eine alte Geschichte berichtet von einem Mann, der sich an Buddha wandte, um den weisen Mann nach dem Geheimnis des Glücks zu befragen. Buddha fragte den Mann: «Hast du gefrühstückt?» «Ja», antwortete der Mann etwas verwirrt über die Frage. «Hast du deine Schale gewaschen?» fuhr Buddha fort. «Ja, ja», schnauzte der Mann ein wenig ungeduldig zurück. «Hast du deine Sache gut gemacht?» fragte Buddha und wandte sich dann ab.

Jetzt erkannte der Mann, daß man nur dann das wahre Glück findet, wenn man im gegenwärtigen Augenblick lebt, das tut, was zu tun ist, und es genießt.

Die kleinsten Taten können uns glücklich machen. Während ich mich auf die Nacht vorbereite, konzentriere ich mich auf die Gegenwart und erfreue mich am Sinn und Zweck meiner abendlichen Aufgaben.

Das größte Geschenk ist die Freude am Lesen. Es ist billig, es tröstet, es lenkt ab, es ist aufregend, es bildet uns auf vielfache Weise. Es ist eine moralische Erleuchtung.

Elizabeth Hardwick

Erinnern Sie sich, wie Sie als Kind Ihre Eltern gebeten haben, Ihnen immer wieder dieselbe Gutenachtgeschichte vorzulesen? Die Menschen und Ereignisse in dieser speziellen Geschichte entspannten Sie, so daß Sie einschlafen konnten. Und erinnern Sie sich, wie Sie in späteren Jahren in die Traumwelt von Romanen und Biographien flüchteten? Wann haben Sie sich das letzte Mal ein paar Stunden lang hingesetzt, um einfach nur zum Vergnügen ein Buch zu lesen? Wenn Sie darüber nachdenken, entdecken Sie vielleicht, daß Ihre Lektüre häufig nur mit Ihrem Job zusammenhängt oder daß Sie die Gewohnheit haben, Zeitungen und Zeitschriften nur dann kurz zu überfliegen, wenn Sie gerade einmal einen Augenblick nichts zu tun haben.

Nehmen Sie sich in Zukunft Zeit, in die Welt eines Buches einzutauchen, sich gefühlsmäßig mit den Figuren zu identifizieren und das Buch vom Anfang bis zum Ende zu verschlingen.

Ich freue mich darauf, wenigstens einen Abend in der Woche mit einer heißen Tasse Tee, sanfter Hintergrundmusik, einem bequemen Sessel oder ein paar Kissen im Rücken und einem guten Buch zu verbringen.

Ist es nicht bemerkenswert, wieviel unnötige Angst wir ertragen müssen, die wir im allgemeinen selbst verursachen?

Benjamin Disraeli

Wie viele Uhren müssen Sie umstellen, wenn es Sommerzeit wird? Fühlen Sie sich ohne Ihre Armbanduhr irgendwie «nackt»? Wenn Sie dazu neigen, sich häufig Fristen zu setzen, so kann dies eine der Hauptquellen Ihrer Ängste sein. Haben Sie mehrere Armbanduhren oder eine Wanduhr in jedem Raum Ihrer Wohnung? Kommen Sie zu Verabredungen grundsätzlich zu spät oder zwanghaft zu früh? Geben Sie sich ständig Zeitlimits – zum Beispiel «In fünfzehn Minuten muß ich mit dem Geschirr fertig sein», «Bei diesem Anruf darf ich nicht länger als zehn Minuten reden» oder «Heute nacht habe ich nur fünf Stunden Zeit zum Schlafen»?

Beschließen Sie, von nun an Ihre Armbanduhr abzulegen und damit aufzuhören, ständig auf die Uhr zu schauen. Lassen Sie sich statt dessen so viel Zeit, wie Sie brauchen, um eine Aufgabe zu erledigen, um sich am Telefon zu unterhalten oder um das zu tun, was Sie möchten. Sie können sich so viel – oder so wenig – Zeit zugestehen, wie Sie möchten.

Ich weiß, daß mein Geist dann den größten Frieden findet, wenn ihm keinerlei Beschränkungen auferlegt werden. Ich werde damit aufhören, nach der Uhr zu leben, und damit beginnen, mich am Leben zu freuen.

Ich ging nur hinaus, um einen Spaziergang zu machen, und beschloß schließlich, bis zum Sonnenuntergang draußen zu bleiben, denn ich war, wie ich entdeckte, nicht hinaus-, sondern in Wirklichkeit in mich gegangen.

John Muir

Die Erkenntnis, daß Sie eins mit der Natur sind, erweitert Ihren Horizont und bringt Sie sich selbst näher. Es gibt viele Möglichkeiten, «hinaus in die Natur zu gehen». Sie können im Freien campieren, wandern, die Vögel beobachten oder in Ihrem Garten arbeiten. Sie können den Duft der Erde in sich aufnehmen, den Singvögeln lauschen und die ersten frischen Kräuter der Saison genießen. Sie können den lebendigen, wachsenden Dingen auf spirituellem Wege näherkommen.

Atmen Sie jetzt tief ein, und spüren Sie Ihre Verbundenheit mit den Wundern der Natur. Fühlen Sie, wie sich die Welt auf einen erholsamen Schlaf vorbereitet. Dann decken Sie sich selbst behaglich zu. Sagen Sie sich: «Ich bin eins mit der Natur. Ich ehre ihr Wachstum und ihre Vitalität, so wie ich meine ehre. Ich respektiere sie, so wie ich mich selbst respektiere. Ich lerne jeden Tag mehr über sie, während ich mehr über mich selbst erfahre. Mein Leben ist friedlich und in Harmonie mit der Natur.»

Heute abend werde ich spüren, wie die Rhythmen meines Körpers mit den natürlichen Rhythmen um mich herum zusammenwirken.

Ich habe nicht erwartet, daß meine Träume mein Leben deuten, sondern daß mein Leben meine Träume deutet.

Susan Sontag

Als Peter Chan mit seiner Familie umzog, bestand sein Garten nur aus hartem Lehmboden und großen Steinen. Aber Chan betrachtete seinen Garten nicht als Problem, sondern als Gelegenheit, sich einen Traum zu erfüllen. Er träumte von einem atemberaubenden Garten; heute hat sein wunderschöner Garten Auszeichnungen gewonnen und wurde in Zeitschriften und im Fernsehen vorgestellt. Sie mögen Ihre eigenen Träume haben – einige davon sind ehrgeiziger als die von Chan, andere etwa gleich, und einige sind recht einfach zu erfüllen. Aus Chans Philosophie, die viele chinesische Gärtner mit ihm teilen, kann man viel lernen: *«Nutze das, was du hast, weise.»* Denken Sie heute abend über einen Ihrer Träume nach. Überlegen Sie sich, was Sie dazu brauchen, um sich den Traum zu erfüllen. Dann fragen Sie sich: «Was gibt es jetzt in meinem Leben konkret für materielle und kreative Möglichkeiten, die mich der Verwirklichung dieses Traumes näher bringen?»

So wie sich ein Großstadtmensch einen Garten vor dem Haus anlegen kann, um frisches Obst und Gemüse zu züchten, kann ich mir ebenfalls einen «Garten» anlegen, in dem einer meiner Träume gedeihen kann. Alles, was ich dazu brauche, ist Zeit, Zielstrebigkeit und die Bereitschaft, es wirklich zu tun.

Das Beste, was die Wissenschaftler erfinden könnten, um uns besser schlafen zu lassen, wäre ein Mittel, mit dem man das Denken einstellen kann.

Wilse Webb

Oft kommt es auf die Qualität, nicht auf die Quantität des Schlafes an, ob Sie sich am nächsten Tag auf der Höhe fühlen oder nicht. Studien über den Schlaf haben gezeigt, daß unser modernes Leben – ständiger Streß, schlechte Ernährung, eine laute Umgebung und dauernde Sorgen – zu leichtem, häufig unterbrochenem Schlaf führen kann. Es gibt aber Möglichkeiten, das Denken am Abend «auszuschalten», um besser schlafen zu können. Beenden Sie Arbeiten, die mit Ihrem Beruf, der Schule oder der Familie zu tun haben, wenigstens zwei oder drei Stunden, bevor Sie schlafen gehen. Nutzen Sie die «freie Zeit» für streßfreie Gedanken – lesen Sie ein Buch, spielen Sie ein Spiel, schreiben Sie einen Brief – oder für Aktivitäten, die Ihren Geist beruhigen – meditieren Sie, nehmen Sie ein heißes Bad, widmen Sie sich einem Hobby.

Wenn Sie dies tun und dann feststellen, daß Ihr Geist noch immer keine Ruhe findet und Sie sich noch immer im Bett hin- und herwälzen, stehen Sie auf, gehen Sie in einen anderen Raum und schreiben Sie die Dinge auf, die Sie beunruhigen. Dann tun Sie etwas Besänftigendes, bis Sie sich schließlich doch schläfrig fühlen.

Obwohl ich mich am Nachmittag oder wenn ich von der Arbeit heimkomme, müde fühlen mag, werde ich nach 14 Uhr keine koffeinhaltigen Getränke mehr zu mir nehmen.

Der Zukunft gegenüber großzügig zu sein heißt, in der Gegenwart alles zu geben, was vorhanden ist.

Albert Camus

Heute ist der letzte Tag eines Monats und der Vorabend eines neuen Monats. Manche Menschen blicken am Monatsende auf den Fortschritt zurück, den Sie gemacht haben, finden sich mit Fehlern ab, bewundern ihre Errungenschaften und belohnen sich selbst für ihre Leistungen. Vielleicht denken auch Sie heute abend an Dinge, die Sie in Zukunft ändern möchten. Sich verändern zu wollen ist großartig; es verleiht neue Lebensfreude. Aber nehmen Sie sich heute abend auch vor, Veränderungen immer nur tageweise durchzuführen. Es ist produktiver, sich zu überlegen, was Sie genau jetzt, am 30. April kurz vor dem Zubettgehen, tun möchten, statt die bevorstehenden Tage, Wochen oder Monate zu verplanen.

Sie brauchen nicht auf das Ende eines Monats oder eines Tages zu warten, um einen Neubeginn zu machen. Aber denken Sie daran, in Zeiten der Veränderung immer nur von einem Tag zum anderen zu leben.

Wenn ich mir heute abend vornehme, morgen alles besser zu machen, dann verpasse ich heute die Gelegenheit dazu. Was, wenn es kein Morgen gibt? Ich werde Ansätze zu einem Neubeginn heute abend fördern.

MAI

Leben Sie bewußt, und beherzigen Sie Ihre Erfahrungen. Betrachten Sie die Welt, was in ihr geschieht und warum es geschieht, voller Aufmerksamkeit.

Alexandra G. Kaplan

Stellen Sie sich vor, Sie haben die Gelegenheit, quer durch Europa zu reisen. Sie können anhalten, wo immer Sie möchten, so viel Zeit an einem Ort verbringen, wie Sie wollen, und Sie haben keinen festen Zeitplan. Werden Sie sich einzig und allein darauf konzentrieren, Ihr Ziel zu erreichen, oder werden Sie sich auch die Zeit nehmen, die Landschaft, die Menschen und die Orte zu genießen?

Jeden Abend haben Sie die Gelegenheit, eine «Reise» zu unternehmen – jedesmal ein einmaliges Abenteuer, das Sie an keinem anderen Tag so wiederholen können. Wie möchten Sie diese Zeit verbringen? Indem Sie jede Minute genießen und manchmal anhalten, um eine einzigartige Gelegenheit auszukosten? Oder werden Sie sich einfach auf Ihr Ziel konzentrieren und versuchen, es möglichst schnell zu erreichen? Nehmen Sie sich vor, von nun an dem Geschehen in Ihrer Welt Aufmerksamkeit zu schenken. Achten Sie auf die Menschen, die Sie umgeben, auf den Geschmack Ihres Essens, auf die Worte, die Sie lesen, und die Musik, die Sie hören. *Würdigen* Sie die Reise, die Sie jeden Abend unternehmen.

Heute abend werde ich meinen Zeitplan vergessen und alles und jeden um mich herum in mich aufnehmen.

Faulheit bedeutet, sich auszuruhen, bevor man müde wird.
Jules Renard

Als Sie sich das letzte Mal während des Tages schlapp oder reizbar fühlten, führten Sie Ihren Energiemangel vielleicht darauf zurück, in der letzten Zeit zuwenig Schlaf bekommen zu haben. Doch die Forschung hat gezeigt, daß man auch *zuviel* schlafen kann. Wenn man übermäßig lange im Bett bleibt oder am späten Nachmittag ein Nickerchen macht, wird der Schlaf leicht, so daß man immer wieder aufwacht. Vielleicht wollen Sie sich einigen Angelegenheiten einfach nicht stellen und sind *deshalb* mürrisch. Wenn Sie den Schlafmangel als Entschuldigung benutzen, um sich mit den wahren Problemen in Ihrem Leben nicht auseinandersetzen zu müssen, dann verhalten Sie sich nicht anders als der Wanderer, der immer nur den leichtesten Weg wählt, um auf den Berg zu gelangen.

Nutzen Sie Ihre Zeit am Abend von nun an dafür, sich mehr um die Bewältigung eines schwierigen Weges in Ihrem Leben zu bemühen. Statt vor dem Fernseher einzunicken, reden Sie mit einem Freund darüber, was Sie quält. Gemeinsam finden Sie vielleicht eine Lösung, die Sie «aufweckt».

Ich werde daran denken, daß ich mich um so schlechter fühle, je länger ich die Bewältigung eines Problems hinauszögere.

Allein zu sein macht den Menschen zu schaffen, macht sie alt und bitter … Ich glaube, wir sind nur dann wirklich glücklich, wenn wir mit einem anderen Menschen verbunden sind. Ansonsten sind wir einsam und leiden darunter.

Thomas Tryon

Ein Angehöriger eines Stammes, der in einer entlegenen Gegend in Brasilien lebt, verbrachte ein paar Jahre in São Paulo, einer modernen, hektischen Stadt mit 13 Millionen Einwohnern. Dann kehrte er in sein kleines Dorf mit 300 Bewohnern zurück und erklärte ihnen, warum er zurückgekommen war. «Hier», sagte er, «kennen wir einander und sind zusammen.» Die Stammesgesellschaft läßt alte Menschen nicht im Stich, wie das in unserer Gesellschaft so viele tun, die ihre alten Eltern einfach in ein Altersheim abschieben. In einem Stamm sind sowohl die jüngeren Familienmitglieder als auch alle anderen im Dorf dazu verpflichtet, sich um die älteren zu kümmern.

Denken Sie heute abend an ein altes Mitglied Ihres «Stammes», das Sie aus den Augen verloren haben. Schreiben Sie einen Brief, rufen Sie an, laden Sie diesen Menschen ein oder statten Sie ihm in nächster Zeit einen Besuch ab.

Unsere Gesellschaft kann uns von unseren Mitmenschen entfremden. Deshalb ist es wichtig, daß ich die Initiative ergreife und mit jenen in Kontakt bleibe oder wieder in Kontakt trete, die mir wichtig sind.

Die schwierigen Dinge dieser Welt waren wahrscheinlich einmal einfach; die großen Dinge dieser Welt waren wahrscheinlich einmal klein. Nimm die schwierigen Dinge in Angriff, solange sie noch einfach sind; tue die großen Dinge, solange sie noch klein sind.

Taoismus

Wir schenken vielen Aspekten unseres Lebens erst dann Aufmerksamkeit, wenn eine Krisensituation vorliegt. Wenn Sie Ihre Aufgaben erledigen, bevor sie außer Kontrolle geraten, betreiben Sie eine Art Vorsorgemedizin: Um nicht mit einem Herzanfall ins Krankenhaus eingeliefert zu werden, ist es vernünftiger, sich richtig zu ernähren, Sport zu treiben und sich einmal im Jahr untersuchen zu lassen. Frühzeitig etwas zu unternehmen kann zukünftigen Ärger vermeiden oder verhindern, daß eine schlimme Situation noch schlimmer wird.

Beschließen Sie, von nun an Schwierigkeiten *sofort* aus dem Weg zu räumen. Betrachten Sie einen Bereich Ihres Lebens, der kurz davorsteht, sich in einen Krisenherd zu verwandeln. Überlegen Sie, was Sie tun können, um die Schwierigkeiten abzuwenden – bezahlen Sie die Telefonrechnung, bevor Ihre Leitung gesperrt wird, lösen Sie einen Konflikt, bevor Ihr Partner beschließt, Sie zu verlassen. Sie müssen etwas dazu beitragen, wenn Sie ein Problem beseitigen wollen, statt es zu verschlimmern.

Ich werde daran denken, daß es keine Entschuldigung dafür gibt, ein Problem nicht sofort in Angriff zu nehmen.

Wenn man immer das tut, was die anderen wollen, hat man am Ende keine eigenen Prinzipien mehr.

Aesop

Eine der schwierigsten Aufgaben im Leben besteht darin, sich Grenzen setzen zu lernen. Zu *wissen*, daß man seinen Zeit- und Energieaufwand begrenzen muß, und es dann auch wirklich zu *tun*, sind allerdings zweierlei Dinge. Vielleicht zögern Sie, Aufgaben zu delegieren, weil Sie glauben, daß andere Menschen Sie brauchen und sich auf Sie verlassen.

Möglicherweise stehen Sie deshalb unter besonders starkem Druck, weil Sie nicht nur ganztägig berufstätig sind, sondern auch alleinerziehende Mutter oder alleinerziehender Vater sind und sich auch noch um den gesamten Haushalt zu kümmern haben.

Heute abend können Sie die Entdeckung machen, daß Ihre Ängste, Zweifel und Unsicherheiten Sie an einen Scheideweg geführt haben – es wird Zeit, eine Entscheidung zu treffen. Können Sie weiterhin all den abendlichen Verpflichtungen auf Ihrem Terminplan nachkommen, oder müssen Sie Grenzen setzen, um etwas Zeit für sich selbst zu haben? Bestimmen Sie die für Sie richtigen Grenzen, so daß Ihre eigenen Bedürfnisse nicht zu kurz kommen.

Es wird Zeit, daß ich lerne, nein zu sagen – und es ernst zu meinen.

Ein Fehlschlag ist ein Ereignis, niemals ein Mensch.

William D. Brown

Ein Ford war eines Tages mitten auf der Straße stehengeblieben. Der Fahrer konnte den Motor nicht starten, sosehr er sich auch bemühte. Eine Limousine mit Chauffeur hielt hinter dem Auto an. Ein Mann stieg aus und bot seine Hilfe an. Nachdem er unter die Motorhaube geschaut und ein paar Minuten herumgetüftelt hatte, sagte der Mann: «Probieren Sie es jetzt!» Der Motor sprang sofort an. Jetzt gab sich der Mann aus der Limousine zu erkennen; es war Henry Ford selbst. «Ich habe dieses Auto entworfen und gebaut», berichtete er dem Fahrer, «deshalb weiß ich, was zu tun ist, wenn etwas nicht funktioniert.» Was tun Sie, wenn etwas nicht funktioniert? Geben Sie sich selbst die Schuld, rufen Sie sich ins Gedächtnis, was Sie hätten tun können oder sollen? Oder sind Sie imstande, alle Rückschläge, Fehler und Fehlschläge als Ereignisse zu betrachten, die man einfach in Ordnung bringt?

Hören Sie damit auf, sich schuldig zu fühlen, wenn in Ihrem Leben heute nicht alles nach Wunsch gelaufen ist. Geben Sie sich statt dessen mit dem Bewußtsein zufrieden, daß Sie schon irgendwann eine geeignete Lösung finden werden.

Ich werde nicht ziellos auf dem Meer herumtreiben und dem Wind die Schuld dafür geben, daß meine Segel zerrissen sind. Ich werde die notwendigen Reparaturen durchführen, damit ich wieder Kurs setzen kann.

Lachen ist ein Beruhigungsmittel ohne Nebenwirkungen.
Arnold H. Glasow

Wenn Tränen Ihren Blick verschleiern, Ihr Kummer Sie bewegungsunfähig macht oder Sie nichts anderes als Wut empfinden können, dann erkennen Sie wohl kaum, wie wichtig das Lachen für Sie ist. Doch über die alltäglichen Ärgernisse ebenso wie über die Tragödien des Lebens lachen zu können, setzt die Ereignisse wieder ins richtige Licht. Es hilft Ihnen, Ihr Gleichgewicht zu bewahren, wenn Ihre Welt aus den Fugen zu geraten scheint. Wie aber soll das bei all den Schwierigkeiten, denen Sie sich stellen müssen, gelingen?

Rabbi Harold Kushner empfiehlt in seinem Buch *Wenn guten Menschen Böses widerfährt,* sich nicht auf die Vergangenheit oder den Schmerz zu konzentrieren. Anstatt sich zu fragen: «Warum muß das gerade *mir* passieren?», sollten Sie «... die Frage stellen, die Ihnen die Tür in die Zukunft öffnet: Es ist mir nun einmal passiert. Was also kann ich tun?»

Heute abend werde ich an ein altes chinesisches Sprichwort denken: «Du kannst die Vögel der Sorge nicht davon abhalten, über deinem Kopf zu kreisen, aber du kannst sie davon abhalten, ihre Nester in deinem Haar zu bauen.»

Es ist niemals klug, anderen Schlimmes zu wünschen oder antun zu wollen. Wenn Bosheit oder Neid Gestalt annähmen, dann hätten sie die Form eines Bumerangs.

Charley Reese

Als Lee Iacocca in den frühen achtziger Jahren die Firma Chrysler vor dem nahen Ruin bewahrte, erklärte er in der Öffentlichkeit häufig, seine vornehmliche Triebfeder sei der Wunsch, sich an Henry Ford zu rächen, der ihn einige Jahre zuvor gefeuert hatte. Iacocca hatte mit seinem rachsüchtigen Streben sogar in einiger Hinsicht Erfolg. Aber was ist von seinem Motiv zu halten?

Für Sie ist es von großer Bedeutung, zu wissen, daß Ihr Engagement irgendwann im Leben – sei es als Elternteil, Partner oder Freund – als selbstverständlich gilt. Manchmal werden Sie sogar regelrecht schlecht behandelt. Ihre Beiträge werden vielleicht nicht wirklich anerkannt oder belohnt; Sie werden vielleicht nicht aufrichtig geliebt oder geschätzt. Das heißt aber nicht, daß Sie nach Vergeltung oder Rache streben müssen. Versuchen Sie statt dessen auf konstruktive Weise zu reagieren. Schaffen Sie sich Handlungsmotive, die Ihnen dienlich sind, aber achten Sie darauf, daß diese Motive nicht auf Kosten anderer zum Tragen kommen.

Rachsucht paßt nicht zu dem Menschen, in den ich mich entwickle – einen Menschen, der mitfühlend, gütig, positiv und nachsichtig ist.

Wie schaffen andere es nur, einzuschlafen? Ich glaube, ich kriege es einfach nicht mehr hin. Vielleicht sollte ich mir abends eins mit der Nachttischlampe überziehen. Oder ich könnte langsam und beruhigend ein paar wunderschöne, geistreiche Zitate vor mich hinsagen – wenn ich mich doch bloß an einen dieser verdammten Sätze erinnern könnte.

Dorothy Parker

Wenn Sie Probleme mit dem Einschlafen und Durchschlafen haben, dann kann die folgende Liste mit Strategien Ihnen vielleicht helfen.

Verzichten Sie auf einen Schlummertrunk. Wenn Sie vor dem Schlafengehen etwas trinken, schlafen Sie zunächst sehr tief, doch sobald Ihr Körper den Alkohol abgebaut hat, schlafen Sie schlecht.

Vermeiden Sie Stimulanzien. Kaffee, Tee und Kakao sind nicht die einzigen koffeinhaltigen Getränke. Viele Limonaden und Light-Getränke enthalten Koffein ebenso wie Appetitzügler, Abführmittel und Schmerztabletten.

Verwenden Sie nur selten Schlaftabletten. Zuerst helfen sie Ihnen vielleicht beim Einschlafen, aber schon wenig später verlieren sie an Wirkung, und Sie werden von ihnen abhängig.

Achten Sie auf Ihren Magen. Gehen Sie weder hungrig zu Bett noch unmittelbar nach einem üppigen Mahl – beides wirkt sich negativ auf Ihren Schlaf aus.

Ich werde meine Aktivitäten und Verhaltensweisen verbessern, um besser schlafen zu können.

Ich glaube, das ganze Leben ist ein Weggehen und wieder Zurückkommen. Man geht ins Büro, dann will man wieder nach Hause. Wenn man zu Hause ist, will man wieder ausgehen. Wenn man dann draußen ist, sagt man: «Ich muß wieder zurück.» Egal, wo man gerade steht, man macht, daß man wieder wegkommt.

Jerry Seinfeld

Wenn Sie mit einem oder mehreren Bereichen Ihres Lebens unzufrieden sind, denken Sie möglicherweise automatisch an eine radikale Lösung des Problems. Sie möchten gleich den ganzen Lebensbereich hinter sich lassen, statt bloß den entsprechenden Streßfaktor. Ihre Lösungen lauten entweder schwarz oder weiß, richtig oder falsch, im Problem steckenbleiben oder ihm so schnell wie möglich entkommen. Doch häufig sind die Schritte, die Sie unternehmen müssen, um die Harmonie in Ihrem Leben wiederherzustellen, keineswegs dermaßen dramatisch. Am besten denken Sie zunächst über eine andere Haltung nach und über die kleinen Veränderungen, die Sie vornehmen können.

Rufen Sie sich heute einen Bereich Ihres Lebens ins Gedächtnis, in dem nicht alles harmonisch läuft. Dann überlegen Sie sich mindestens fünf kleine Dinge, die Sie tun können, um diese Disharmonie zu beseitigen.

Ein Schwarz-Weiß-Denken hält mich am Status quo fest oder läßt mich eine radikale 180-Grad-Wende machen. Heute abend werde ich sachte an meine Probleme herangehen, damit ich eine friedliche Veränderung in meinem Leben bewirken kann.

Herr, mein Gott, ich habe zu Dir geschrien, und Du hast mich geheilt.

Psalm 30;3

Besucher der Fidschi-Inseln berichten von einem seltsamen Brauch, den man «Ruf nach den Toten» nennt. Ein Trauernder besteigt einen hohen Berg oder die Klippen, und nachdem er den Namen des Verstorbenen genannt hat, ruft er: «Komm zurück! Komm zurück!» Möchten Sie manchmal nicht auch einen hohen Berg erklimmen und einen verzweifelten Schrei ausstoßen, wenn Sie Schwierigkeiten haben oder unter Druck stehen? Doch es gibt eine große Macht in Ihrem Leben, die Ihre Rufe hört, wenn Sie sich einsam, verlassen, bekümmert und verzweifelt fühlen. An eine Macht zu glauben, die größer ist als Sie, kann Ihnen das Gefühl vermitteln, sicher und behütet zu sein.

Beten Sie heute abend zu Ihrer höheren Macht. Schreien Sie Ihren Schmerz hinaus, schlagen Sie mit Ihren Händen gegen die Brust, lassen Sie die Tränen fließen, sinken Sie auf die Knie oder schließen Sie einfach die Augen, und bitten Sie um Hilfe. Sie *werden* eine Antwort bekommen.

Heute abend bete ich, je nach meiner Befindlichkeit, voller Zuversicht und Vertrauen oder aus Verzweiflung und völliger Hoffnungslosigkeit. Ich weiß, daß meine Gebete auf jeden Fall erhört werden.

Was ist denn schon ein Kuß? Gespitzte Lippen, ein Schmatzen und Knutschen, eine Berührung der Lippen. Es gibt leidenschaftliche Küsse und höfliche Küsse, lange, herzliche Küsse, auf die man sich schon den ganzen Abend gefreut hat, und jene, die ganz überraschend kommen.

Susan Lewis

Als Sie noch klein waren, haben Ihnen Ihre Eltern vielleicht erzählt, daß Küsse die Macht haben, aufgeschürfte Ellenbogen und Knie zu heilen, grausame Worte und Taten von Ihnen fernzuhalten und einfach alles besser zu machen. Als Sie dann erwachsen wurden, entdeckten Sie, was für ein wunderbares Gefühl es ist, wenn man den richtigen Menschen küßt. Jetzt, da Sie älter werden, wird Ihnen vielleicht klar, daß Küsse nicht immer sexueller Natur sind; manchmal sind sie die körperliche Bestätigung für Sicherheit und Geborgenheit – eine Möglichkeit, einander zu sagen: «Ich bin für dich da.»

Warum nicht einfach jemanden überraschen, indem Sie ihn küssen? Zeigen Sie den Menschen, die Ihnen etwas bedeuten, daß sie sich sicher, geborgen und geliebt fühlen können. Dann werden Sie alle sich bald besser fühlen.

Ich werde mich den emotionalen und körperlichen Heilkräften, die in einem einfachen Kuß liegen können, öffnen.

Wir lassen uns von zwei Dieben mißhandeln: dem Bedauern über das Gestern und der Angst vor dem Morgen.

Fulton Oursler

Frauen, die Opfer von Vergewaltigung, Mißhandlung oder sexueller Belästigung waren, haben sich in Selbsthilfegruppen zusammengeschlossen und gehen an die Öffentlichkeit. Statt an der Schande, der Erniedrigung, dem Bedauern oder der Angst darüber, was ihnen in der Vergangenheit passiert ist und was ihnen in Zukunft passieren könnte, festzuhalten, haben sie beschlossen, ohne Angst und in der Gegenwart zu leben.

Etwas Ähnliches können Sie mit Ihren Ängsten machen. Lenken Sie Ihren Geist vom Streß des heutigen Tages und von Ihren Bedenken im Hinblick auf morgen ab, denn diese Gedanken hindern Sie daran, die Gegenwart zu genießen. Lassen Sie alle angsterfüllten Grübeleien los, damit Sie Frieden finden. Sagen Sie sich: «Jetzt ist es Zeit, mich zu amüsieren, mich auszuruhen, schöne Träume zu genießen und die Nacht durchzuschlafen. Ich konzentriere mich auf *meine* Nacht, und nichts kann mich davon abhalten, sie zu genießen.»

Die Vergangenheit ist vorbei; das Morgen noch nicht da. Ich werde Frieden, Vertrauen und Gelassenheit empfinden, wenn ich im gegenwärtigen Augenblick lebe.

Strecke deine Hand weit aus, denn die Sterne liegen in deiner Seele verborgen. Träume intensiv, denn jeder Traum geht einer Erfüllung voraus.

Pamela Vaull Starr

Man sagt, daß Sie sich selbst beibringen können, Ihre Träume zu bestimmen, indem Sie sich jede Nacht vor dem Einschlafen vornehmen, einen bestimmten Traum zu träumen. Wie kann eine solche Selbst-Programmierung vonstatten gehen? Schulen Sie Ihren Geist im positiven Denken. Sagen Sie sich zum Beispiel: «Ich möchte keinen verwirrenden, stressigen Traum. Statt dessen möchte ich von einer paradiesischen Insel träumen.» Eine andere Möglichkeit, Ihre Träume umzuprogrammieren, besteht darin, daß Sie um Antworten auf die Fragen zu bitten, die Sie tagsüber quälen. Sie können zum Beispiel vor dem Einschlafen fragen: «In letzter Zeit bin ich gesundheitlich nicht auf dem Posten. Was kann ich tun, um wieder ganz gesund zu werden?» oder: «Wie reagiere ich auf den Konflikt mit meinem Chef?»

Die letzte Möglichkeit, Ihre Träume umzuprogrammieren, besteht schließlich darin, sich bildlich vorzustellen, wovon Sie träumen möchten. Schließen Sie Ihre Augen und «sehen» Sie sich selbst, wie Sie das tun, was Sie tun möchten, oder der Mensch sind, der Sie sein möchten. Legen Sie sich unmittelbar nach dieser Übung schlafen.

Ich kann mir positive Dinge vorstellen und in meine Träume aufnehmen. Wovon will ich heute nacht träumen?

Überdies wird man dadurch nicht besser, daß man seine Fehler verbirgt, vielmehr gewinnt unser moralischer Wert durch die Aufrichtigkeit, mit der wir sie gestehen.

Lichtenberg

Ist es eines der Ziele in Ihrem Leben, «perfekt» zu sein, keine Fehler zuzulassen? Sie wollen die perfekte Ehe führen, in einer perfekten Wohnung wohnen, den perfekten Job haben und alles richtig machen. Wirkliche Vollkommenheit aber würde bedeuten, *immer und allezeit* perfekt zu sein, nie einen Fehler zu machen, nie Anlaß zu Kritik zu geben. Und das ist unmöglich. Jeder Mensch *macht* Fehler und *darf* Fehler machen. Die Frage ist nur, wie er dazu steht. Offen und ehrlich oder immer bemüht, die Fehler zu vertuschen?

Denken Sie heute abend daran, daß zwar niemand einen «groben Schnitzer» machen will, daß es aber dennoch von Zeit zu Zeit passieren kann. Die beste Art und Weise, mit den eigenen Fehlern umzugehen, besteht darin, sie zu verarbeiten, indem man offen darüber redet. Dann kann man sie hinter sich lassen und weiterleben.

Heute abend werde ich daran denken, daß ich jeden Fehler in einen Vorteil verwandeln kann.

Die Ruh ist wohl das Beste von allem Glück der Welt.

Wilhelm Waiblinger

Nächtlicher Lärm in Ihrer Wohnung oder der näheren Umgebung – von einem Fernseher, von Ihren Mitbewohnern, von Flugzeugen oder vom Straßenverkehr – trägt häufig dazu bei, daß Ihr Schlaf unterbrochen wird. Studien haben gezeigt, daß sich die meisten Menschen, die in der Nähe eines Flughafens oder neben einer stark befahrenen Straße leben, kaum jemals wirklich an den Krach gewöhnen.

Statt sich von einer lauten Umgebung den Schlaf rauben zu lassen, können Sie etwas unternehmen, um den Lärm zu reduzieren. Wenn Sie in der Nähe des Flughafens oder neben einer stark befahrenen Straße leben oder Mitbewohner mit anderen Schlafgewohnheiten haben, können Sie den Lärm dämpfen, indem Sie Ihr Zimmer mit einem dicken Teppich auslegen. Kaufen Sie sich dicke Vorhänge, oder sorgen Sie für eine Isolierverglasung. Sperren Sie ungewollte Geräusche mit Ohropax aus, oder übertönen Sie sie durch besänftigende Musik. Außerdem treten störende Geräusche durch einen Ventilator, ein Klimagerät oder andere Geräte, die ein gleichmäßiges Rauschen erzeugen, in den Hintergrund.

Um meinen Schlaf zu verbessern, werde ich für eine optimale Schlafumgebung sorgen. Ich werde auf die Geräusche achten, die mich in der Nacht wach halten oder aufwecken und dann Maßnahmen treffen, um diese Geräusche weniger unangenehm zu machen.

Durch die Sorge wirft etwas Kleines oft große Schatten.
Schwedisches Sprichwort

Sorgen tragen absolut nichts zu Ihrem emotionalen, körperlichen oder spirituellen Wohlbefinden bei. Sie können ein kleines Ereignis zu einem Riesen aufblähen, der drohend über Ihnen schwebt und einen langen, dunklen Schatten auf Ihr Leben wirft. Eine gute Frage, die Sie sich immer dann stellen sollten, wenn Sie nachts wachliegen und sich mit Sorgen quälen, lautet: «Wie wichtig ist das?» Die Antwort rückt Ihre Grübeleien oft wieder ins richtige Licht. Eine weitere recht nützliche Frage ist folgende: «Was kann ich in diesem Augenblick dagegen tun?» Hierbei stellen Sie vielleicht fest, daß Ihre Sorgen sich auf die Vergangenheit oder auf die Zukunft beziehen – über beides haben Sie keine Kontrolle.

Sie haben die Macht, Ihre Sorgen auf eine handlichere Größe zu reduzieren. Verschwenden Sie Ihre Zeit nicht damit, über Dinge nachzudenken, die erst noch auf Sie zukommen müssen. Entscheiden Sie sich dafür, genau jetzt zu leben, und lassen Sie Ihre Sorgen hinter sich.

Heute abend werde ich daran denken, daß es mir nichts bringt, mich zu sorgen, und daß ich nur meine Zeit damit verschwende.

Laß zu, daß andere Menschen ihre Kerze am Licht deines Wissens entzünden.

Margaret Fuller

Müssen Sie abends irgend jemanden beruhigen, damit er oder sie besser schlafen kann? Vielleicht müssen Sie Ihren Kindern eine Geschichte erzählen oder sie zudecken. Womöglich braucht ein Familienmitglied, das alleine lebt, jeden Abend Ihren Anruf, damit es sich sicher und geborgen fühlt. Möglicherweise haben Sie einen Freund oder eine Freundin, der oder die gerade eine schwierige Phase durchmacht und abends Ihre Aufmerksamkeit und Ihr Mitgefühl braucht.

Sie sind für diese Menschen eine kleine Flamme, an der sie ihre Kerzen der Hoffnung, der Gesundheit und des Glücks entzünden können.

Machen Sie anderen Menschen jeden Abend Ihr Licht zum Geschenk. Ermutigen Sie jene, die es brauchen, unterstützen Sie jene, die in Not sind, stärken Sie jene, die schwach sind, geben Sie jenen Hoffnung, die drauf und dran sind, den Mut zu verlieren, und teilen Sie Ihre Erfahrungen und Ihr Wissen mit jenen, die Ihnen zuhören. Lassen Sie niemanden im Dunkeln stehen. Lassen Sie zu, daß andere ihr Licht an dem Ihren entzünden.

Wir alle spenden einander Licht; deshalb werde ich niemals im Dunkeln stehen; und ich werde mein Licht weitergeben.

Die Tage sind noch immer zu kurz für all die Gedanken, die ich denken, all die Spaziergänge, die ich machen, all die Bücher, die ich lesen, und all die Freunde, mit denen ich mich treffen möchte.

John Burroughs

Haben Sie jemals Eichhörnchen in Ihrem Garten oder im Park in Ihrer Nachbarschaft beobachtet? Der einzige Sinn im Leben dieser mit schier grenzenloser Energie ausgestatteten Wesen scheint darin zu bestehen, sich am Leben zu freuen. Alles, was Eichhörnchen tun, scheint ihnen Freude zu machen: wie Zirkusakrobaten über Telefonkabel zu laufen, von Baum zu Baum zu springen, mit ihrer Nase zu wackeln, herumzutollen und mit ihrem langen, buschigen Schwanz herumzufegen.

Eichhörnchen verkörpern die reine Lebensfreude. Sie scheinen einfach nur glücklich darüber, daß sie am Leben sind und so viele vergnügliche Dinge zu tun haben. Beschließen Sie, von nun an wie ein Eichhörnchen zu sein. Nehmen Sie sich und Ihr Leben nicht zu ernst. Denken Sie statt dessen an all die Dinge, die Sie gerne tun möchten, entscheiden Sie sich für etwas – und tun Sie es!

Habe ich heute schon gelacht? Habe ich mir Zeit zum Spielen genommen? Habe ich meine Mahlzeiten, meine Mitmenschen und meine Arbeit genossen? An jedem Abend werde ich mich aufs neue darum bemühen, mein Leben als Abenteuer zu betrachten und in vollen Zügen zu genießen.

Das Gebet sollte der Schlüssel für den Tag und das Schloß für die Nacht sein.

Sprichwort

Manche Menschen glauben, daß man «planmäßig» beten sollte – einmal am Morgen und einmal am Abend. Doch das Gebet ist weniger ein Ritual oder eine Notwendigkeit als ein *Gespräch* mit einer höheren Macht, eine offene und ehrliche Unterhaltung mit einem spirituellen Partner, dem man vertraut. Das heißt, Sie können beten, wann und so oft Sie wollen. Die Tür steht Ihnen immer offen. Ihre höhere Macht ist da und hört Ihnen zu. Sie können Ihre Gefühle mit ihr teilen, als ob Sie sich mit einem engen Freund unterhielten. Sie müssen nur eins tun: Fangen Sie an zu reden.

Sie können die Tür zum heutigen Tag mit einem Gebet schließen, und zwar in dem Bewußtsein, daß das angenehme, warme Gefühl des Glaubens mit Ihnen ist. Wenn Sie sich dann hinlegen und schlafen, können Sie Ihrer höheren Macht «Gute Nacht» sagen und friedlich ruhen.

Heute abend möchte ich mein Gebet wie folgt beginnen: «Ich lege mich jetzt hin, um zu schlafen, und bete zu meiner höheren Macht, daß sie meine Seele beschützen möge…» Dann werde ich mich von Herzen für den vergangenen Tag bedanken.

Es ist faszinierend, wie sich unsere Sprache je nach der Situation verändert ... wie wir sprechen, wenn wir keine Kleidung anhaben; wie Paare sich unterhalten – murmeln, seufzen – offen, verletzlich und völlig unbefangen.

Robert MacNeil

Während des Tages sprechen Sie auf unterschiedliche Weise. Da ist die formelle Sprache, die Sie im Beruf einsetzen, der lockere Ton, den Sie bei guten Freunden anschlagen, die energische Tonart, die Sie unfreundlichen oder beleidigenden Menschen gegenüber verwenden. Und dann ist da noch die Familiensprache, die Sie sprechen, wenn Sie sind, wo Sie aufwuchsen, oder wenn Sie sich mit Ihren eigenen Kindern unterhalten. Doch keine dieser Sprechweisen ist geeignet, um sich vertraulich mit Ihrem Partner zu unterhalten. In dieser Situation müssen Sie nicht nur mit Ihrer Stimme «sprechen», sondern auch mit Ihren Augen. Sie müssen berühren, genießen, hören, liebkosen und zärtlich sein. Sie müssen die Sprache verwenden, die Sie gemeinsam gelernt haben.

Beschließen Sie, sich von nun an Zeit zu nehmen, um mit Ihrem Partner zu kommunizieren. Bringen Sie die Stärke und Bedeutung Ihrer Beziehung gemeinsam zum Ausdruck – in Worten und in Taten.

Wann habe ich mich das letzte Mal wirklich eingehend mit meinem Partner unterhalten? Wann waren wir uns das letzte Mal so nahe, daß sich unsere Herzen berührten?

... die Dunkelheit belastete mich, weil ich genau sehen wollte, was ich tat, denn ich wußte nicht, daß ich mich auch von einer höheren Macht leiten lassen konnte.

Carlos Castaneda

Sie brauchen nicht blind zu sein, um nicht zu sehen. Hat man Ihnen nicht schon manchmal eine andere Betrachtungsweise oder eine einfachere Möglichkeit, etwas zu tun, gezeigt, die Sie selbst nicht sehen konnten? Haben Sie nicht schon häufig Scheuklappen übergestreift, um etwas allzu Schmerzhaftes nicht sehen zu müssen? Wie verhielten Sie sich, wenn Sie das Gefühl hatten, blind zu sein? Vielleicht waren Sie manchmal zu stolz, um Hilfe von anderen anzunehmen. Und vielfach fühlten Sie sich möglicherweise stark genug, «es allein durchzustehen».

Aber selbst ein Blinder hat einen Stock oder einen Blindenhund. Vielleicht können auch Sie von der Hilfe eines «sehenden» Freundes profitieren – eines Gefährten, dem Sie vertrauen und der Sie auf dem Weg des Lebens leiten kann, damit Sie nicht stolpern oder sich verirren.

Von nun an werde ich zugeben, daß ich zuweilen blind bin und die Hilfe anderer brauche.

Veränderungen können wie der Sonnenschein sein: Freund oder Feind, Segen oder Fluch, Morgen- oder Abenddämmerung.

William Arthur Ward

Gerade in der Lebensmitte werden Sie überrascht feststellen, wie heftig Ihre inneren Konflikte doch sind, die Sie auszutragen haben. Manche Menschen bezeichnen diese Zeit als «Midlife-crisis». Der Psychologe Mark Gerzon bezeichnet sie als «... ‹Midlife-*Suche*› – die Zeit, in der wir beginnen, unser bisheriges Leben in Frage zu stellen ...». Vielleicht suchen Sie jetzt nach dem Sinn des Älterwerdens. Vielleicht wollen Sie Ihrem Leben wieder mehr Sinn und Inhalt geben, sind auf der Suche nach einer Art «Berufung», möchten Ihr spirituelles Bewußtsein erweitern. Möglicherweise sehnen Sie sich nach einer innigeren, romantischeren, leidenschaftlicheren oder liebevolleren Beziehung.

Denken Sie daran, daß sich Ihre Midlife-Suche von der aller anderen Menschen unterscheidet. Aber Ihr Ziel ist identisch mit dem aller Suchenden – Sie wollen Ihrem Leben mehr Bedeutung geben. Um zu finden, wonach Sie suchen, muß Ihnen klar sein, wie Sie sich fühlen und *warum* Sie sich so fühlen. Dann müssen Sie erkennen, daß es Ihnen nicht besser gehen wird, wenn Sie eine Veränderung nur um der Veränderung willen durchführen.

Bevor ich damit beginne, nach etwas Besserem zu suchen, werde ich herausfinden, warum ich mich ändern möchte.

Enthusiasmus ist die Hefe, die Ihre Hoffnungen bis zu den Sternen aufgehen läßt. Enthusiasmus ist das Funkeln in Ihren Augen, der Schwung in Ihrem Gang, Ihr fester Händedruck, der unwiderstehliche Wille und die Energie, Ihre Ideen auszuführen.

Henry Ford

Thomas Edison mußte tausend Versuche machen, bis er den richtigen Faden für die Glühbirne fand. «Sie haben tausend Mal versagt!» sagten ihm seine Kritiker. «Nein», antwortete Edison. «Ich habe tausend verschiedene Materialien entdeckt, die *nicht* funktionieren!» Enthusiasmus kann ein Katalysator sein, der uns dabei hilft, etwas zu verbessern. Wenn Sie sich heute abend an jene Phasen Ihres Lebens erinnern, in denen Sie sich voller Enthusiasmus an eine Aufgabe machten, wird Ihnen sehr schnell klarwerden, wie förderlich diese positive Energie war. Die Beharrlichkeit, mit der Sie sich einen bestimmten Traum erfüllen wollten, war Ansporn genug, um diesen auch zu verwirklichen.

Lassen Sie sich von den kleinen Rückschlägen, die Sie tagsüber erleiden, am Abend nicht Ihren Enthusiasmus nehmen. Haben Sie keine Angst davor, weiter nach der «richtigen» Lösung für ein Problem zu suchen. Nutzen Sie sowohl Ihre Fehlschläge als auch Ihre Erfolge, damit Ihre Begeisterung sich Bahn brechen kann.

Ein Fehlschlag kann mir helfen, erfolgreich zu sein, weil er mir Mut geben kann, etwas Neues, etwas anderes zu versuchen oder es einfach noch einmal zu probieren. Ich werde keine Angst vor einem erneuten Versuch haben.

Die Formulierung «Liebe zunächst dich selbst und dann deinen Nächsten» ist eine Lizenz zur unablässigen Selbstgefälligkeit, denn die Suche nach Eigenliebe ist endlos. Wenn Sie schließlich gelernt haben, sich selbst zu lieben, werden Sie sich plötzlich dabei ertappen, daß Sie im Freizeitpark Golf spielen.

Charles Krauthammer

Ein König wachte plötzlich mitten in der Nacht auf und rief den besten Seher des Königreichs zu sich. «O großer Seher», sprach der König, «ich kann nicht schlafen, weil ich die Antwort auf folgende Frage nicht weiß: Was hält die Erde fest?» – «Eure Majestät», antwortete der Seher, «die Erde ruht auf dem Rücken eines riesigen Elefanten.» Der König seufzte erleichtert und schlief wieder ein. Doch es dauerte nicht lange, bis er schweißgebadet aufwachte und erneut den Seher zu sich rufen ließ. «Sag mir, großer Seher», sprach der König, «was hält den Elefanten fest?» Der Seher antwortete: «Der Elefant steht auf dem Rücken einer riesigen Schildkröte.» Der König seufzte wieder und wollte gerade die Kerze an seinem Nachttisch ausblasen, als er erneut innehielt: «Aber Seher…» begann er. Der Seher hob die Hand. «Ihr könnt aufhören, darüber nachzudenken, Majestät. Bis zum Boden sind es lauter Schildkröten.»

Statt heute nacht tiefschürfenden Gedankengängen nachzugehen und immer weiter in sich zu dringen, sollten Sie sich lieber der Beschäftigung widmen, die momentan das Beste für Sie ist: dem Schlafen.

Ich muß mich selbst ergründen, aber ich darf meine Verbindung zum Leben darüber nicht vernachlässigen.

Kein Tag ist so schlimm, daß man ihn nicht mit einem Nickerchen in Ordnung bringen könnte.

Carrie Snow

Wie oft nehmen Sie sich nach einem anstrengenden Tag wirklich die Zeit, sich zu entspannen, Ihr Augenmerk von der Arbeit auf die Freizeit zu lenken und wieder Energie zu tanken? So wie sich ein Taucher nach einem Tauchgang um den Druckausgleich kümmern muß, bevor er an die Oberfläche zurückkehrt, brauchen auch Sie nach einem hektischen Tag Zeit, um sich auf die ruhigere Welt des Abends einzulassen und diese auch zu genießen.

Lassen Sie sich von nun an mindestens fünfzehn Minuten Zeit von dem Augenblick an, da Sie heimkehren, bis zu dem Augenblick, in dem Sie Ihre abendlichen Aktivitäten aufnehmen. Schlüpfen Sie in bequeme Kleidung, legen Sie sich ein paar Minuten hin, schließen Sie Ihre Augen, atmen Sie tief, und lassen Sie den Tag hinter sich. Machen Sie dies zu einem regelmäßigen Bestandteil Ihres Tages und Ihre Nächte werden wahrscheinlich um einiges friedlicher werden.

Ich werde mir in den nächsten Tagen Zeit nehmen, um mich von den Aktivitäten des Tages auszuruhen und den Streß und die Spannungen abzubauen.

Der Kummer blickt zurück, die Sorge blickt um sich, der Glaube blickt nach oben.

Guideposts Magazine

Etwas in Ihrem Leben zu verlieren – Ihren Job, Ihr Heim, Ihre finanzielle Unabhängigkeit oder eine Person, die Ihnen nahesteht –, kann sich verheerend auf Sie auswirken. Die einzige Möglichkeit, um über den Verlust hinwegzukommen, besteht darin, Ihren Kummer zum Ausdruck zu bringen. Manche Menschen können, wenn sie einen Verlust erleiden, nur Kummer und Sorge empfinden. Dabei vergessen sie, daß sie zwar an einem Tiefpunkt angelangt sind, daß es aber genausogut bald wieder aufwärts gehen kann. John Steinbeck sagt hierzu: «Für jeden auf der Welt gibt es Niederlagen. Manche lassen sich von der Niederlage zerstören, und manche werden durch den Sieg klein und gemein. Größe besitzt nur derjenige, der sowohl über die Niederlage als auch über den Sieg triumphiert.»

Triumphieren Sie über Ihre Niederlagen, indem Sie von Zeit zu Zeit nach oben blicken. Vertrauen Sie darauf, daß Sie Ihren Verlust überwinden werden, egal wie schwer Ihnen dies momentan erscheinen mag. Statt sich zu fragen: «Wie werde ich diese schlimme Zeit überstehen?», sagen Sie zu sich selbst: «Ich *werde* diese schlimme Zeit überstehen.»

Es kommt nicht darauf an, wie *ich die Tragödie in diesem Augenblick überstehe. Worauf es ankommt ist,* daß *ich sie überstehen werde. Ich vertraue darauf, ich werde sie meistern!*

Die Zeit ist ein Schneider, der sich auf Änderungen spezialisiert hat.

Faith Baldwin

Ein Mann ging im September in eine Gärtnerei, um Samen zu kaufen. Als die Angestellte die Samenpäckchen des Mannes sah, meinte sie: «Es ist viel zu spät, um jetzt Bohnen und Kürbisse zu setzen. Sie sollten jetzt Wintergemüse pflanzen. Ich empfehle Ihnen Brokkoli und Zwiebeln.» Der Mann ignorierte ihren Rat. Er säte Kürbisse und grüne Bohnen, und schon bald kamen die ersten Triebe. Aber es dauerte nicht lange, bis die Pflanzen verwelkten und abstarben.

Zügeln Sie Ihre Ungeduld, wenn Sie zur Zeit nicht bekommen, was Sie sich wünschen. Was Sie statt dessen erhalten, ist häufig genau, was Sie brauchen. Der Mann, der sein Sommergemüse zur falschen Zeit anbaute, mußte lernen, sich nach den Jahreszeiten zu richten. Ihre Projekte, Ziele, Träume und Wünsche werden sich dann erfüllen, wenn Sie dazu bereit sind. Akzeptieren Sie, was Sie haben und den Ort, an dem Sie gerade stehen. Sie werden Ihre Ziele erreichen, wenn die richtige Zeit dafür gekommen ist. Im Alter von 23 Jahren war John Milton verzweifelt darüber, wie wenig er erreicht hatte, aber mit 59 schrieb er *Das verlorene Paradies*, eines der bedeutendsten epischen Werke der englischen Sprache. Haben Sie Geduld.

Vielleicht geht es langsamer voran, als ich möchte. Aber ich mache Fortschritte.

Ein gewisser Grad an Einsamkeit gehört auf jeden Fall zum Erwachsenendasein hinzu.

Dr. John T. Maltsberger

Als Kind haben Sie Erwachsene um sich, die sich um Sie kümmern, die Ihnen sagen, was Sie tun sollen, und Ihnen die Richtung weisen. Aber sobald Sie erwachsen sind, müssen Sie Ihren Weg allein finden. Manchmal ist es aufregend, für Ihr Leben und Ihr Schicksal verantwortlich zu sein; ein andermal mögen Sie sich einsam dabei fühlen, ganz allein für Ihre emotionalen, körperlichen und spirituellen Bedürfnisse sorgen zu müssen. In solchen Zeiten wünschen Sie sich vielleicht, jemanden an Ihrer Seite zu haben, damit Sie sich nicht so allein fühlen.

Doch jeder muß von Zeit zu Zeit «in sich kehren». Sie brauchen Zeit, um sich kreativen Tagträumen hinzugeben, Gedanken zu entwickeln, Möglichkeiten abzuschätzen, um die richtigen Entscheidungen zu treffen, Worte der Inspiration und Weisheit zu lesen und sich den Tätigkeiten zu widmen, die in Ihren Bereich fallen. Sie müssen erkennen, daß es keine Bürde ist, sich um sich selbst zu kümmern, sondern ein aufregendes Abenteuer, das Sie anspornt.

Heute abend werde ich meine Augen schließen und mir vorstellen, wie ich voller Freude und Hingabe etwas Wunderbares für mich selbst tue – ein herrliches Abenteuer, an das ich mich jederzeit erinnern werde.

Gut zu leben ist die beste Rache.

Anonym

Redakteure von Zeitschriften erhalten häufig Artikel von jungen Autoren, doch die meisten werden mit einer einfachen Ablehnung beantwortet. Einmal schrieb ein verbitterter und enttäuschter Autor dem Redakteur folgendes zurück: «Sie haben eine meiner Geschichten zurückgeschickt. Ich weiß, daß Sie sie nicht einmal gelesen haben, denn um dies zu testen, habe ich die Seiten 19 und 20 zusammengeklebt. Als das Manuskript zurückkam, waren die Seiten nicht voneinander getrennt worden. Nun weiß ich, daß Sie ein Schwindler sind und Artikel ablehnen, ohne sie zu lesen.» Der Redakteur schrieb folgende kurze Antwort: «Wenn ich mein Frühstücksei aufschlage, muß ich nicht das ganze Ei essen, um festzustellen, ob es schlecht ist.»

Wie verhalten *Sie* sich, wenn man Sie schlecht behandelt, wenn etwas, wofür Sie schwer gearbeitet haben, abgelehnt wird oder jemand anderes die Belohnung erhält, die Ihrer Meinung nach Ihnen zusteht? Sind Sie verbittert, wütend, geschlagen und vernichtet? Es ist viel besser, aus einer Enttäuschung etwas zu lernen und zu wachsen. Sie können sich von Rückschlägen entmutigen oder ermutigen lassen. Wofür werden Sie sich entscheiden?

Ich nehme mir vor, weiterhin positiv zu denken. Und von diesem Ziel soll mich nichts und niemand abbringen.

Panikanfälle können manchmal sehr nützlich sein. Sie gehen schnell vorüber, denn der Geist überwindet sie und wird dann stärker als je zuvor.

Thomas Paine

Jedesmal wenn Sie sich ängstlich fühlen, ist das ein Warnsignal, das Sie nicht übergehen sollten. Vielleicht sind Ihre Hände feucht, Sie fühlen sich nervös und unruhig, Sie atmen schnell und flach, Sie können nicht aufhören zu zittern oder fühlen sich schwindlig und benommen. All das sind Zeichen Ihres Körpers, daß in Ihnen etwas vorgeht: Frustration, Schuld, Scham, Angst.

Die beste Möglichkeit, einen Panikanfall zu überwinden, besteht darin, sich auf die Gegenwart zu konzentrieren. Denken Sie an konkrete Dinge, wie das Datum, die Zeit und die Temperatur. Dann betrachten Sie bewußt die Gegenstände in Ihrer Umgebung und die Kleidung, die Sie tragen. Diese einfache, zweigeteilte Übung kann Sie in die Gegenwart zurückbringen, so daß Sie bald wieder sicheren Boden unter den Füßen haben. Dann fällt es Ihnen wahrscheinlich leichter, an Ihren Ängsten zu arbeiten und sie abzubauen.

Wenn ich Angst habe, konzentriere ich mich auf die Gegenwart, und die Panik geht vorüber.

JUNI

Der Glaube ist der Vogel, der das Licht spürt und schon singt, wenn die Sonne noch nicht aufgegangen ist.

Rabindranath Tagore

Manchmal halten Sie vielleicht an Träumen, Idealen oder Zielen fest, die andere für unerreichbar oder unrealistisch halten. Lassen Sie sich von den Einschätzungen der anderen beeinflussen, oder bemühen Sie sich unbeirrbar, die Ziele, die Sie sich gesteckt haben, zu erreichen? Wenn wir in unserem Denken abhängig sind, so ist auch unser Handeln dadurch bestimmt, was andere sagen oder tun. Unabhängig zu denken bedeutet, den Mut zu seiner eigenen Überzeugung zu haben, egal, was die Skeptiker in Ihrer Umgebung sagen.

Denken Sie heute abend über etwas nach, das Sie gern erreichen oder in die Tat umsetzen wollen. Schließen Sie dann die Augen und stellen Sie sich vor, es sei Realität. Glauben Sie daran, daß ein Traum, ein Ziel oder ein Wunsch kraft Ihrer Überzeugung Wahrheit werden kann.

Heute abend werde ich mich bemühen, die Macht des Glaubens zu verstehen, die den Vogel zum Singen bringt, obwohl der Himmel noch dunkel ist.

Du hast etwas gelernt. Und zunächst fühlt sich das immer an, als ob du etwas verloren hättest.

George Bernard Shaw

Wenn Sie früher als Kind nach Hause kamen und Ihre Mutter Sie fragte: «Was hast du heute gelernt?», fiel Ihnen die Antwort meist leicht. Heute aber sind Sie erwachsen; und wenn Ihnen jetzt jemand die gleiche Frage stellt, so können Sie sie nicht einfach mit dem Namen einer Hauptstadt beantworten. Diese Frage bezieht sich jetzt auf Ihr Wachstum, Ihre Reife und Ihre emotionale Entwicklung, und die Antwort ist kaum faßbar. Aus diesem Grunde wird ein Wissenszuwachs sehr oft zuerst als Verlust empfunden. So kann Ihnen die Beobachtung, daß Sie zu übermäßigem Alkoholkonsum neigen, vielleicht dabei helfen, Ihre Alkoholkrankheit zu erkennen. Aber wenn Sie wirklich das Trinken aufgeben, haben Sie möglicherweise zunächst das Gefühl, einen Teil Ihrer Identität zu verlieren. Erst mit der Zeit werden Sie derlei Verluste als Ergebnis einer Lektion empfinden, die Ihr seelisches Wachstum fördert.

Denken Sie an eine bestimmte Situation in Ihrem Leben, die Sie bislang als Verlust empfunden haben, und versuchen Sie, sie fortan als Gewinn zu betrachten.

Und denke daran, daß wir alle irgendwann einmal stolpern. Deshalb ist es so tröstlich, Hand in Hand zu gehen.

Emily Kimbrough

Wie wir mit Streß umgehen, hängt nicht nur von unserer inneren Stärke oder unseren Fähigkeiten ab, sondern auch von unseren Beziehungen zu den Menschen, die ein Teil unseres Lebens sind, von den Erfahrungen, die wir mit ihnen gemacht haben. Je mehr Menschen Sie kennen, die Ihnen in Krisenzeiten mit Rat und Tat zur Seite stehen, um so gesünder werden Sie wahrscheinlich sein. Besonders gute Beispiele für diese Theorie sind Langzeitarbeitslose, denen es gelungen ist, wieder Arbeit zu finden. Wenn man diese Leute fragt, wie sie es geschafft haben, wieder einen Job zu finden, antworten wahrscheinlich die meisten, daß sie sich zunächst ein unterstützendes Netzwerk aus anderen Menschen geschaffen haben, auf das sie sich nicht nur in beruflicher, sondern vor allem in emotionaler Hinsicht stützen konnten.

Entschließen Sie sich, ein unterstützendes Netzwerk aufzubauen, und zwar *bevor* Sie es brauchen. Schaffen Sie sich Ihre eigene «Hotline» – eine Liste von Telefonnummern, von denen Sie Gebrauch machen können, wenn Sie das nächste Mal Probleme haben.

Ich werde mir die Telefonnummern derjenigen Freunde, Verwandten etc. zusammenstellen, die ich anrufen kann, wenn ich in Schwierigkeiten bin.

Das Einfache kompliziert zu machen ist üblich; das Komplizierte aber einfach, absolut einfach zu machen, das ist Kreativität.

Charles Mingus

Sind Sie immer noch oft überwältigt angesichts des Berges an Arbeit, den Sie abends zu bewältigen haben? Wenn Sie solchermaßen unter Druck stehen, machen Sie sich eine nach Prioritäten geordnete Liste Ihrer Aufgaben. Schreiben Sie zuerst alles auf, was Sie Ihrer Meinung nach tun müßten. Dann notieren Sie sich auf einem separaten Blatt Papier die Aufgaben, die sofort zu erledigen sind – die «oberste Prioritätsstufe». Dazu gehören vielleicht die Zubereitung und der Verzehr des Abendessens. Fragen Sie sich dann, was Sie für kurze Zeit aufschieben können – die Arbeiten der «mittleren Prioritätsstufe» wie der Berg Wäsche, den Sie noch zu waschen haben. Und zum Schluß notieren Sie sich jene Aufgaben, mit deren Erledigung Sie noch warten können – die «untere Prioritätsstufe», wie z. B. Briefe zu beantworten.

Legen Sie die drei Prioritätenlisten nun übereinander, und ordnen Sie die Aufgaben der ersten Prioritätsstufe nach ihrer Dringlichkeit. Dann konzentrieren Sie sich darauf, an einem Abend nur ein oder zwei Arbeiten aus der ersten Kategorie zu erledigen.

Von jetzt an begrenze ich die Aufgaben, die ich abends zu erledigen habe. Ich kann meinen Streß eindämmen, indem ich klare Prioritäten setze.

Sie machen eine Diät. Dann essen Sie ein Stück Schokoladenkuchen und bestrafen sich selbst durch Schuldgefühle – eine volle halbe Stunde lang. Das ist doch absurd.

Peter McWilliams

Schuldgefühle sind vollkommen nutzlos. Der einzige Zweck, den sie verfolgen, ist die Selbstbestrafung. Wenn Sie es genießen, sich schuldig zu fühlen, dann werden Sie es auch genießen, sich selbst zu bestrafen.

Wenn Sie sich das nächste Mal schuldig fühlen, treten Sie einen Schritt zurück, und versuchen Sie die Dinge aus einem anderen Blickwinkel zu betrachten. Kehren Sie im Geiste an den Anfang einer Situation zurück, die Schuldgefühle in Ihnen verursachte. Wahrscheinlich werden Sie feststellen, daß Sie zu Beginn die Wahl hatten. Sie konnten den Schokoladenkuchen essen oder eben nicht. Indem Sie ihn gegessen haben, haben Sie eine Entscheidung getroffen. Eine Entscheidung zu treffen ist etwas Positives; es ist Ihre Haltung, die Sie dieser Entscheidung gegenüber eingenommen haben, die negativ ist.

Fassen Sie den Beschluß, von jetzt an anders zu reagieren, wenn Sie sich bei einer einmal getroffenen Entscheidung nicht wohl in Ihrer Haut fühlen. Verändern Sie Ihre Haltung, damit Sie sich von Ihren Schuldgefühlen freimachen und aufhören können, sich selbst zu bestrafen.

Statt Schuldgefühle zu haben, werde ich in Zukunft zu mir sagen: «Ich habe aus meiner Handlungsweise gelernt. Nächstes Mal reagiere ich anders.» Ich habe die Wahl.

Machen Sie für den Streß in Ihrem Leben nicht Ihre Umgebung verantwortlich. Streß hat weniger mit der unmittelbaren Umgebung als mit dem eigenen psychologischen Make-up zu tun.

Dr. Kenneth L. Lichstein

Glauben Sie, daß Sie den Streß in Ihrem Leben mindern könnten, wenn Sie einen besseren Job, einen aufmerksameren Partner oder weniger finanzielle Probleme hätten? Es gibt zwar tatsächlich streßfördernde Situationen, aber Streß ist nichts, das außerhalb Ihrer selbst existiert. Er ist einzig und allein ein Produkt Ihres Geistes – etwas, das Sie selbst schaffen und das Sie deshalb auch kontrollieren können. Statt auf jede frustrierende Alltagssituation mit Streß zu reagieren, können Sie sich selbst beruhigen, indem Sie Ihre Art zu sprechen und zu denken beeinflussen. Zu diesem Zweck sollten Sie übertriebene Beschreibungen vermeiden. Ein anderes Auto, das Sie im Straßenverkehr geschnitten hat, hat Sie keineswegs «beinahe umgebracht». Ein Tag, an dem Sie mit kleineren Rückschlägen konfrontiert wurden, war nicht «schrecklich». Und das Chaos in Ihrer Wohnung ist keineswegs nur durch «monatelange Arbeit» zu beseitigen.

Beruhigen Sie sich selbst, indem Sie Ihre Denkweise beruhigen. Benutzen Sie keine extremen Formulierungen, wenn Sie unangenehme Ereignisse beschreiben. Sie werden der Wirklichkeit nicht gerecht und verursachen unnötigen Streß.

Von jetzt an achte ich auf ein angemessenes Vokabular. Ich werde die «absolut schrecklichen» Worte für Ereignisse aufsparen, die diese Beschreibung verdienen.

Für die meisten Menschen ist das Leben ein kontinuierlicher Prozeß, in dessen Verlauf wir lernen, uns an Dinge zu gewöhnen, die wir nicht erwartet haben.

Anonym

Die Vorbereitungen für den bevorstehenden Grillabend verliefen wie geplant. Die Gastgeberin hatte jede Menge Eßbares vorbereitet, damit die Gäste, die so zahlreich waren, daß man sie nur im Garten unterbringen konnte, auch satt wurden. Aber im Verlauf des Nachmittags setzte ein Nieselregen ein, der sich schon bald in einen kräftigen Dauerregen verwandelt hatte. Die Gäste riefen einer nach dem anderen an, um abzusagen.

Auch Sie werden schon Zeiten erlebt haben, in denen Ihre sorgfältig ausgeklügelten Pläne vereitelt wurden – der Kopierer geht just vor einer wichtigen Besprechung im Büro kaputt, Sie stehen nach einem Unfall auf der Autobahn im Stau und haben keine Möglichkeit, telefonisch Bescheid zu sagen, Sie verlieren den Kassenzettel für ein teures Stück, das Sie umtauschen möchten.

Die Art und Weise, wie Sie auf solch unerwartete Ereignisse reagieren, zeigt an, wie Sie mit Veränderungen zurechtkommen. Wenn etwas Außergewöhnliches geschieht, können Sie sich fragen: «Hätte ich etwas tun können, um es zu verhindern?» Wenn es eine solche Maßnahme gibt, ergreifen Sie sie beim nächsten Mal. Wenn nicht, *akzeptieren* Sie die Veränderung.

Ich werde erkennen lernen, wann sich etwas meinem Einfluß entzieht. Und dann werde ich mich entspannen und nicht weiter darüber nachgrübeln.

Bald bricht die Dämmerung herein, und dann ist es wieder dunkel. Dies ist für mich die einsamste Zeit des Tages, diese schmerzhafte, sich langsam herabsenkende Phase, bevor schließlich die Nacht beginnt.

Thomas Tryon

In der Hektik des Alltags sind Sie häufig von Menschen umgeben; nicht so wenn es Zeit wird, abends nach Hause zurückzukehren. Vielleicht fürchten Sie das Gefühl der Isolation und der Einsamkeit, das Sie in dieser Situation oft befällt. Doch abends allein zu sein hat auch seine guten Seiten. Sie können die Phasen des Alleinseins als heilende Zeit betrachten, die es Ihnen erlaubt, sich selbst auf ganzheitliche und neue Weise zu erfahren. Statt vor der Wohltat des Alleinseins zu flüchten, können sie es zur Innenschau, zum Nachdenken, zum inneren Wachstum, zur Meditation und für Ihre innere Entwicklung nutzen.

Genausogut können Sie sich selbst «einladen». Wenn Sie allein sind, planen Sie einmal in der Woche etwas Besonderes. Kochen Sie sich Ihr Lieblingsabendessen, gönnen Sie sich einen Kino- oder Theaterbesuch, oder machen Sie einen Spaziergang.

Seine eigene Gesellschaft schätzen zu lernen erhöht das Selbstwertgefühl und führt zu geistiger und emotionaler Gesundheit.

Ich werde abends nicht mehr vor meiner Einsamkeit flüchten, sondern sie genießen.

Wenn man träumt, führt man einen Dialog mit Facetten seiner selbst, mit denen man am Tag normalerweise nicht in Berührung kommt. Man entdeckt, daß man viel mehr weiß, als man glaubte.

Toni Cade Bambara

Wenn Sie sich selbst aufmerksam zuhören, so kann Ihnen das helfen, Ihre eigenen Einstellungen und Gefühle kennenzulernen. Der Schlaf bietet die perfekte Umgebung für einen solchen inneren Dialog. Im Traum können wir den Kontakt zu uns selbst wiederherstellen. Dies ist der Moment, da Gedanken und Gefühle, die Sie tagsüber vielleicht unterdrückt oder «auf später verschoben» haben, sich «Gehör verschaffen» können. Außerdem lassen die meisten Menschen vor dem Schlafen die Probleme des Tages noch einmal Revue passieren. Sie kommen im Schlaf wieder an die Oberfläche, und unsere Träume bieten uns zuweilen Lösungsvorschläge an.

Bevor Sie heute abend zu Bett gehen, sollten Sie sich einen Notizblock und einen Stift auf den Nachttisch legen. Wenn Sie morgens aufwachen, notieren Sie sich sofort Ihre Träume. Lesen Sie das Geschriebene von Zeit zu Zeit wieder durch. Fragen Sie sich: «Was sagen meine Träume über mich selbst aus? Was lerne ich über mich selbst?»

Wenn ich mir meine Träume über einen gewissen Zeitraum hinweg immer mal wieder ansehe, entdecke ich nicht nur wiederkehrende Muster, sondern auch mögliche Problemlösungen und erfahre viel über mich selbst.

Wenn der Tod kommt, sollte er einen nicht überraschen, denn er ist ein Teil dessen, was wir vom Leben erwarten können.

Muriel Spark

Wenn Sie den Tod nur als furchtbaren Verlust oder erschütterndes und aufwühlendes Ereignis erleben, wird er Ihnen immer wieder Schmerz bereiten. Wenn der Tod nur Leid in Ihnen hervorruft, werden Sie niemals in der Lage sein, neben der Bitterkeit des Verlustes auch das Süße, das Positive wahrzunehmen. Auf jeden Fall aber wird es besonders schwer für Sie sein, zu akzeptieren, wie sehr der Tod ein Teil des Lebens ist. Der Prozeß des Lebens hat viele Dimensionen. Einige sind voller Freude. Einige nicht. Doch wenn Sie in der Lage sind, auch bei Beerdigungszeremonien oder Jahrgedächtnissen die leichteren Augenblicke des Lebens zuzulassen, können derlei Ereignisse eine Feier des Lebens werden statt nur ein Ritual der Trauer. Um sich zu einer solchen Geisteshaltung aufzuschwingen, sollten Sie sich die besonders schönen Erinnerungen ins Gedächtnis rufen, die Sie mit dem verstorbenen Menschen verbunden haben. Denken sie an das, was dieser Mensch zu Lebzeiten geleistet hat, denken Sie an eine Ihrer gemeinsamen Lieblingsgeschichten oder Anekdoten. Wenn Sie das Leben akzeptieren, wird es möglich, auch den Tod zu akzeptieren.

Der Tod kann für jeden Menschen in meinem Leben eine Heimkehr bedeuten. Heute abend werde ich mein Herz der Liebe und den Erinnerungen an einen meiner geliebten Verstorbenen öffnen.

Am heutigen Tag möge dein Wille geschehen! Heute ist ein Tag der Vollendung; ich danke für diesen vollkommenen Tag, an dem Wunder auf Wunder folgt und das Wunderbare niemals endet.

Florence Scovel Shinn

Viele Menschen sind der Ansicht, daß der Anfang eines Tages auch seinen folgenden Verlauf prägt. Wenn sie schwer aus den Federn gekommen sind, hetzen müssen oder mit jemandem gestritten haben und den ganzen Tag über versuchen, Versäumtes nachzuholen oder wiedergutzumachen, dann scheinen diese Bemühungen den Tag zu bestimmen.

Doch egal, wie Ihr Tag beginnt, Sie haben jederzeit die Möglichkeit, ihm eine andere Wendung zu geben und die Art und Weise, wie Sie auf die bisherigen Ereignisse reagieren, zu verändern. Heute zum Beispiel hätten Sie sich jederzeit sagen können: «Stopp! Einen solchen Tag wollte ich nicht haben. Von jetzt an mache ich alles anders. Ich werde reinen Tisch machen und von vorn anfangen.»

Das gleiche können Sie am Abend oder in der Nacht tun. Vielleicht fällt es Ihnen schwer, die Spannungen des Tages abzuschütteln; nicht immer und immer wieder die Konflikte, die morgen auf Sie warten, zu überdenken; nicht gedanklich in den Verletzungen des vergangenen Tages oder den Ängsten des morgigen gefangen zu sein. Aber Sie können es schaffen.

Ich danke für diesen Tag ebenso wie für die Wunder, die morgen auf mich warten. Und ich danke für das kostbare Geschenk dieser Nacht.

Du selbst bist der beste Freund, den du jemals haben wirst. In Anwesenheit deines wahren Selbst wirst du den größtmöglichen Frieden und die größtmögliche Entspannung finden. Du wirst ein absolut natürlicher Mensch werden.

Heiliger Bartholomäus

Sie bemühen sich ständig, den «Richtigen» zu finden – den Menschen, der Sie richtig behandelt, bei dem Sie sich wohl fühlen, der immer für Sie da ist und in dessen Gesellschaft Sie sich gesund und vollständig fühlen –, aber haben Sie jemals daran gedacht, daß Sie selbst dieser «Richtige» sein könnten? Solange Sie glauben, nur die richtige Beziehung zu einem anderen Menschen werde Ihnen ein positiveres Lebensgefühl geben, berauben Sie sich der Möglichkeit, Ihre Beziehung zu sich selbst zu erforschen und zu stärken.

Innere Ganzheit, Glück, Gesundheit und ein hohes Maß an Selbstachtung werden Ihnen nicht durch andere Menschen verliehen. Nur Sie selbst können sich diese Dinge zum Geschenk machen. Andere können Sie lediglich unterstützen, fördern und Ihre Suche respektieren.

Heute abend sollten Sie sich bewußtmachen, daß Sie selbst Ihr bester Freund und Lebensgefährte sind. Erwarten Sie nicht länger von anderen, Ihnen die Zeit und die Aufmerksamkeit zu schenken, die Sie verdienen. *Schenken Sie sie sich selbst.*

Heute abend werde ich mich nicht vernachlässigen, sondern meine Gesellschaft genießen und meine Bedürfnisse erfüllen.

Das Beste, was man seinen Kindern außer guten Manieren noch vermitteln kann, sind gute Erinnerungen.

Sydney J. Harris

Eltern haben immer den Wunsch, daß ihre Kinder gut geraten. Aber vielleicht messen Sie Ihre Fähigkeiten als Mutter oder Vater viel zu häufig daran, wie gut oder schlecht Ihre Kinder sich benehmen. Es ist leicht, sich als «gutes» Elternteil zu fühlen, wenn die Kinder sich wie kleine Engel verhalten, aber ebenso schnell hält man sich für eine Versagerin in Sachen Erziehung, wenn die Kinder über die Stränge schlagen.

Wie kann man seine Kinder zu vernünftigen Menschen heranziehen und ihnen trotzdem gute Erinnerungen geben? Hören Sie zunächst einmal auf, sich mit ihnen zu identifizieren. Wer seine Kinder als Spiegelbild seiner selbst betrachtet, identifiziert sich übertrieben stark mit ihren Belangen. Ihre Kinder sind nicht mit Ihnen identisch! Und sie können auch niemals das Kind sein, das Sie vielleicht im nachhinein gern gewesen wären. Ihre Kinder brauchen Raum, um ihre eigenen Fehler zu machen, ihre Schwierigkeiten mit einem gewissen Maß an Unabhängigkeit selbst durchzustehen – und alles andere als vollkommen zu sein.

Sie müssen nicht ständig einschreiten, um die Probleme Ihrer Kinder zu lösen. Von Zeit zu Zeit können Sie sie durchaus ihre eigenen Lösungen finden lassen.

Ich hoffe, meine Kinder werden später einmal zu mir sagen: «Die beste Erinnerung an meine Kindheit ist die, daß ich ich selbst sein durfte.»

Wenn es dunkel genug ist, kann man die Sterne sehen.

Lee Salk

Die winzigen Lichtpunkte am dunklen Himmel sind schon seit langem Hilfsmittel zur Navigation. Tatsächlich halten Seeleute sie für erheblich zuverlässiger als ihre empfindlichsten Navigationsinstrumente. Und egal wo Sie momentan sind, auch Sie können heute abend zum Himmel emporblicken und in diesen Lichtern ein Gefühl der Sicherheit finden. Das gilt insbesondere, wenn Sie sich einsam oder ausgeschlossen fühlen oder ein Gefühl der Entfremdung von Ihrer Umwelt Sie befallen hat.

Blicken Sie heute abend zum Himmel hinauf, und denken Sie daran, daß jeder Stern seine Bedeutung hat. Ob er nun Teil einer größeren Konstellation von Gestirnen oder nur eine pulsierende, brennende Masse am Himmel ist, jeder Stern hat einen bestimmten Seinsgrund. Er gehört zum Himmel, so wie Sie zur Welt gehören.

Machen Sie sich heute abend klar, daß Sie niemals allein und niemals fern der Heimat sind. Sie sind ein Stern in der Nacht, der sich mit sämtlichen Sternen in seiner Umgebung das große Gewölbe des Himmels teilt.

Ob ich nun tatsächlich fern der Heimat bin oder mich fern von anderen Menschen fühle, weil ich anders bin: Ich spüre, daß mein Leben einen Sinn und Zweck hat.

Mit jedem Jahr, das ich lebe, bin ich überzeugter davon, daß wir unser Leben wegwerfen, wenn wir keine Liebe geben, wenn wir unsere Energien nicht nutzen, wenn wir voller selbstsüchtiger Vorsicht sind und auf nichts verzichten wollen, wenn wir dem Schmerz ausweichen und deshalb das Glück verpassen.

Mary Cholomondeley

Ihre Lehrer oder Eltern haben vielleicht zu Ihnen gesagt: «Du bist ein intelligentes Kind und machst deine Sache gut. Aber du schöpfst deine Möglichkeiten nicht voll aus.» Heute als Erwachsener fragen Sie sich vielleicht ebenso: «Schöpfe ich all meine Möglichkeiten voll aus?» Und was sind Ihre Möglichkeiten? Sie sind mit bestimmten Talenten und Fähigkeiten gesegnet. Wenn Sie diese zum Ausdruck bringen, steht Ihnen die Welt offen. Dann können Sie lernen, spielen, schöpferisch sein, lieben, wachsen und reifen, Risiken eingehen, Entscheidungen treffen, Ihre Ansichten vertreten, experimentieren, sich Ziele stecken und auch erreichen. Wenn Sie es jedoch vermeiden, Ihr Talent oder eine bestimmte Fähigkeit zu entwickeln und zu fördern, dann schöpfen Sie Ihre Möglichkeiten nicht voll aus.

Nehmen Sie sich vor, ab sofort Ihr gesamtes Potential auszuschöpfen, indem Sie eine bestimmte Begabung oder Fähigkeit entwickeln und hervortreten lassen. Diese Erfahrung wiederum kann dazu beitragen, daß Sie ein *vollständiger*, aus sich selbst lebender Mensch werden.

Ich besinne mich auf eines meiner Talente, das ich lange ignoriert habe. Mit Geduld wird es mir gelingen, meine Möglichkeiten auszuschöpfen.

... ein Vater, dem genug an seinem Kind liegt, um ihm Zeit zu lassen, um sich Sorgen zu machen, um ihm mit Rat zur Seite zu stehen, ist der größte Segen, den Gott einem geben kann.

Richard L. Evans

Die Erinnerungen, die Sie an Ihre Kindheit haben, sind mit Freude, mit Leid, mit Glück oder Trauer verbunden. Das Kind in Ihrem Innern weint vielleicht immer noch dem Vater hinterher, mit dem es Freude und Leid, Schmerz und Wachstum, Erfolg und Mißerfolg hätte teilen wollen. Ein liebevoller, gesunder Vater ist ein großer Segen, den Sie möglicherweise nicht hatten. Aber statt mit Zorn oder Bitterkeit auf Ihre Kindheit zurückzublicken, sollten Sie heute abend daran denken, daß Ihr Vater sein Bestes gegeben hat, um Sie großzuziehen. Er war gezwungen, sich mit dem Hintergrund seiner eigenen Kindheit und seines Erwachsenenlebens auseinanderzusetzen – während er gleichzeitig versuchte, Ihnen ein guter Vater zu sein.

Heute abend sollten Sie zurückblicken und sich an drei gute Dinge erinnern, die Ihr Vater für Sie getan hat. Indem Sie sich die guten Seiten Ihres Vaters ins Gedächtnis rufen, statt sich auf die schlechten zu konzentrieren, wird es Ihnen vielleicht möglich, seine Menschlichkeit, nicht seine Unvollkommenheit zu sehen.

Heute abend will ich meinen Vater als Menschen sehen, der mit mir ein Stück meines Lebensweges gegangen ist. Ich kann das Gute in ihm erkennen.

Solange uns beigebracht wird, wir seien jeglichem Gesundheitsrisiko hilflos ausgeliefert, werden wir wohl kaum die notwendige Stärke entwickeln, um die Bedingungen zu verändern, die der Grund allen Übels sind.

Margo Adair

Keine Krankheit in der modernen Geschichte hat so viel Aufmerksamkeit auf sich gezogen wie AIDS, und solange man sexuell aktiv ist, kann man sich eben auch infizieren. Abstinenz ist das wirkungsvollste Mittel gegen eine HIV-Infektion, «safer Sex» ist ebenfalls eine verantwortungsbewußte Möglichkeit, die zwei Erwachsene, zwischen denen Einigkeit besteht, wählen können. Doch «safer Sex» kann jenen nicht helfen, die bereits erkrankt sind. Trotzdem ist ihre Situation keinesfalls hoffnungslos. Wie bei jeder anderen Krankheit oder Verletzung auch liegt es an einem selbst, die bestmöglichen Bedingungen zur Heilung zu schaffen.

Benutzen Sie heute abend Ihren Kopf und nicht Ihr Herz – schützen Sie sich und Ihren Partner beim Sex. Darüber hinaus stärken Sie Ihr Immunsystem durch vernünftige Ernährung, ausreichenden Schlaf und positives Denken. Und geben Sie die Hoffnung niemals auf.

Wenn ich so gesund wie möglich lebe, kann ich mein eigener Arzt sein. Ich sorge für meine körperliche und geistige Gesundheit.

Tag für Tag geht im Osten die Sonne auf;
Tag für Tag geht im Westen die Sonne unter.

Zen-Meditation

Die Zeit und unser Erleben von Zeit können verblüffend sein. Wenn wir auf irgend etwas warten oder uns unsere Lebensweise sehr vertraut ist, weil nichts uns aus der täglichen Routine herausreißt, scheint sie sich schier endlos dahinzuziehen. Doch sie scheint geradezu davonzufliegen, wenn wir etwas Unerwartetes oder Vergnügliches tun.

Wenn Ihre Tage und Nächte sich in einem grauen, alltäglichen und langweiligen Einerlei dahinschleppen, sollten Sie nach Möglichkeiten suchen, das normale Voranschreiten Ihrer Zeit zu unterbrechen, und etwas Ungewöhnliches tun.

Nehmen Sie sich schon bald die Zeit, eine Autofahrt oder Radtour an einen Ort zu machen, wo Sie noch nie zuvor waren. Betrachten Sie die ungewohnte Umgebung und das Neue, das Ihnen Ihr Ausflug bietet. Wenn Sie dann wieder zu Hause sind, notieren Sie das Interessanteste, das Sie gesehen oder erlebt haben, in Ihrem Tagebuch.

Durch das Ungewöhnliche werde ich den Fluß der Zeit interessanter gestalten: Ich werde abends etwas Neues lernen, morgen einen anderen Weg zur Arbeit fahren. Ich werde Gewöhnliches auf außergewöhnliche Art angehen.

Sich selbst zu lieben ist der Anfang einer lebenslangen Romanze.

Oscar Wilde

Stellen Sie sich vor, gerade die vollkommenste, wunderbarste, befriedigendste Liebesbeziehung Ihrer Träume zu erleben. Was würde Ihr Partner für Sie tun? Würde er Ihnen zuhören, wenn Sie von Ihren Erlebnissen bei der Arbeit berichten? Würde er Ihnen ein köstliches Abendessen kochen? Würde er Sie mit einem Blumenstrauß oder einem besonderen Geschenk überraschen?

Sie haben es verdient, daß man Ihnen Zeit, Aufmerksamkeit und Energie im Überfluß schenkt. Aber es ist nicht gesund, dies alles von jemand anderem zu erwarten. Sie sollten jeden Tag leben, als ob Sie sich in einer wilden, herrlichen, befriedigenden und niemals endenden Liebesbeziehung befänden – und zwar mit sich selbst!

Wie können Sie solche Selbstliebe demonstrieren? Fangen Sie an, indem Sie etwas leicht Gewagtes oder Schräges tun. Machen Sie sich ein kleines Geschenk. Machen Sie sich Komplimente für Ihre heutige Arbeit, Ihr Äußeres oder Ihren Charakter. Und sagen Sie sich jeden Abend, bevor Sie zu Bett gehen: «Ich liebe dich.»

Heute abend werde ich mich behandeln, als ob ich mein vollkommenster Liebhaber wäre, der mir sein Herz schenkt.

Nehmen Sie die Erfahrungen des Lebens nicht zu ernst. Denn in Wirklichkeit sind sie nichts als Traumerlebnisse. Spielen Sie Ihre Rolle im Leben, aber vergessen Sie niemals, daß es eben nur dies ist: eine Rolle.

Paramahansa Yogananda

Wie leicht es doch ist, das Leben übermäßig ernst zu nehmen! Aber haben Sie jemals bemerkt, um wie vieles besser Sie sich nach herzhaftem Gelächter fühlen? Das Lachen regt die Produktion der Endorphine an, der natürlichen Glückshormone des Körpers. Außerdem verbessert es die Atmung, regt unser Immunsystem an, trägt zur Entspannung der Muskeln bei und hilft uns dabei, Streß abzubauen. Mit Gelächter und einer leichteren Haltung dem Leben gegenüber können wir erkennen, daß alles vorübergeht; daß alles sich im Wandel befindet.

Heute abend haben Sie die Wahl: Sie können sich auf die Wandlungen des Lebens freuen und die Veränderungen, die sie mit sich bringen, genießen, oder Sie können sich ihnen widersetzen. Widerstand jedoch bedeutet in der Regel Schmerz. Können Sie sich etwas vorstellen, an dem Sie sich erfreuen? Lachen Sie über die Ironie des Lebens, kichern Sie über den Humor eines Kabarettisten, oder lachen Sie über sich selbst. Nehmen Sie das Leben nicht zu ernst. Wie sagt doch die Redensart? «Man übersteht das Leben niemals lebendig.»

Heute abend werde ich meine Lebensumstände nicht ganz so ernst nehmen. Ich werde ein fröhliches Gesicht aufsetzen und meinen Sinn für Humor wiederentdecken.

Wenn wir die Rolle eines Heiligen spielen, der auf alles eine Antwort hat, können wir den Menschen nicht helfen. Das tun wir nur, indem wir zuhören und den Schmerz mit ihnen teilen. Wir müssen die Predigt leben, nicht sie halten.

Dr. Bernie S. Siegel

Als Dr. Bernie Siegels Sohn Keith vier Jahre alt war, sollte er sich einer Operation im Krankenhaus unterziehen, weil er einen Leistenbruch hatte. Der Arzt beruhigte seinen Sohn, indem er ihm langsam und sorgfältig sämtliche Details des medizinischen Eingriffes schilderte. Aber als Keith nach der Operation erwachte und seinen Vater neben seinem Bett stehen sah, murmelte er: «Daddy, eins hast du vergessen, mir zu erzählen.»

«Und was?» fragte sein Vater.

«Du hast vergessen, mir zu sagen, daß es weh tun würde.»

Wenn jemand mit seinen Problemen zu Ihnen kommt, sind Sie manchmal schnell mit Lösungen bei der Hand. Aber dieser Mensch braucht vielleicht nur jemanden, der ihm zuhört. Es ist wichtig für ihn, daß Sie ihm zuhören und ihm einen Raum geben, in dem er seinen Gefühlen Luft machen kann, ohne darüber nachdenken zu müssen, was später geschehen wird.

Bemühen Sie sich ab sofort, ein guter Zuhörer und nicht ein guter Prediger zu sein.

Ich erwarte nicht, daß meine Worte Wunder bewirken. Aber zuzuhören kann auf wundersame Weise fast jede Last leichter werden lassen.

Meine Erfahrung hat mich gelehrt, daß derjenige, der einen scheinbar aussichtslosen Kampf ausficht, aber einen guten Grund zum Kämpfen hat, meist gewinnt.

Edward Teller

Im Job mag Ihnen Ihre Zukunft unsicher vorkommen. Vielleicht beobachten Sie, wie Ihre Firma immer mehr Probleme bekommt, oder Sie ahnen, daß eine Krise vor der Tür steht, die Ihren Job gefährdet. Sie können jetzt schlaflose Nächte damit verbringen, sich Sorgen über eine mögliche Kündigung zu machen, oder Sie können anfangen, jetzt den Grundstein für eine neue Tätigkeit zu legen.

Der wichtigste Schritt besteht häufig darin, sich berufliche Verbindungen zu schaffen oder bereits bestehende Verbindungen zu reaktivieren. Nehmen Sie Kontakt zu anderen Menschen auf, so daß Sie langsam und diskret Ihre «Fühler» ausstrecken können.

In einem weiteren Schritt planen Sie Ihre Zukunft nach diesem Job, bevor Sie die Kündigung erhalten. Bringen Sie Ihren Lebenslauf auf den neuesten Stand. Beginnen Sie, sich auf Vorstellungsgespräche vorzubereiten. Denken Sie darüber nach, sich selbständig zu machen. Wenn Sie einer möglichen Kündigung mit Optimismus statt Pessimismus entgegensehen können, dann gehören Sie am Ende nicht zu den Verlierern, sondern zu den Gewinnern.

Ich werde mich angesichts meiner beruflichen Situation nicht einfach stillschweigend geschlagen geben. Ich werde die Gelegenheit nutzen, um etwas zu tun, was ich wirklich will.

Sorgen können einen vollkommen auslaugen, und zwar nicht, solange man aktiv ist, sondern wenn die tägliche Arbeit erledigt ist. Dann hat die Phantasie Gelegenheit, den Aufstand zu proben… der Geist ist wie ein Motor, der ziellos weiterarbeitet.

James L. Mursell

Im Laufe des Tages funktioniert Ihr Geist vielleicht wie der Motor eines Zuges. Solange Sie auf den Schienen bleiben und ein bestimmtes Ziel erreichen wollen, stochern Sie heftig in der Glut und verbrennen tonnenweise Kohle, um «unter Volldampf» fahren zu können. Aber wenn das Alltagsgeschäft erledigt ist und die abendliche freie Zeit vor Ihnen liegt, arbeitet der Motor Ihres Geistes weiter; auch vor der Kurve kann ihm kein Einhalt geboten werden. Ihr Kopf hat sich während des Tages dermaßen erhitzt, daß Sie nicht wissen, wie Sie sich abends entspannen sollen. Vielleicht machen Sie sich die wildesten Sorgen darüber, was Sie in jenen strukturlosen Stunden, die vor Ihnen liegen, machen sollen. Und so preschen Sie mit überhöhter Geschwindigkeit in die Kurve – und entgleisen.

Ihr Geist muß nicht die ganze Zeit unter Volldampf fahren. Heute abend sollten Sie Ihren Motor abkühlen lassen. Führen Sie die Lokomotive Ihres Geistes auf das ruhige Nebengleis des Schlafes.

Ich werde meinem inneren Motor Ruhe gönnen, indem ich mich auf Frieden und Heiterkeit konzentriere.

Realistisch gesehen kommt das, was ich den «lehrreichen Augenblick» nenne, doch erst, wenn jemand krank wird. Erst dann bekommen wir die hervorragende Gelegenheit, unsere Gefühle und unsere Ansichten zum Tod auszutauschen.

Joan McGiver Gibson

Wie reden Sie über Tod, Alter und Krankheit? Wenn Sie wie die meisten Menschen sind, vermeiden Sie es wahrscheinlich so gut es geht, *überhaupt* darüber zu sprechen. Wenn Sie sich innerlich mit dem eigenen Tod oder dem eines Angehörigen auseinandersetzen, dann ist das auch der ideale Zeitpunkt, um sich mit Ihren Mitmenschen über Alternativen zur üblichen Krankenpflege, die für Sie in Frage kommen, zu unterhalten. Es ist außerordentlich wichtig, daß Sie Ihre diesbezüglichen Wünsche äußern und die Wünsche der anderen erfahren.

Heute abend sollten Sie sich das Versprechen abnehmen, ein Schriftstück aufzusetzen, in dem Sie entweder Bestimmungen zu Ihrer medizinischen Betreuung festhalten oder eine Person bestimmen, die entsprechende Entscheidungen trifft, wenn Sie als Patient nicht mehr dazu in der Lage sind. Ob Sie nun jung oder alt sind, wenn Sie Ihre Sterblichkeit anerkennen und sie auf diese Weise verarbeiten, so ist das ein Zeichen der Weisheit und Reife.

Ich werde das Thema des Sterbens offen und ehrlich ansprechen.

Wenn man drei Mal hintereinander die gleiche Geschichte erzählte, hörten die anderen zu und versuchten, einem zu helfen. Aber wenn man ein viertes Mal auftauchte und es wieder um die gleiche ermüdende Angelegenheit ging, standen die anderen im Kreis einfach auf und liefen umher … es wurde eben Zeit, etwas dagegen zu unternehmen.

Anne Cameron

Häufig halten Sie vielleicht so verbissen an etwas fest, daß Sie sich selbst behindern und sowohl die Vorwärtsbewegung als auch Ihr Wachstum unmöglich machen. Sie scheinen wie angewurzelt stehenzubleiben, werden unbeugsam, starr und unbeweglich. Seit Jahrhunderten malen chinesische Kalligraphen den Bambus als Symbol für die Anpassung an sich wandelnde Verhältnisse. Die Außenschicht des Bambusstammes ist dick, während das Innere hohl ist. Nach außen hin ist das Rohr stark, aber es beugt sich im Wind und zerbricht deshalb nicht: Es ist nachgiebig.

Auch Sie können wie der Bambus sein. Um einen inneren Konflikt zu lösen, der Sie an einer Stelle festhält, sollten Sie sich fragen: «Was würde ich am liebsten dagegen unternehmen?» Denken Sie über alle möglichen Wege nach, die Sie zu Ihrem Ziel führen könnten. Akzeptieren Sie dann eine der Möglichkeiten, und entwerfen Sie eine Strategie, um es zu erreichen.

Wann immer ich vor einem Dilemma stehe, werde ich die Scheuklappen der Gewohnheit abstreifen und mich umschauen. Nur so finde ich Handlungsalternativen.

In der Nacht aufwachen: sofort hellwach sein, alle Sinne in Habachtstellung; wach sein, zu wissen, daß man von neuem beginnen muß, Nacht für Nacht, immer am gleichen Punkt, wie man aus düsterer Erfahrung weiß, zu wissen, daß man jeden einzelnen Dämon, der auf einen wartet, besiegen muß. Keinen darf man auslassen, bevor man sich zum Frieden durchgekämpft hat, dem Frieden, der vollkommene Erschöpfung ist.

Henry Handel Richardson

Jeder hat gelegentlich Alpträume. Wie gehen Sie damit um? Nach einem schlechten Traum empfiehlt es sich, das Licht einzuschalten und aus dem Bett zu steigen. Trinken Sie ein Glas Wasser, oder machen Sie sich eine Tasse warme Milch oder teeinfreien Tee. Atmen Sie langsam und tief ein und aus, dann erzählen Sie Ihren Traum einem anderen Menschen, oder sprechen Sie den Inhalt laut vor sich hin, damit Sie hören können, wie unwirklich alles war.

Kehren Sie anschließend in Ihr Schlafzimmer zurück. Richten Sie das Bett wieder her, schütteln Sie die Kissen auf. Wenn Sie das Licht ausgeschaltet haben, beruhigen Sie sich selbst mit dem Gedanken, daß ein schlechter Traum wie ein Fernsehkanal ist – Sie können immer abschalten!

Ich kann, was ich nachts «sehe», kontrollieren, indem ich mir sage: «Ich schalte auf einen anderen Traumkanal um.»

Mein Leben wird durch einen göttlichen Plan des Guten bestimmt. Ich werde loslassen und ihn walten lassen.

Ruth P. Freedman

Haben Sie sich jemals gewundert, warum das Schicksal Sie gerade mit einem bestimmten Menschen zusammengebracht hat? Durch jeden Menschen, den Sie treffen, können Sie etwas lernen – wie kurz oder lang Ihre Bekanntschaft mit dem Betreffenden auch sein mag. Manchmal, wenn Sie jemanden zu einem sehr bedeutsamen Zeitpunkt kennenlernen, haben Sie vielleicht das Gefühl, Teil eines Schauspiels zu sein, zusammen mit anderen Figuren auf der Bühne zu stehen, von denen Sie wissen, daß sie einen wichtigen Einfluß auf Ihren Charakter und Ihr Leben haben werden. Obwohl sich nicht alle Kontakte positiv entwickeln werden – manche Menschen behandeln Sie vielleicht schlecht, wieder andere verursachen Ihnen Schmerz und Herzeleid –, sie alle sind wertvoll und sinnvoll.

Vertrauen Sie heute abend darauf, daß Ihr Leben nicht nur durch Ihre eigenen Entscheidungen bestimmt wird, sondern auch durch göttlichen Einfluß. Statt jene Zusammentreffen und Zufälle, die einen positiven Effekt auf Ihr Leben haben, zu bestaunen und jene in Frage zu stellen, die Sie beeinträchtigen, akzeptieren Sie *alle* als Erfüllung eines nützlichen Lebenszwecks. *Jede* Lektion hat ihre Bedeutung.

Ich vertraue auf den göttlichen Plan, der in meinem Leben wirkt. Er hilft mir, aus jeder Lektion, die mir erteilt wird, zu lernen und an ihr zu wachsen.

Liebe den Ort, wo du bist, liebe den Menschen, mit dem du bist, und liebe das, was du tust.

Findhorn-Gemeinschaft

Immer schon haben Menschen in Gemeinschaften zusammengelebt, um ihr Leben ihrem Glauben gemäß gestalten zu können und unter Gleichgesinnten zu sein. Mit vielen völlig verschiedenartigen Menschen harmonisch zusammenzuleben ist sehr anspruchsvoll. Wir müssen sowohl in der Lage sein, als eigenständiges Wesen zu existieren, als auch, Kontakt zu finden zu ganz anderen Individuen. Es ist leicht, im Team zu arbeiten, Konflikte zu lösen und in friedlicher Harmonie zusammenzuleben, wenn man mit Menschen verbunden ist, die ähnlich denken, fühlen und handeln wie man selbst. Erheblich schwieriger wird die Sache jedoch, wenn jeder seine eigenen Wünsche und Bedürfnisse hat und diese zum Ausdruck bringt.

Haben Sie den Wunsch, innerhalb Ihrer Familie und auch über deren Grenzen hinaus für Gemeinschaftssinn zu sorgen? Dann sollten Sie sich zuerst innerhalb der sicheren Umgebung Ihres Hauses und bei den Menschen, die ähnliche Vorstellungen haben wie Sie, um ein harmonisches Zusammenleben bemühen. Auf dieser Basis wird vielleicht auch ein harmonisches Verhältnis zu jenen möglich sein, die anders sind als Sie selbst.

Wenn ich Harmonie in meiner nächsten Umgebung geschaffen habe, kann ich die Hand nach anderen ausstrecken.

Mein Hund Treader war gern mit mir unterwegs. Ich bekam ihn, als ich zu trinken aufhörte, und er hat mir dabei geholfen, alles ins richtige Licht zu rücken. Ich betrachtete alles mit den Augen des Hundes: Es geht einem doch gut, wenn man etwas zu essen hat, einen Ort zum Schlafen und jemanden, der einen streichelt.

Izzy Stradlin

Vielleicht haben Sie früher, wenn Sie sich schlecht fühlten, versucht, durch Drogen, Alkohol, Essen oder Sex Ihre Gefühle zu betäuben.

Aber jetzt oder irgendwann in naher Zukunft gelangen Sie an den «Ort, von dem es kein Zurück gibt»: Sie gestehen sich endlich ein, daß Ihre Sucht weder hilft noch eine positive Alternative darstellt, um mit Ihren Gefühlen klarzukommen. Diese Erkenntnis wird Sie mit einer Flut von Gefühlen konfrontieren. Dadurch sind Sie gefährdet, erneut bei Drogen, Essen oder Sex Zuflucht zu suchen. Um diese schwere Zeit zu überstehen, rufen Sie sich ins Gedächtnis, daß Angst, Furcht, Einsamkeit oder Depressionen nur unerträglich zu sein *scheinen*. Sie *können* sie aushalten; Sie *können* sie überstehen.

Wenn Sie heute abend eine solch schwere Phase durchmachen, wiederholen Sie sich immer wieder: «Auch das geht vorbei.» Dann formulieren Sie den vertrauten Slogan der Anonymen Alkoholiker um: «Immer nur einen *Abend* auf einmal.»

Ich denke daran, daß ich die Mauer der Depression überwinden kann. Ich kann darüberspringen, ich kann sie niederreißen, ich kann sie umgehen.

Niemand kann Ihnen ohne Ihre Einwilligung das Gefühl geben, minderwertig zu sein.

Eleanor Roosevelt

Selbstgespräche können sehr wirkungsvoll sein. Sie können dazu beitragen, Ihre Selbstachtung, Ihr Selbstvertrauen aufzubauen, sie können Ihnen helfen, Ihre Fähigkeiten zur Problemlösung weiterzuentwickeln. Genausogut können sie aber auch die gegenteilige Wirkung haben: Ihr Selbstvertrauen zerstören, Ihr Selbstwertgefühl untergraben. Wie können Sie lernen, auf positive Weise mit sich selbst zu kommunizieren?

Zum einen vermeiden Sie, sich selbst in Frage zu stellen, denn das fördert die Selbstzweifel. Statt zu fragen: «Kann ich dieses Problem meistern?», sagen Sie sich: «Ich *kann* dieses Problem meistern.» Zum anderen ersetzen Sie negative Worte in Ihrem Vokabular durch positive Formulierungen. Statt zu sagen: «Ich kann es nicht ändern», sagen Sie sich: «Ich *kann* es verändern.» Schließlich streichen Sie die Worte «sollte» und «müßte» aus Ihrem Wortschatz, wenn Sie mit sich selbst reden. Derlei Begriffe repräsentieren, was Sie oder Ihre Umwelt für angemessen halten; sie reflektieren Erwartungshaltungen, aber nicht, was Sie wirklich wollen oder was Sie für das Beste halten. Wenn Sie diese Regeln des Selbstgesprächs einhalten, ist Ihnen der Erfolg so gut wie sicher. Also wählen Sie Ihre Worte *mit Sorgfalt.*

Mein Selbstgespräch wird von jetzt an von positiven, bestätigenden Äußerungen geprägt sein, die meine Fähigkeiten und Möglichkeiten anerkennen.

JULI

Was muß ich tun? Diese Frage ist alles, was für mich zählt – nicht was die Leute von mir denken.

Ralph Waldo Emerson

Sind Sie manchmal wie ein Chamäleon, das seine Farben ändert, um anderen zu gefallen? Vielleicht gibt Ihnen dieses Verhalten das Gefühl, ein guter Mensch zu sein; vielleicht demonstrieren Sie damit, wie leicht es ist, mit Ihnen auszukommen. Aber wer bekommt Ihre «wahren» Farben zu sehen? Stellen Sie damit die Bedürfnisse Ihrer Umwelt nicht über Ihre eigenen?

Vielleicht haben Sie heute ständig Ihre Farben gewechselt, um anderen zu gefallen. Sie brauchen aber kein Chamäleon mehr zu sein. Es gibt keine Raubtiere, vor denen Sie sich verstecken müssen – nur Menschen wie Sie und ich. Diese Menschen denken und fühlen anders als Sie, aber das ist gut so. Wagen Sie es, anders zu sein. Haben Sie keine Angst davor, anderer Meinung zu sein oder Ihre eigenen leuchtenden Farben zu zeigen!

Wenn ich in der Menge untergehe, verliere ich meine Persönlichkeit und Identität. Deshalb werde ich meine abweichenden Gedanken, Gefühle oder Anschauungen zum Ausdruck bringen.

Uns ist nichts geschenkt worden. Deshalb weiß ich, daß ich dafür arbeiten muß, wenn ich etwas erreichen will.

Kim Jones

Fünf Wochen vor den Olympischen Spielen 1992 erlitt Kim Jones eine Bänderzerrung und einen Haarriß an ihrem Knöchel. Im August führte sie beim Hokkaido-Marathon, zerrte sich dann aber die Achillessehne. Im Oktober kämpfte sie mit einer Grippe, im November mit einer Brustfellentzündung. Zudem verlor sie vor den Olympischen Spielen vier Angehörige, darunter ihre Großmutter und ihre Schwiegermutter. Im Frühling 1993, beim 97. Boston Marathon, war sie allerdings schon wieder imstande, ihre übliche Geschwindigkeit zu erreichen. Wie schaffte Kim das? Ihre Entschlossenheit ist möglicherweise darauf zurückzuführen, daß sie in einer Familie mit zehn Kindern aufwuchs. Jeder einzelne war gezwungen, um das, was er wollte, zu kämpfen.

Denken Sie heute abend an etwas, das Sie sich wirklich wünschen. Dann denken Sie über Kim Jones' mühsamen Weg und ihr Engagement nach. Sind Sie dazu gleichermaßen fähig wie sie?

Ich kann nicht erwarten, daß mir etwas geschenkt wird. Heute abend werde ich mich um die Entschlossenheit bemühen, zu kämpfen, wenn mir etwas wichtig ist.

Verfolge die Spur des Regenbogens; laß dich von dem Klang eines Liedes tragen, und du wirst umgeben sein von Schönheit. Aus jedem dunklen Nebel führt ein Weg hinaus – über die Spur des Regenbogens.

Navajo-Lied

Jeden Tag kümmern Sie sich um Ihre körperlichen Bedürfnisse - Sie essen, Sie treiben Sport, Sie schlafen. Aber kümmern Sie sich auch um Ihre spirituellen Bedürfnisse? Wir alle brauchen jeden Tag etwas Zeit, um uns spirituell zu regenerieren. Wenn Sie Ihren Körper vernachlässigen, wird er schließlich auf die eine oder andere Weise versagen. Ebenso können Sie, wenn Sie Ihre spirituellen Bedürfnisse mißachten, emotional aus dem Gleichgewicht geraten, so daß Sie nur noch die Konflikte in Ihrer Umgebung wahrnehmen.

Wenn Sie verwirrt und unkonzentriert sind, stellen Sie Ihre innere Harmonie und Lebensenergie wieder her, indem Sie die Berührung mit der Natur suchen. Gehen Sie auf einem Naturpfad in Ihrer Nähe spazieren. Beobachten Sie den Sonnenuntergang. Betrachten Sie die Sterne am Nachthimmel. Zerreiben Sie frische Kräuter in Ihrer Hand, und atmen Sie deren Aroma ein. Auf Ihrer Suche nach Harmonie brauchen Sie nicht in die Ferne zu schweifen. Wenn Sie Ihre spirituelle Mitte gefunden haben, sehen Sie die Dinge klarer, können effizienter handeln und fühlen sich insgesamt wohler.

Heute abend bin ich dazu bereit, das Gleichgewicht zwischen meinen körperlichen und spirituellen Bedürfnissen herzustellen, damit ich in meinem Leben Frieden und Harmonie finde.

Es ist vielleicht die größte Tragödie, die ein Mensch erleben muß, wenn nichts ihn die eigene Bedeutung empfinden läßt.

Arthur E. Morgan

In Ihrer Kindheit hat man Ihnen vielleicht gesagt, daß Sie nicht gut genug sind. Derlei ungerechte Beurteilungen Ihrer Eltern oder Lehrer sind möglicherweise heute noch in Ihrem Denken verankert. In der Natur ist alles wertvoll. Alles hat seinen Platz und seinen Zweck. Nur Menschen leiden unter der schlechten Meinung, die sie von sich selbst haben. Eine Rose, ein Vogel oder ein Hase denken niemals schlecht von sich; jede Blume hat ihren Duft, jeder Vogel hat sein Lied und jedes Tier hat einen Zweck im Leben. Dasselbe gilt für Sie. Sagen Sie sich heute nacht von jeglicher Kritik, von den Äußerungen Ihrer Mitmenschen oder Ihrem eigenen Tadel los. Loben Sie sich wegen einer bestimmten Begabung oder einer Fähigkeit, die Sie einzigartig macht. Fassen Sie den Beschluß, dieses Talent zu fördern: Malen oder zeichnen Sie, fotografieren oder musizieren Sie, oder tun Sie irgend etwas anderes, das Ihnen das Gefühl gibt, von anderen unabhängig zu sein. Seien Sie Sie selbst – nicht das, was Sie nach der Meinung anderer sein sollten.

Ich fühle mich allzu oft minderwertig, weil ich glaube, einem bestimmten Klischee nicht zu entsprechen. Ich kann jedoch lernen, meine Einzigartigkeit zu fördern und schätzen zu lernen.

Wer sich davor fürchtet, etwas auszuprobieren, ist ein Gefangener.

Leonard E. Read

Angst macht uns unbeweglich. Wenn sie uns erfaßt, können wir uns nicht mehr vorwärts bewegen. Wir sind nicht imstande, neue Gedanken zu denken, neue Erfahrungen zu machen, neue Leute zu treffen und uns zu verändern. Vielleicht lehnen Sie alles ab, was das Leben zu bieten hat; möglicherweise verwirklichen Sie nichts von dem, wozu Sie fähig sind. Wenn Sie es zulassen, ergreift die Angst von Ihnen Besitz und wird zu einer Falle, die immer dann zuschnappt, wenn Sie versuchen, eine andere Richtung einzuschlagen oder sich anders als sonst zu verhalten. Obwohl Sie die Angst weder sehen noch hören noch greifen können, haben Sie ihr so viel Macht gegeben, daß sie beinahe ein Eigenleben entwickelt.

Denken Sie heute abend darüber nach, daß das Leben ein Geschenk ist. Es verpflichtet Sie dazu, auf eigenen Füßen zu stehen und vorwärts zu schreiten. Sie können sich von Ihren Ängsten befreien, indem Sie Vertrauen haben: Bei allem, was Sie tun, und wo immer Sie sich aufhalten, Sie sind sicher. Selbst wenn die Angst zu Ihren Füßen kauert und darauf lauert, Sie zu erfassen, können Sie ihr entgehen, indem Sie sich folgenden Leitsatz wiederholen: «Alles ist gut. Egal, was geschieht, alles ist gut.»

Heute abend werde ich die Fesseln der Angst, die mich behindern, durchschneiden. Statt mich zu verstecken, werde ich das Leben mit offenen Armen begrüßen. Ohne Angst wird alles gut.

«Okay, Marlowe», sagte ich zu mir selbst. «Du bist ein zäher Kerl. Du bist zweimal bewußtlos geschlagen worden, du wurdest gewürgt, mit einem Gewehr verprügelt, in den Arm geschossen, bis du glaubtest den Verstand zu verlieren. Jetzt wollen wir doch mal sehen, ob du eine wirklich schwierige Aufgabe bewältigen kannst – wie zum Beispiel, dir deine Hosen anzuziehen.»

Raymond Chandler, *Lebewohl, mein Liebling*

Wie dem Detektiv Phillip Marlowe in Raymond Chandlers klassischer Novelle *Lebewohl, mein Liebling* kann es Ihnen passieren, so in die Lösung der «schweren Fälle» verwickelt zu sein, daß Sie vergessen, sich einem der wesentlichsten und wichtigsten «Fälle» in Ihrem Leben zu widmen – sich selbst.

Statt sich allen möglichen Aufgaben zu stellen, denen Sie sich zwar gewachsen fühlen, die aber keiner inneren Notwendigkeit entsprechen, sollten Sie sich lieber Zeit nehmen, um wieder zu Atem zu kommen. «Lösen» Sie zunächst eine Aufgabe und übernehmen Sie die nächsten erst, nachdem Sie genügend Zeit gehabt haben, um Ihren inneren Frieden wiederherzustellen.

Jedesmal, wenn ich erwäge, etwas Neues in Angriff zu nehmen, frage ich mich: «Ist es notwendig? Ist es gesund? Bringt es mehr Frieden in meinem Leben?» Wenn ich diese Fragen mit «Nein» beantworten muß, werde ich davon Abstand nehmen.

Aus zehn Tagen voller Höllenqualen lernt man oft mehr als aus zehn Jahren der Zufriedenheit.

Merle Shain

Wie gehen Sie mit dem Schmerz in Ihrem Leben um? Wehren Sie schmerzhafte Erinnerungen aus der Vergangenheit oder schmerzhafte Empfindungen in der Gegenwart häufig ab, indem Sie sagen: «Nicht jetzt – ich habe keine Zeit für Schmerz»? Sie haben die Wahl: Entweder stellen Sie sich dem Schmerz, oder Sie verleugnen ihn. Wie auch immer Sie sich entscheiden, *der Schmerz* bleibt bestehen. Wenn Sie ihn verleugnen, zögern Sie es nur hinaus, sich mit ihm zu beschäftigen, aber irgendwann werden Sie unweigerlich wieder mit ihm konfrontiert werden. Schmerz zu verleugnen ist, als ob Sie nicht zum Arzt gehen, wenn Sie sich den Arm gebrochen haben. Die natürlichen Heilkräfte Ihres Körpers werden den Bruch allmählich heilen, aber Ihre Chancen auf eine ordentliche Heilung sind größer, wenn Sie ihn gleich richtig behandeln.

Beschließen Sie, sich Ihrem Schmerz zu stellen. Lassen Sie zu, daß er Sie berührt. Nur so kann es Ihnen gelingen, in Ihrem Leben ein paar Veränderungen vorzunehmen oder es zu akzeptieren, wie es ist. Und nur so kann Verletzung heilen. Daraufhin können Sie die Reise Ihres Leben sicher und schmerzfrei fortsetzen.

Ich heiße den Schmerz zwar nicht willkommen, *aber ich weiß, ich kann nur dann Frieden finden, wenn ich mich dem Schmerz stelle. Ich akzeptiere, daß auch schmerzhafte Erfahrungen für meine Entwicklung notwendig sind.*

Er selbst aber ging einen Tagesmarsch weit in die Wüste hinein. Als er so weit gekommen war, ließ er sich unter einem Ginsterstrauch nieder und wünschte sich den Tod, indem er sprach: «Nun ist es genug, Jahwe!»

1. Könige, 19;4

Der Prophet Elias war verzweifelt über seine Müdigkeit. Er hatte sich überanstrengt, indem er nicht nur beinahe 200 Kilometer von Karmel nach Beerscheba, sondern dann auch noch einen zusätzlichen Tag lang durch die Wüste Sinai gewandert war!

Auch Sie glauben vielleicht immer wieder, daß Sie noch ein paar Arbeitsstunden dranhängen können, daß Sie immer noch einen Kilometer mehr laufen können. Durch dieses Verhalten machen Sie es sich selbst unmöglich, die Entspannung und Ruhe zu finden, die Sie so sehr brauchen. Aber selbst die völlige Erschöpfung kann Sie nicht aufhalten! Während Sie sich durch den darauffolgenden Tag quälen, sagen Sie vielleicht die gleichen Worte wie Elias: «Nun ist es genug!» – Aber schon am Abend treiben Sie sich erneut an!

Wenn Sie sich dabei ertappen, abends noch schnell ein weiteres Stück des Weges zurücklegen zu wollen, gönnen Sie Ihrem ruhelosen Geist und Ihrem Körper Ruhe. Nehmen Sie z. B. ein Vollbad mit duftendem Badeöl. Oft genügt schon ein angenehmer Duft, um Ihre Stimmung zu heben und Sie zu beruhigen.

Mit Hilfe von entspannungsfördernden Düften werde ich den anstrengenden Tag oder den Wunsch, noch mehr Aufgaben zu erledigen, abstreifen.

Ohne Gesundheit kann sich die Weisheit nicht enthüllen, kann sich die Kunst nicht entfalten, kann die Stärke nicht kämpfen, wird Reichtum nutzlos und kann Intelligenz nicht angewendet werden.

Herophil

Nur weil Sie eine Gewohnheit aufgeben, die Ihrer Gesundheit schadet – Rauchen, Trinken, übermäßiger Genuß von Essen oder Süßigkeiten –, ist Ihre Gesundheit damit nicht automatisch wiederhergestellt. Auch jetzt noch müssen Sie auf ausreichenden Schlaf, ausgewogene Ernährung und Sport achten. Widmen Sie sich auch Ihren geistigen Bedürfnissen, damit Ihr Leben jeden Tag neu, lebendig und erfüllt ist. Auch Ihre spirituellen Bedürfnisse sollten nicht zu kurz kommen: Meditieren Sie, und nehmen Sie sich Zeit zur Entspannung. Wenn Sie eine Sucht oder ein negatives Verhalten aufgegeben haben, sind Sie noch lange nicht «geheilt». Vielleicht stehen Sie sogar gerade erst am Anfangspunkt Ihrer Bemühungen.

Was können Sie tun, um an Ihrer äußeren ebenso wie an Ihrer inneren Gesundheit zu arbeiten? Neben vernünftiger Ernährung, viel Ruhe, Sport, Spiel und Meditation sollten Sie auf ein gesundes Gleichgewicht zwischen Arbeitsstunden und Freizeit achten, um bei bester Gesundheit zu bleiben.

Die Aufgabe meiner Sucht oder meines Lasters war mein erster Schritt – hin zu einer gesünderen Lebensweise. Heute abend belohne ich mich dafür, indem ich den zweiten Schritt tue – zu einem besseren Selbst.

Laß deine Tränen fließen. Sie sind Nahrung für die Seele.
Eileen Mayhew

Menschlich zu sein bedeutet, all seine Gefühle wahrzunehmen, insbesondere die Trauer. Wenn Sie versuchen, Ihren Tränen Einhalt zu gebieten, hindern Sie sich selbst daran, Ihren Schmerz zu lindern und hinter sich zu lassen. Gefühle sind dazu da, zum Ausdruck gebracht und nicht unterdrückt zu werden.

Lassen Sie Ihren Tränen heute abend freien Lauf. Dabei ist es unerheblich, ob sich Ihr Schmerz auf die Vergangenheit, auf verpaßte Gelegenheiten, auf Verluste, die Sie nie betrauert haben, oder auf einen gegenwärtigen Verlust bezieht. Der Grund ist nicht wichtig. Wichtig *ist,* ihn zum Ausdruck zu bringen. Denken Sie daran, daß Ihre Tränen eine wichtige Voraussetzung für die Verarbeitung Ihrer Gefühle sind. Nachdem Sie geweint haben, können Sie sich – wie nach einem Unwetter, nach dem wieder Ruhe eingekehrt ist – friedlicher, klarer und freier fühlen. Erteilen Sie sich heute abend die Erlaubnis, zu weinen, zu schreien und zu toben. Suchen Sie nach den verspannten Stellen in Ihrem Körper; sie sind ein Zeichen dafür, daß Sie an Ihrem Schmerz festhalten. Lassen Sie ihn dann los.

Ich bringe meinen Kummer ungehindert zum Ausdruck, damit ich ihn loslassen kann.

Die Eifersucht ist kein Barometer, an dem sich das Ausmaß der Liebe ablesen läßt. Sie gibt lediglich an, wie unsicher ein Partner ist.

Margaret Mead

Wenn Sie eifersüchtig sind, nehmen Sie an einer seltsamen Art von Wettstreit teil.

Vielleicht sind Sie ja eifersüchtig, weil Ihr Partner viel Zeit im Büro verbringt, weil er mit seinen Freunden zusammensein möchte oder weil Sie annehmen, daß er Interesse an einem anderen Menschen zeigt. Aber was ist die *wahre* Ursache für Ihre Eifersucht? Eifersucht hat oft nur wenig mit äußeren Umständen und Ereignissen zu tun. Das Problem liegt häufig in Ihnen. Eifersucht ist Ausdruck eines gewissen Grades an Unreife, eines gestörten Verhältnisses zum Stolz und – insbesondere – von Unsicherheit. Wenn Sie eifersüchtig sind, neigen Sie dazu, sich mit anderen zu vergleichen, um festzustellen, wie Sie dabei abschneiden. Der Gegner, den Sie bekämpfen, sind Sie selbst.

Sie können weniger eifersüchtig werden, indem Sie eine präzisere Vorstellung von sich selbst entwickeln. Sie brauchen sich dann nicht ständig zu fragen, wer Sie in bezug auf andere sind. Um heute abend Ihre innere Sicherheit zu stärken, sollten Sie über zwei Eigenschaften bei sich selbst nachdenken, die Sie positiv finden.

Die Eifersucht entfernt mich nur von dem Menschen, den ich liebe. Heute abend werde ich mehr Nähe zu meinem Partner schaffen, indem ich ihm stolz meine anziehenden Eigenschaften zeige.

Der Schlaf ist doch die köstlichste Erfindung.

Heinrich Heine

Wenn Sie heute abend im Bett liegen und ständig darüber nachdenken, was Sie morgen alles erledigen müssen, werden Sie ganz sicher nicht schnell und ruhig einschlafen. Schieben Sie Ihre Sorgen und Ängste zur Seite, und sprechen Sie sich laut die bekannte Bitte um Gelassenheit vor: «Gib mir für morgen die Gelassenheit, die Dinge zu akzeptieren, die ich nicht ändern kann, den Mut, die Dinge zu ändern, die ich ändern kann, und die Weisheit, das eine vom anderen zu unterscheiden.»

Derlei entspannende Sätze können Sie sich auch selbst ausdenken: «Ich bin ganz ruhig... Ich spüre, wie die Anspannung von mir weicht... Ich atme tief... Ich bin ganz entspannt und ganz ruhig...» Dann schließen Sie die Augen, sagen: «Ich freue mich auf morgen» und schlafen entspannt ein.

Heute abend werde ich alles tun, um ruhig und entspannt einzuschlafen und den morgigen Tag nicht als Bedrohung, sondern als Freude ansehen zu können.

Stell dir vor, du stündest vor einem Tor auf einer Bergspitze. Dein ganzes Leben erstreckt sich hinter und unter dir. Bevor du durch das Tor schreitest, hältst du inne und blickst auf die Vergangenheit zurück: auf das Lernen und die Freude, die Siege und die Sorgen – auf alles, was notwendig war, um hierherzugelangen.

Das Buch der Runen

Um vorwärtszuschreiten, ist es manchmal notwendig, zurückzublicken und unerledigte Erfahrungen zu bewältigen. Vielleicht haben Sie gar keine Lust, sich die Schmerzen der Vergangenheit wieder ins Gedächtnis zu rufen, aber es ist die einzige Möglichkeit, ihnen die Macht nehmen zu können, die sie über Ihr heutiges Leben haben. Welche Methoden können Sie einsetzen, um mit der Vergangenheit Frieden zu schließen? Sie können ein wichtiges Ereignis aus Ihrer Vergangenheit in Ihrem Tagebuch festhalten oder sich vornehmen, Ihr Geheimnis einem guten Freund anzuvertrauen. Sie werden feststellen, daß ein ehrliches und offenes Gespräch über das betreffende Vorkommnis den Bann bricht, unter dem Sie stehen. Und dann können Sie durch das Tor der Gegenwart auf die Zukunft zuschreiten.

Heute abend werde ich mich von vergangenen Schmerzen, Wunden und Ungerechtigkeiten befreien, indem ich über sie rede.

Ich bin größer und besser, als ich dachte. Ich wußte nicht, daß so viel Wertvolles in mir steckt.

Walt Whitman

Glauben Sie Ihren Kritikern? In aller Regel sind das Menschen, deren Meinung Sie zwar schätzen, die dies aber kaum verdienen. Vielleicht ist es in Ihrem Fall ein Elternteil, der Sie zu dem Glauben erzogen hat, Sie seien kein wertvoller Mensch. Möglicherweise sind es auch Ihre Geschwister, die ständig versucht haben, Sie in sinnlosen Wettkämpfen zu übertreffen. Ein solcher Kritiker könnte ein Freund sein, der kaum ein nettes Wort für Sie übrig hat. Oder vielleicht ist Ihr Partner ein ständiger Kritiker, weil er alles, was Sie sagen oder tun, zu beanstanden hat. Ralph Waldo Emerson hat in diesem Zusammenhang gesagt: «Für welchen Weg du dich auch entscheidest, es wird immer jemanden geben, der dir sagt, daß du unrecht hast.» Geben Sie Ihren Kritikern nicht die Macht, Ihnen zu diktieren, was Sie sein *sollten*. Lassen Sie nicht zu, daß sie Ihr Selbstbild zerstören.

«Zeichnen» Sie heute abend in Ihrem Geist ein Bild von sich selbst. Anschließend überlegen Sie sich Sätze, die Sie loben und Ihnen ein gutes Selbstwertgefühl vermitteln. Auf diese Weise schaffen Sie sich ein positives Selbstbild, dessen Wachstum Sie durch Lob fördern.

Heute abend lasse ich mich nicht herabmindern. Ich bin viel größer und besser als jeder meiner Kritiker.

Wie könnten wir uns ohne eine Rose im Garten einen Begriff von Schönheit machen? Wir beugen uns zu ihr hinunter, nehmen ihre leuchtende Farbe in uns auf, ihre samtenen Blütenblätter, ihren wohlriechenden Duft und schätzen uns glücklich, ihr an einem warmen Sommernachmittag begegnet zu sein, obwohl wir ihr völlig gleichgültig sind.

Linda Weltner

Wer ist Ihr Lieblingsheld, Ihre Lieblingsheldin? Jeder hat seine eigene Vorstellung davon, welche Eigenschaften für ein beneidenswertes Vorbild notwendig sind. Sie sind vielleicht von jemandem hingerissen, der umwerfend schön ist, außergewöhnlich athletisch, reich und berühmt oder intelligent. Die Eigenschaften, die Sie an einem Menschen am meisten schätzen, sind in der Regel jene Eigenschaften, die Sie sich selbst am meisten wünschen.

Denken Sie heute abend wenigstens an eine Eigenschaft, die Sie an Ihrem Helden, Ihrer Heldin bewundern. Dann setzen Sie sich ein Ziel, das Ihnen dabei helfen kann, diese Eigenschaft in sich selbst zu entwickeln.

Heute abend nehme ich mir jemanden zum Vorbild, von dem ich mehr über mich selbst lernen kann. Ich werde danach streben, die Rose im Garten zu werden, statt sie nur aus der Ferne zu bewundern.

Und die Moral von der Geschicht'? Egal, was man tut, irgend jemanden gibt es immer, der einen beobachtet.

General Colin L. Powell

Eine der ersten Aufgaben, die der spätere General Powell in seiner beruflichen Laufbahn zu erledigen hatte, bestand darin, den Boden im lokalen Getränkeabfüllwerk aufzuwischen. Eines Tages krachten 50 Kästen Limonade auf den Boden, so daß die süße Flüssigkeit sich überall verbreitete. Powell wischte unermüdlich vor sich hin. Im darauffolgenden Sommer wurde er befördert: Jetzt durfte er Flaschen abfüllen. Im dritten Sommer wurde er zum stellvertretenden Vorarbeiter ernannt. «Daraus habe ich gelernt», sagte Powell später, «daß immer irgend jemand zusieht.»

Heute abend sollten Sie sich darum bemühen, die Aufgaben, die Sie zu Hause oder am Arbeitsplatz erfüllt haben, nicht herabzusetzen. Lassen Sie sich nicht beirren, sondern fahren Sie in Ihren Bemühungen fort. Sie bekommen vielleicht nicht immer die Anerkennung, die Ihnen Ihrer Meinung nach zusteht. Möglicherweise befürchten Sie sogar, daß Ihr Einsatz irgendwann als selbstverständlich hingenommen wird, aber irgend jemand *sieht zu*.

Heute abend glaube ich daran, daß die Dinge, die ich tue, sehr wohl von Bedeutung sind – wenn nicht für irgend jemand anderen, dann wenigstens für mich.

Das Tragischste, was ich über die menschliche Natur weiß, ist folgendes: Wir alle neigen dazu, das Leben auf später zu verschieben. Wir alle träumen von einem magischen Rosengarten hinter dem Horizont – statt Rosen, die heute vor unserem Fenster blühen, zu genießen.

Dale Carnegie

Zwischen Luftschlössern und kreativen Träumen besteht ein großer Unterschied. Die einen sind an der Frage «Was wäre, wenn…?» zu erkennen. Die anderen geben eine Antwort: «Das geht folgendermaßen…» Kreativ zu träumen bedeutet, sich ein «Was wäre, wenn» vorzustellen und die bloße Möglichkeit in ein erreichbares Ziel umzuwandeln.

Eine der besten Möglichkeiten, kreativ zu träumen, besteht darin, sich am Abend zwanzig Minuten Zeit zu nehmen, um den Geist dorthin wandern zu lassen, wo er hinstrebt. Fördern Sie diesen Traumzustand, indem Sie etwas tun, das den nicht-rationalen Teil Ihres Gehirns anregt. Wählen Sie dazu eine nach innen gerichtete Aktivität wie Meditieren, eine kreative Tätigkeit wie Malen oder eine körperliche Aktivität wie Laufen.

Ich werde den nicht-rationalen Teil meines Geistes aktivieren, um Wege zu finden, wie ich meine Luftschlösser verwirklichen kann.

Das Streben nach Wahrheit ist eine Begierde nach der Göttlichkeit selbst.

Plutarch

Man sagt, daß die Wahrheit befreit. Was aber ist die Wahrheit? Wahrheit bedeutet nicht einfach, ehrlich zu sich und anderen zu sein. Die Wahrheit umfaßt auch jene Ideale, nach denen Sie leben möchten. Um die Wahrheit zu finden, müssen Sie sich auf eine individuelle Reise begeben. In vielen östlichen Kulturen glauben die Menschen, daß man die Wahrheit findet, nachdem man einen hohen Berggipfel erklommen und einen Weisen befragt hat. Das entspricht ziemlich genau dem, was Sie auf Ihrem Weg zur Wahrheit tun sollten. Sie müssen sich auf eine gefährliche Reise begeben, die Sie der höheren Macht näher bringt. Um Ihre spirituelle Quelle zu finden, ist es jedoch weder notwendig, einen hohen Gipfel zu erklimmen, noch den 3.500 Kilometer langen Apachen-Pfad von Maine nach Georgia zu wandern oder an einem Marathonlauf teilzunehmen. Die Wahrheit liegt auf Ihrem ganz normalen Weg.

Egal wie gut oder schlecht der heutige Tag war, Sie haben auf Ihrer Suche nach der Wahrheit an Boden gewonnen. Selbst wenn Sie auf Ihrer Reise nicht so weit gekommen sind, wie Sie gerne wollten, haben Sie immer noch das Morgen. Ihre Suche nach der Wahrheit ist ein ständiges Streben.

Höhere Macht, hilf mir, die Stärke zu finden, die ich brauche, um auf der Suche nach der Wahrheit voranzukommen. Laß mich meine Ideale finden und lernen, danach zu leben.

«Ich leide unter Schlaflosigkeit.»
«Da weiß ich ein gutes Heilmittel.»
«Ach ja?»
«Viel schlafen.»

W. C. Fields

Wenn Sie Probleme haben und schon wieder eine Nacht durchwachen, Schäfchen zählen, warme Milch trinken oder ein Meditationsband anhören, fällt es Ihnen vielleicht schwer, trotzdem Ihre positive Einstellung zu bewahren. Aber wie bekümmert Sie auch sein mögen, Sie haben immer die Wahl: Sie bestimmen, welche Brille Sie aufsetzen möchten. Wenn Sie eine dunkle Brille tragen, dann wird alles um Sie herum düster aussehen. Aber wenn Sie eine rosarot gefärbte Brille aufsetzen, kommt Ihnen Ihre Umwelt freundlicher vor. Entweder leiden Sie also, weil Sie schon wieder nicht einschlafen können, oder Sie verändern Ihre Haltung und Ihre Sichtweise dem Leben gegenüber.

Sagen Sie sich beispielsweise folgendes: «Schon wieder eine schlaflose Nacht! Was kann ich Interessantes und Aufregendes tun, um mir die Zeit zu vertreiben?» Wenn Sie nicht länger daran denken, daß Sie nicht einschlafen können, kann es Ihnen plötzlich passieren, daß Sie sich entspannen und *einschlafen*!

Heute abend mache ich mir eine Liste mit positiven Tätigkeiten, mit denen ich mich entspannen kann, wenn ich unruhig bin.

Leben bedeutet, verspielt zu sein. Kinder wissen das. Deshalb verbringen sie soviel Zeit mit Spielen. Sie können staunen. Erwachsene müssen oft erst wieder lernen zu spielen. Wir müssen spielen, damit wir den Zauber der Welt wiederentdecken können.

Flora Colao

Niemand braucht einem Kind beizubringen, wie man spielt. Es kommt auf diese Welt, bereit, alles zu entdecken und zu erfahren, so als ob das noch nie jemand getan hätte. Als Erwachsener sind Sie vielleicht zu beschäftigt, um zu spielen. Oder Sie sind so darin vertieft, ernsthafte, verantwortungsvolle, erwachsene Dinge zu tun, daß Sie vergessen haben, was es heißt, ein Kind zu sein. Wann haben Sie sich das letzte Mal wie ein Kind gefühlt? Am Strand eine Sandburg zu bauen, einen Drachen steigen zu lassen oder mit den Geräten auf dem Spielplatz zu spielen sind nur ein paar der Dinge, an denen Kinder Spaß haben. Was können Sie tun?

Nehmen Sie sich vor, von nun an am Abend etwas Spielerisches und Spontanes zu tun. Lesen Sie ein Kinderbuch, spielen Sie ein Brettspiel oder Karten. Verkleiden Sie sich. Oder trällern Sie irgendein kindisches Lied vor sich hin. Entdecken Sie, wieviel Spaß das Leben machen kann, indem Sie wieder zum Kind werden.

Ich werde mich bemühen, die Welt mit den Augen eines Kindes zu sehen. Welche Dinge sind wunderbar, erstaunlich und aufregend? Was kann ich dazu tun, um mich so glücklich und sorgenfrei wie ein Kind zu fühlen?

Hast du nur von denen gelernt, die dich bewunderten, sanft mit dir umgingen und dir Platz machten? Hast du nicht noch viel mehr von den Menschen gelernt, die sich dir in den Weg gestellt haben?

Walt Whitman

Wäre es nicht großartig, wenn Sie immer das tun könnten, was Sie tun *möchten*, nicht das, was Sie tun *müssen*? Sie müßten niemals die Verantwortung für sich selbst übernehmen, müßten niemals um etwas kämpfen, und jeder Wunsch ginge in Erfüllung. Aber wie könnten Sie dann lernen und wachsen? Sie lernen eine Menge, wenn Sie etwas erreichen, *weil* Sie sich darum bemühen; außerdem lernen Sie aus Erfahrungen, die anders verlaufen, als Sie erwarten. Der Reifeprozeß bringt Wachstum mit sich; Sie reifen, wenn Sie Zeit und Energie aufwenden, um sich persönlich zu verändern, Risiken einzugehen, Fortschritte zu erzielen und Rückschläge zu erleiden.

Akzeptieren Sie, daß einiges im Leben einfach zu erreichen ist und anderes nicht. Letztendlich sind die Errungenschaften, welche die meiste Motivation und Entschlossenheit erfordern, oft jene, die *wirklich* zählen.

Ich kann eine Spieldose nur hören, wenn ich sie aufziehe. Heute abend ziehe ich die Spieldosen meines Lebens auf, damit ich lernen, als Person wachsen und die Früchte meiner Bemühungen genießen kann.

Eines Tages wird es vielleicht sogar angenehm sein, sich daran zu erinnern.

Vergil

Um etwas Positives an einer unangenehmen Situation zu finden, ist nichts besser, als etwas Abstand zu gewinnen. Manchmal kann es jedoch Stunden, Tage, Wochen, Monate oder sogar Jahre dauern, bevor Sie im Rückblick etwas Gutes an einem Mißgeschick finden können. Wenn Sie sich überfordert, verwirrt oder allein fühlen, kommt Ihnen ein bestimmtes Ereignis vielleicht schrecklich oder überwältigend vor.

Finden Sie sich damit ab, daß Ihnen immer wieder alle möglichen Hindernisse und Ärgernisse in den Weg treten werden – so ist das Leben. Rufen Sie sich ins Gedächtnis, daß Sie nicht der einzige Mensch sind, der das durchmachen muß. Versuchen Sie dann, dem Rückschlag, der Sie gegenwärtig bedrückt, etwas Positives abzugewinnen. Konzentrieren Sie sich auf die *Vorteile,* die Sie aus der Situation ziehen können – vielleicht bietet sich Ihnen ja eine neue Gelegenheit, eine Abwechslung in Ihrem Alltagstrott, möglicherweise lernen Sie durch das Ereignis, einen Menschen oder eine Situation mit anderen Augen zu betrachten. Halten Sie jedesmal wieder nach dem Silberstreifen am Horizont Ausschau.

Etwas Positives an einem Mißgeschick zu finden, vermag es nicht zu vertreiben. Es hilft mir aber, einen Rückschlag nicht nur negativ zu bewerten, sondern auch die erfreulichen Folgen zu erkennen.

Vierundzwanzig Stunden stehen Ihnen täglich zur Verfügung. In dieser Zeit müssen Sie versuchen, Gesundheit, Vergnügen, Geld, Zufriedenheit und Respekt zu erlangen und für das Wachstum Ihrer sterblichen Seele zu sorgen. Diese Zeit richtig einzusetzen, sie effizient zu nutzen ist von größter Bedeutung.

Arnold Bennett

Auch Sie haben täglich nur vierundzwanzig Stunden, um das zu erlangen, was Sie für Ihr emotionales, körperliches und spirituelles Wachstum brauchen. Aber auch wenn Sie Ihren täglichen meditativen Text bereits gelesen oder Ihren Arbeits- oder Schultag hinter sich gebracht haben oder wenn der Abend nun schon vorüber ist, muß Ihre Zeit zu wachsen nicht ebenfalls vorbei sein. Es ist noch immer viel Zeit übrig – *wenn* Sie sie wirklich nutzen möchten. Sobald Ihre täglichen, hektischen Aktivitäten vorbei sind, haben Sie noch immer eine Menge Zeit, um Dinge erledigen zu können, die Sie während des Tages nicht tun konnten: Sie können sich entspannen und loslassen, sich mit Freunden und Familienmitgliedern unterhalten, gesellig beisammen sein, das Abendbrot zubereiten, essen und schlafen.

Nutzen Sie die Zeit, die Ihnen am Abend übrigbleibt, zu Ihrem Besten. Konzentrieren Sie sich auf Ihre emotionalen, körperlichen oder spirituellen Bedürfnisse, die Sie vielleicht tagsüber vernachlässigt haben. Sie werden feststellen, daß auch für diese Aktivitäten noch genügend Zeit bleibt, wenn Sie sich die Zeit nehmen.

Um meinen Tag wirklich effizient zu nutzen, muß ich so viel wie möglich für mich selbst tun.

Manchmal muß ich richtig darüber lachen, wie ich mir ein Bein ausgerissen habe, um ein bestimmtes Problem zu bewältigen, nur um hinterher festzustellen, daß es eine viel einfachere Lösung gegeben hätte.

Robert Franklin Leslie

Einmal flog ein Rotkehlchen durch eine offene Glastür in eine Wohnung. Verwirrt und verängstigt flatterte der Vogel verzweifelt durch das Wohnzimmer, stieß gegen die Wände und prallte gegen die Decke. Voller Panik stürzte er sich immer wieder gegen die Fenster, um hinaus zu gelangen. Erschöpft und benommen ließ er sich schließlich auf die Lehne eines Sessels nieder. Plötzlich neigte er seinen Kopf zur Seite. Er hörte auf den Gesang der anderen Vögel, der durch die offene Glastür hereindrang, und flog geschwind hinaus auf einen nahen Baum, wo er bald wieder zu singen begann. Wenn eine schwierige Situation Sie beunruhigt, ist es manchmal am besten, zu handeln wie das Rotkehlchen – machen Sie eine Verschnaufpause.

Lassen Sie sich heute abend nicht von einem Problem überwältigen. Legen Sie eine Pause ein. Hören Sie auf zu kämpfen, und ruhen Sie sich aus. Morgen, wenn Ihr Geist und Ihre Seele erfrischt sind, finden Sie vielleicht die offene Tür und «den einfacheren Weg».

Heute abend werde ich meine Zeit und Energie nicht damit verschwenden, gegen verschlossene Türen zu laufen. Ich werde mich entspannen und auf Zeichen horchen, die mir vielleicht helfen, die Türen zu öffnen.

Wenn wir am Beginn einer langen Reise wüßten, welche Probleme auf uns zukommen, würden die meisten von uns sich gar nicht erst auf den Weg machen.

Dan Rather

Phasen sozialer und ökonomischer Veränderungen werden häufig als «harte Zeiten» bezeichnet. Aber selbst «schlimme» und «unangenehme» Zeiten können ungeahnte Möglichkeiten mit sich bringen. Was, wenn die Hindernisse in Wirklichkeit echte Chancen in sich bergen? Was Sie jetzt als Erschwernis auf dem Weg zum Erfolg betrachten – eine Kündigung statt einer Beförderung, der Verlust Ihrer finanziellen Sicherheit statt der Möglichkeit, Ihre Schulden zu bezahlen, das Ende einer Ehe statt die Feier des Hochzeitstages –, könnte tatsächlich der Grundstein sein für einen *neuen* Weg zum Erfolg. Es kommt darauf an, wie Sie den Baumstamm auf Ihrem Weg definieren: als Behinderung oder als Gelegenheit.

Versuchen Sie, sich die folgenden Worte zu Herzen zu nehmen: Eine Schwierigkeit ist wie eine Hürde in einem Hindernis-Jagdrennen – reiten Sie darauf zu… setzen Sie mit ganzem Herzen zum Sprung an… und das Pferd wird automatisch mitkommen.

Heute abend werde ich versuchen, zwischen dem, was neu und schädlich, und dem, was neu und aufregend für mich ist, zu unterscheiden. Die einzigen Hindernisse auf dem Weg zum Erfolg sind diejenigen, die ich mir selbst in den Weg lege.

Es ist einfach, aus dem Gleichgewicht zu geraten, uns in anderen Menschen, externen Zielen und Wünschen zu verlieren... wir verlieren die Verbindung zum Universum in uns. Solange wir uns auf Äußerlichkeiten konzentrieren, wird es in uns immer eine leere, hungrige, verlorene Stelle geben, die es zu versorgen gilt.

Shakti Gawain

Abhängig zu sein bedeutet, so sehr in anderen Menschen, Orten und Dingen aufzugehen, daß man keine Zeit mehr hat für sich selbst. Wenn Sie sich zu sehr um andere kümmern oder sich extrem auf Äußerlichkeiten konzentrieren, kann Sie das so weit von sich selbst entfernen, bis Sie Ihr eigenes Ich völlig vergessen.

Von jetzt an müssen Sie sich sagen: «Ich bin noch da.» Um sich selbst wieder mehr Aufmerksamkeit zu schenken, verbringen Sie einige Zeit am Tag mit dem Führen Ihres Tagebuchs. Halten Sie fest, wie jemand oder etwas Ihr Leben beeinflußt hat. Dann denken Sie darüber nach, wie es wäre, *loszulassen*. Fragen Sie sich: «Wenn ich diese Person oder diesen Gegenstand nicht hätte, was würde ich mit mir selbst und für mich selbst tun? Und wie würde es sich von dem unterscheiden, was ich gerade tue?» Erstellen Sie eine Liste mit den Dingen, die Sie gern tun möchten. Wählen Sie dann eines aus – und tun Sie es!

Loslassen ist das Gegenteil von festhalten. Hat es mir geholfen, festzuhalten? Was empfinde ich bei dem Gedanken, loszulassen?

...sich in einer Krise zu befinden und zu handeln ist eine Sache. Ständig in einer Krisensituation zu verweilen ist eine andere Sache.

Barbara Grizzuti Harrison

Jede Krise hat eine negative und eine positive Seite. Sie kann manchmal so groß oder schwerwiegend erscheinen, daß es schwerfällt, ihr zu entkommen oder sie effizient zu bewältigen – dann ist sie negativ. Verzweifelt und vor Angst wie gelähmt bleiben Sie in der Situation gefangen und sind nicht in der Lage, eine Veränderung herbeizuführen. Positiv kann eine Krise sein, wenn sie Sie zum Handeln motiviert, Ihnen die Lähmung nimmt. Dann spielt Ihnen Ihre Angst buchstäblich in die Hände, denn sie versorgt Sie mit der notwendigen Energie, um das Beste aus einer neuen Situation zu machen. Sobald Sie erkennen, daß Sie innerlich stark genug sind, um Krisenzeiten zu überstehen, werden Sie sich vertrauensvoll selbst den schwierigsten Situationen stellen können.

Am besten gehen Sie mit einer Krise um, indem Sie sich sagen: «Egal, wie schlimm diese Situation erscheint oder wie sehr ich mich fürchte, ich weiß, daß ich alles überstehen kann.» Überlegen Sie sich dann mindestens drei Antworten auf die Frage «Was kann ich konkret tun?» und versuchen Sie es.

Von nun an entscheide ich mich dafür, das zu tun, wovor ich mich fürchte, damit ich aus einer Krisensituation lernen und daran wachsen kann.

Niemand altert einfach dadurch, daß die Jahre vergehen. Wir altern, indem wir unsere Ideale aufgeben. Die Jahre hinterlassen vielleicht Falten auf der Haut, aber die Begeisterung zu verlieren hinterläßt Falten auf der Seele.

Samuel Ullman

Die Redensart «Man ist so jung, wie man sich fühlt» haben Sie bestimmt auch schon gehört. Aber vielleicht fühlen Sie sich manchmal eben nicht allzu jung. Deshalb ist es äußerst wichtig, die richtige Einstellung dazu zu entwickeln, daß Ihr Körper langsamer wird. Schmerzen oder steife Glieder verschwinden nicht einfach, indem Sie sie verleugnen. Sie müssen diese körperlichen Warnsignale ernst nehmen, statt darüber hinwegzugehen und sich anzutreiben. Gehen Sie auf Ihre körperlichen Bedürfnisse ein und kümmern Sie sich um sich selbst. Dann treten Ihre körperlichen Grenzen in den Hintergrund und Sie können sich auf die vielen Freuden konzentrieren, die Sie noch immer genießen können.

Während Ihr Körper altert und schwächer wird, haben Sie noch immer die Möglichkeit, intellektuell und spirituell zu wachsen. Sie haben noch immer Zeit, die einfachen Dinge zu genießen. Sie können das Leben noch immer lieben. Und Sie können noch immer lachen.

Heute abend vergesse ich mein Alter und denke statt dessen daran, wie jung ich mich innerlich fühle. Ich bin noch immer auf viele Arten jung und habe noch viel Zeit zu wachsen.

Ständig beisammen zu sein ist gut – aber nur für siamesische Zwillinge.

Victoria Billings

Wer zu viel von der «vollkommenen» Beziehung träumt, läuft Gefahr, seinen Partner durch den Wunsch nach ständigem Beisammensein zu unterdrücken. Sie fürchten sich davor, getrennt zu sein, und glauben, daß Sie verlassen und zurückgewiesen werden oder daß Ihr Partner Sie nicht mehr liebt. Eine solche Form der Verschmelzung kann selbstzerstörerisch wirken. Die Beziehung wird zur Sucht.

Denken Sie heute abend an all die Blumen in einem Garten. Jede Blume hat ihre eigenen Wurzeln, einen eigenen Stengel, eigene Blätter und Blüten, die sich von denen der anderen Blumen unterscheiden. Ebenso unterscheiden Sie sich von Ihrem Partner. Sie müssen beide sowohl getrennt als auch gemeinsam wachsen. Zögern Sie also nicht, Gelegenheiten zum Alleinsein zu nutzen. Lassen Sie Ihrem Partner Zeit für sich, ohne eifersüchtig zu sein, sich bedroht zu fühlen oder verärgert zu sein. Auch wenn jeder für sich ist, kann Ihre Gemeinsamkeit wachsen und gedeihen.

Heute abend verbringe ich einige Zeit allein, um mich zu entspannen und friedlich zu schlafen. Auf diese Weise lege ich einen Garten aus Vertrauen an, in dem viel Platz zum Wachsen ist, und in dem es kein Unkraut gibt, das die Pflanzen erstickt.

Die Psychoanalyse ist nicht die einzige Möglichkeit, um innere Konflikte zu lösen. Das Leben selbst ist und bleibt ein sehr erfolgreicher Therapeut.

Karen Horney

Eine Empfangsdame in einem Krankenhaus nahm Brandgeruch wahr. Sie suchte nach der Ursache und entdeckte, daß die Tischler nach ihrer Arbeit in einem Untersuchungszimmer einen Lötkolben eingeschaltet gelassen hatten, der sich nun in den Boden brannte. Sie zog das Kabel aus der Steckdose und kehrte an ihren Schreibtisch zurück. Dann aber geriet das Krankenhaus in Aufruhr: Die Ärzte hatten den Brandgeruch ebenfalls wahrgenommen und schrien die Krankenschwestern an, die wiederum die Büroangestellten anschrien. Es dauerte einige Minuten, bis die Empfangsdame die Ruhe wiederherstellen konnte, indem sie wieder und wieder erklärte, worin das Problem bestanden und wie sie es behoben hatte.

Viele Menschen erregen sich bei Konflikten derartig, daß sie das eigentliche Problem aus den Augen verlieren und nicht erkennen, wie einfach es zu lösen ist. Manchmal braucht man nur einen Stecker aus der Steckdose zu ziehen.

Das Leben bietet mir immer eine Fülle von einfachen Lösungen für seine Konflikte an. Aber ich muß bereit sein, mich zu entspannen und sie zu finden. Von jetzt an will ich mich nicht mehr auf den Konflikt konzentrieren, sondern darauf, ihn zu beheben.

... ein gesunder und starker Mensch ist derjenige, der um Hilfe bittet, wenn er sie braucht, egal, ob er ein Geschwür am Knie oder an der Seele hat.

Rona Barrett

Kein Mensch muß die Bürden oder die Erfolge des Lebens allein tragen; Sie sind Teil der Gesellschaft und brauchen mit keiner Ihrer Erfahrungen allein dazustehen. Das bedeutet, daß Sie in Krisenzeiten um Unterstützung bitten und in Phasen des Glücks Ihre Freude mit anderen teilen. Aber wie kann man seiner Umwelt diese Bedürfnisse vermitteln?

Hierzu ist es wichtig, Ihre Bitte um Hilfe ebenso klar zum Ausdruck zu bringen wie Ihr Angebot, anderen zu helfen oder ihnen Ihre Erfahrungen mitzuteilen. Sprechen Sie offen aus, was Sie brauchen oder sich wünschen. Wenn Sie jemandem Ihre Hilfe anbieten, dann machen Sie von Anfang an deutlich, wieviel Sie geben können und wollen. Stellen Sie sich folgende Fragen: «Was brauche ich?», «Was will ich meinem Gegenüber mitteilen?» oder «Zu welcher Art von Hilfe bin ich bereit?» Dann sind Sie darauf vorbereitet, zu geben oder zu empfangen, egal, wer Sie heute abend um Hilfe bittet oder Ihnen seine Unterstützung anbietet.

Eines der größten Geschenke, das ich anderen anbieten kann oder das sie mir anbieten können, ist Trost. Ich akzeptiere, daß mich die anderen genauso sehr brauchen, wie ich sie brauche.

AUGUST

Möge der August-Mond sanften Schlaf bringen. Sayonara.
Daniel Mann in *Das Kleine Teehaus*

Der Mond beherrscht die Meere; sein Einfluß auf die Gezeiten verdeutlicht seine Anwesenheit und Macht. Er ist ein Symbol für die Intuition, und man sagt, unsere Gefühle seien in hohem Maße von ihm abhängig. Er versinnbildlicht Fülle; der Vollmond im September gemahnt daran, daß es Zeit ist, uns nach der schweren Arbeit des Sommers zu entspannen und für die reiche Ernte unseren Dank zu sagen. Nachts ist der Mond unser ständiger Begleiter. Selbst wenn er mit bloßem Auge nicht zu sehen ist, kann man seine Anwesenheit spüren. Er wirkt sich nicht nur auf Ihre Gefühle, sondern auch auf Ihre Gesundheit, Ihre Stimmung, Ihre Beziehungen und Ihre Energie aus. Deshalb erinnert er Sie an Ihre Verbindung zu allen Dingen und an Ihre Beziehung zu sich selbst.

Nehmen Sie sich heute abend Zeit, den Mond zu betrachten. Beachten Sie seine Farbe, Größe und Position am Abendhimmel. *Spüren* Sie den Mond – lassen Sie seine Energie Ihr Herz durchströmen. In dem Bewußtsein, daß der Mond über Sie wacht, werden Sie heute nacht besonders friedlich schlafen.

Der Mond erinnert mich an meine Gefühlsseite, die zum Ausdruck gebracht werden will.

Reine, frische Luft und Freundschaft werden unsere Stimulanzien sein – gebt die Drogen, den Tabak und die harten Getränke für immer auf. Nur die natürlichen Freuden haben weder Kopf- noch Herzschmerzen zur Folge.

Elbert Hubbard

In der heutigen Welt gelten unglücklicherweise folgende Gleichungen:

- Wenn du Intimität suchst, halte nach sexuellen Abenteuern Ausschau.
- Wenn du Energie brauchst, trinke Kaffee.
- Wenn du deine Hemmungen loswerden und dich entspannen willst, trinke Alkohol.
- Wenn du modische Accessoires brauchst, rauche Zigaretten.
- Wenn du Abenteuer brauchst, nimm Drogen.
- Wenn du dich körperlich stark fühlen willst, nimm Aufputschmittel.
- Wenn du attraktiv sein willst, hungere dich zu Tode.

Sich künstlich zu stimulieren wird als einfacher erachtet, als gesund zu leben. Wenn Sie sich aber von Suchtmitteln befreien, werden Sie das Leben nicht nur positiver sehen und heiterer sein, sondern können es auch sinnvoller gestalten.

Fragen Sie sich heute abend, ob Sie von ungesundem Verhalten beherrscht werden. Nehmen Sie sich vor, nach und nach Abstand davon zu nehmen.

Wenn ich Intimität will, werde ich versuchen, einfühlsamer auf andere zu reagieren. Um mehr Energie zu haben, werde ich auf eine gesunde Lebensweise achten usw.

Ignoranz ist die Nacht des Geistes, aber sie ist eine Nacht ohne Mond und Sterne.

Konfuzius

Vor langer Zeit konnten die Menschen in bewölkten Nächten nicht reisen. Ohne sich nach dem Mond und den Sternen richten zu können, mußten sie bis zum nächsten Morgen oder bis zur nächsten klaren Nacht dort warten, wo sie gerade waren.

Die heutige Nacht mag Ihnen ebenfalls wolkenverhangen vorkommen. Vielleicht fühlen Sie sich verloren und orientierungslos. Voller Verzweiflung haben Sie sich an Ihre Freunde, Ihre Angehörigen – sogar an eine höhere Macht – gewandt, bekamen aber nicht die Unterstützung, den Rat oder die Antworten, die Ihnen weitergeholfen hätten. Aber bloß weil Sie keinen klaren Ausweg aus Ihrer mißlichen Lage sehen oder Ihnen niemand die Richtung weist, muß das noch lange nicht für immer so bleiben. Sie *werden* sich aus Ihrer unglücklichen Situation befreien, nur eben nicht jetzt und heute. Akzeptieren Sie es, und warten Sie ab. Bald werden sich die Wolken verziehen, so daß der Mond und die Sterne Ihnen den Weg weisen können.

Manchmal ist es klüger, einfach abzuwarten und stehenzubleiben. Wenn es an der Zeit ist, werde ich die Reise meines Lebens wieder fortsetzen.

Das Gebet ist eines der rätselhaftesten Mysterien im Leben. Schon manches Mal hatte ich Angst, es könnte anmaßend sein, Gott mit meinen Problemen die Zeit zu stehlen.

Celestine Sibley

Wie lernt man beten? Worum bittet man? Was soll man sagen? Wenn Sie versuchen, Antworten auf solche Fragen zu finden, vergessen Sie den Zweck Ihres Gebets. Vielleicht haben Sie Hemmungen, eine unsichtbare Macht um Hilfe zu bitten; Sie sind befangen und glauben, daß sich Ihre Gebete nicht mit der Wortgewalt professioneller Prediger oder spiritueller Literatur messen können. Möglicherweise ziehen Sie deshalb den Schluß, Sie hätten es nicht verdient, mit einer höheren Macht in Verbindung zu treten.

Sollten Sie auch heute abend wieder ähnliche Gedanken überfallen, so rufen Sie sich ins Gedächtnis, warum Sie beten und wie sehr Ihnen das Gebet schon früher geholfen hat. Ihre Worte sind vielleicht nicht wohlformuliert, aber schließlich ist es der Akt des Betens selbst, auf den es ankommt. Sie beten, um sowohl Ihre Dankbarkeit als auch Ihr Leid zum Ausdruck zu bringen, Ihre Hilflosigkeit und Ihre Entschlossenheit, Ihre Ängste und Zweifel ebenso wie Ihr Vertrauen und Ihre Zuversicht. Das Wichtigste dabei ist, daß Sie sich *bemühen* zu beten.

Heute abend werde ich daran denken, daß es gleichgültig ist, wie *ich bete: Ob ich ein paar Minuten lang laut über meinen Tag rede oder ein paar Augenblicke des Schweigens verbringe, die höhere Macht hört mir zu.*

Die Sprache hat das Wort «Einsamkeit» hervorgebracht, um den Schmerz des Alleinseins zum Ausdruck zu bringen, und das Wort «Zurückgezogenheit», um die Wohltat des Alleinseins zu fassen.

Paul Tillich

Warum fühlen Sie sich manchmal einsam? Vielleicht haben Sie den Eindruck, den Kontakt zu Ihrer Umwelt verloren zu haben. Manchmal glauben Sie möglicherweise, niemand liebe Sie oder halte Sie für wichtig. Es gibt Menschen, die sich niemals wirklich einsam fühlen, obwohl sie nur wenige Freunde und kaum Familie haben. Diese Menschen setzen ihrer Einsamkeit die eigene Unabhängigkeit entgegen. Das bedeutet nicht, daß Sie lernen müssen, außerhalb einer Gemeinschaft oder ohne Angehörige zu leben. Es bedeutet, daß Sie unter dem Gefühl der Einsamkeit nicht mehr *leiden,* denn Sie fühlen sich der Welt und sich selbst verbunden.

Bemühen Sie sich darum, Ihr positives Selbstwertgefühl oder Ihr Gemeinschaftsgefühl nicht länger von Ihren Mitmenschen abhängig zu machen. *Verlassen Sie sich auf sich selbst.* Verzweifeln Sie nicht an Ihrer Einsamkeit, sondern betrachten Sie sie als Gelegenheit, zur Abwechslung einmal Ihre eigene Gesellschaft zu genießen.

Ich finde ein Gleichgewicht zwischen meinem Bedürfnis nach Gesellschaft und dem Bedürfnis, von Zeit zu Zeit mit mir allein zu sein. Wenn ich wahrhaft unabhängig bin, kann ich sowohl eine Verbindung zu anderen als auch zu mir selbst herstellen.

Die Menschen werden mit nur zwei elementaren Ängsten geboren. Die eine ist die Angst vor lauten Geräuschen. Die andere ist die Angst davor, hinzufallen. Alle anderen Ängste erlernen sie erst im Laufe ihres Lebens.

Ronald Rood

Eine Ihrer größten Ängste gilt vielleicht dem Verlust Ihrer finanziellen Sicherheit, und ein Gedanke wie der folgende kommt Ihnen bekannt vor: «Wenn ich reich wäre, hätte ich beim Gedanken an meine finanzielle Zukunft weniger Angst.» Aber finanzielle Unabhängigkeit hat nichts mit Reichtum zu tun. Sie zeigt sich darin, daß Sie selbständig bestimmen, wofür Sie Ihr Geld ausgeben, und daß Sie Ihren Ausgaben eine realistische Größe innerhalb Ihrer gegenwärtigen finanziellen Mittel geben.

Auch wenn Sie über nicht allzuviel Geld verfügen, können Ihnen ein paar einfache Sparmaßnahmen das Gefühl geben, mehr zu haben. Wenn Sie beispielsweise zu jenen siebzig Prozent der Erwachsenen gehören, die einmal wöchentlich in einem großen Supermarkt einkaufen, neigen Sie vielleicht auch zu Spontaneinkäufen. Gehen Sie daher nur einkaufen, wenn Sie *wirklich* etwas brauchen; warten Sie darauf, bis Sie das Geld dafür haben, *bevor* Sie etwas kaufen.

Ich werde das Geld sparen, das ich habe, anstatt es auszugeben. Für die nächste Woche nehme ich mir vor, über jeden Pfennig, den ich verdiene und den ich ausgebe, genau Buch zu führen, so daß mir klarer wird, wie ich besser mit meinem Geld umgehen kann.

Meine Kinder haben mir, Gott sei Dank, häufig widersprochen! Ich hatte nichts dagegen, daß sie ungehorsam waren. Eltern sollten immer daran denken, daß sie nicht nur Eltern sind, sondern auch der Knochen, an dem sich der Welpe die Zähne stärkt.

Peter Ustinov

Lassen Sie zu, daß Ihre Kinder ihre eigene Persönlichkeit entwickeln, oder versuchen Sie, sie so zu formen und zu gestalten, wie Sie sie gerne haben möchten? Kinder, die dazu gezwungen werden, eine Familientradition fortzusetzen, oder bei denen das Hauptaugenmerk darauf liegt, ihre Eltern nicht zu enttäuschen, können ihr Leben nur selten genießen. Vielmehr endet es oft mit der Ablehnung dessen, was sich die Eltern für sie – und sich selbst – gewünscht haben.

Geben Sie Ihren Kindern von nun an die Möglichkeit, sich ehrlich über ihre Aktivitäten und Vorlieben zu äußern. Anstatt auf ihre Fehlschläge einzugehen oder sie darauf hinzuweisen, daß sie Sie enttäuscht haben, sollten Sie sie ermutigen. Helfen Sie Ihnen, das zu tun, was sie können und was ihnen Freude bereitet. Auf diese Weise werden Ihre Kinder jetzt und in Zukunft zufriedener mit sich selbst sein.

Ich werde mich bald mit meinen Kindern zusammensetzen und mit ihnen eine «Was ich gerne tun möchte»-Liste erstellen. Gemeinsam werden wir all die Dinge aufschreiben, die ihnen Spaß machen würden. Dann werde ich sie wenigstens etwas davon regelmäßig tun lassen.

Beenden Sie den Tag, und lassen Sie es dabei bewenden. Sie haben Ihr Bestes gegeben. Ohne Zweifel haben sich ein paar Schnitzer und Dummheiten eingeschlichen; vergessen Sie sie so bald wie möglich.

Ralph Waldo Emerson

Leben Sie genau in diesem Augenblick, oder durchleben Sie in Gedanken die Ereignisse des vergangenen Tages? Das Heute ist vorüber. Alle Fehler, Verwirrungen, Enttäuschungen oder Probleme, die während der vergangenen Stunden aufgetreten sind, sind ebenfalls erledigt. Wenn Ihre Gedanken jedoch weiterhin darum kreisen, dann müssen Sie den Tag vielleicht tatsächlich noch einmal Revue passieren lassen, bevor Sie loslassen können.

Nehmen Sie sich genau jetzt zehn Minuten Zeit. Wenn Sie möchten, legen Sie eine Liste all der Dinge an, die Ihnen noch immer Kopfzerbrechen bereiten. Dann betrachten Sie noch einmal ganz genau jeden einzelnen Punkt, und fragen Sie sich: «Kann ich irgend etwas tun, um meine Situation zu ändern?« Denken Sie darüber nach, oder notieren Sie sich neben jedem einzelnen Punkt einen Lösungsvorschlag. Wenn die zehn Minuten vorüber sind, legen Sie die Liste beiseite. Sagen Sie sich selbst: «Es gibt nichts, was ich tun könnte, um die Ereignisse des Tages zu ändern. Deshalb widme ich mich jetzt der Gegenwart.»

Ich brauche das, was ich bereits erlebt habe, nicht noch einmal zu durchleben. Ich werde an etwas Frischem und Neuem teilhaben.

Gelegenheiten sind oft nur schwer zu erkennen; aber für gewöhnlich erwarten wir, daß sie uns mit Pauken und Trompeten auf sich aufmerksam machen.

William Arthur Ward

Haben Sie jemals versucht, den Flug des Kolibris zu verfolgen? Er ist nicht nur der kleinste Vogel der Welt, seine Flügel bewegen sich noch dazu so schnell, daß man sie als solche gar nicht erkennen kann – selbst wenn er über einer Blüte schwebt, um ihren süßen Nektar zu trinken. Der Kolibri ist ein Sinnbild für die Gelegenheiten, die sich Ihnen im Leben bieten. Inmitten großer Schwierigkeiten oder einer Phase dramatischer Veränderungen kann sich Ihnen eine winzige Gelegenheit offenbaren – durch Zufall. Wie beim Erspähen eines Kolibris müssen Sie aufmerksam genug sein, die Gelegenheit zu erkennen, schnell genug, um sie zu ergreifen, und dann entschlossen genug, um etwas aus ihr zu machen. Wenn Sie sie verpassen, könnten Sie es hinterher bedauern.

Vertrauen Sie heute abend darauf, daß Kummer und Notlage nicht ewig dauern. Seien Sie darauf vorbereitet, sich schnell in eine neue und positive Richtung zu bewegen.

Wenn ich darauf warte, daß mir eine Gelegenheit offiziell angekündigt wird, dann lehne ich mich im Grunde nur zurück und erwarte Veränderungen von anderen. Heute abend werde ich die Türen meines Lebens öffnen, so daß ich bereit bin, jeden unangemeldeten Gast einzulassen.

Machen Sie es sich zur Lebensregel, niemals etwas zu bedauern und niemals zurückzublicken. Bedauern ist eine entsetzliche Energieverschwendung; Sie können nichts darauf aufbauen; man kann nur eins: sich darin suhlen.

Katherine Mansfield

Das Leben ist dynamisch. Wie ein Fluß ist es ständig in Bewegung und formt neue Muster, die auf Veränderung beruhen. Wenn Sie flexibel auf Ihr Leben reagieren, haben Sie keine Angst davor, sich von diesem Fluß treiben zu lassen. Sie gehen, wohin er Sie führt. Wenn er ruhig dahinströmt, bleiben auch Sie ruhig; wenn er dahinrast, rasen Sie mit ihm; Sie drehen und wenden sich mit dem Wasser, das seinen Weg bahnt. Ebenso wie sich der Fluß Ihres Lebens verändert, so ändert sich auch Ihr Lebensstil. Wenn Sie in Ihrem Leben aber an der Vergangenheit festhalten – indem Sie sich an die Schmerzen der Kindheit erinnern oder von vergangenen, «glorreichen Tagen» schwärmen –, können Sie mit dem Fluß nicht Schritt halten. Ihr Bedauern hält Sie davon ab, Ihre Reise zu genießen – die Folge ist Stagnation. Wenn Sie aber mit der Strömung treiben, dann kommen Sie voran.

Setzen Sie sich von nun an in Bewegung. Bewegen Sie Ihren Geist, Ihren Körper und Ihre Seele. Tun Sie etwas Neues, Aufregendes und Herausforderndes. Reisen Sie dorthin, wo auch immer der Fluß des Lebens Sie hinführt.

Leben ist das Fließen der Energie. Ich lasse mich jeden Tag von der starken Strömung des Energiestromes mitreißen.

Es werden mehr Menschen durch Übung tüchtig als durch Naturanlage.

Demokrit

Sind Sie bereit, schwer für das zu arbeiten, was Sie erreichen wollen, oder wünschen Sie sich häufig, es würde Ihnen alles leichter fallen? Ein Forschungsteam an der Universität von Chicago analysierte die Karriere von Konzertpianisten, Bildhauern, Mathematikern, Neurologen, Schwimmern, die an Olympischen Spielen teilnahmen, und Tennischampions, um herauszufinden, was sie zu diesen Höchstleistungen anspornte. Die Forscher entdeckten, daß Spitzenleistungen das Ergebnis völliger Hingabe und harter Arbeit über einen langen Zeitraum hinweg sind.

Talent allein reicht also nicht aus, um auf einem bestimmten Gebiet hervorragende Leistungen zu erbringen. Sie müssen jeden Tag üben, um die notwendige Stärke zu entwickeln, die zum Erfolg führt. Nehmen Sie sich jeden Tag Zeit, eine Fertigkeit zu üben, die Sie verbessern möchten. Wenn Sie etwas mit ganzer Kraft verfolgen, werden Sie auch das meiste herausholen.

Egal, wo meine Talente oder Interessen liegen, ich kann sie immer verbessern. Ich richte mich jeden Tag nach dem Sprichwort: «Übung macht den Meister.»

Die Wissenschaft kann zwar erklären, wie sich ein Virus ausbreitet, aber sie kann nicht beantworten, warum eine Träne vergossen wird.

Dr. Bernard Lown

Haben Sie jemals beobachtet, wie Kinder reagieren, wenn sie beim Spielen hinfallen? Einige Kinder brüllen lauthals, andere stehen langsam wieder auf und unterdrücken ihre Tränen. Anstatt zuzugeben, daß sie Schmerzen haben, kehren sie wieder zum Spiel zurück. Aber Schmerzen vergehen nicht so einfach. Wenn Sie sich eine Erkältung oder eine Verletzung zugezogen haben, wissen Sie meistens, wie Sie sich zu verhalten haben. Aber wissen Sie auch, wie Sie mit emotionalem Schmerz fertig werden, was Sie tun müssen, wenn Sie deprimiert oder unglücklich sind?

Wer Gefühle wie Trauer über einen längeren Zeitraum hinweg unterdrückt, verhält sich wie jemand, der eine Flasche mit einem kohlensäurehaltigen Getränk schüttelt – und sich dann wundert, daß die Flüssigkeit mit vollem Druck heraussprudelt, wenn er sie öffnet. Lassen Sie Ihren Schmerz heute abend heraus: Toben Sie. Schimpfen Sie. Weinen Sie. *Halten Sie nichts zurück.* Auf diese Weise können Sie Ihre seelische Gesundheit wiedererlangen.

Wenn ich heute abend auf dem Spielplatz meines Lebens hinfalle, werde ich meine Tränen nicht unterdrücken. Ich werde sie herauslassen, damit mein Schmerz vergeht und meine Seele heilen kann.

Ich lebe auf der Erde, wo ich von Menschen umgeben bin, die mir «Gesundheit!» wünschen, wenn ich niese, aber nicht, wenn ich lebe, singe oder atme.

Tom Hopkinson

Im Rahmen eines wissenschaftlichen Experiments wurde einer Gruppe von Lehrern mitgeteilt, daß sich die Leistungen einiger ihrer Schüler im Verlauf des kommenden Schuljahres aufgrund bestimmter Faktoren enorm verbessern würden. Die Namen der Schüler wurden den Lehrern vertraulich mitgeteilt. Am Ende des Jahres verzeichneten diese Schüler tatsächlich einen beachtlichen Leistungszuwachs. Die Schüler waren jedoch nicht wegen ihrer intellektuellen Fähigkeiten, sondern einfach zufällig ausgewählt worden. Da die Lehrer aber mehr von ihnen erwartet hatten, hatten die Schüler mehr von sich selbst erwartet; sie hatten versucht, die in sie gesetzten Erwartungen zu erfüllen. Die Moral der Geschichte ist folgende: Wenn andere wundervolle Dinge von Ihnen erwarten, dann können Sie diese Erwartungen oft erfüllen. *Erwartungen beeinflussen Ihre Leistungen.* Wenn Sie von positiven Menschen umgeben sind, die Sie unterstützen und ermutigen, die an Sie glauben, dann glauben Sie auch eher an sich selbst. Ihre Selbstachtung, Ihr Selbstwertgefühl und Ihr Selbstbewußtsein werden zunehmen.

Umgeben Sie sich daher mit Leuten, die das Beste von Ihnen erwarten, das Sie geben können.

Ich schenke jenen Menschen Aufmerksamkeit, die mir Aufmerksamkeit schenken, denn sie sind gut für mich.

Nichts geschieht ohne Grund. Aber Gott wird ihn dir nicht sagen. Du mußt ihn schon selbst herausfinden.

Scott McPherson

Eines Tages fand die Sozialarbeiterin Margaret Sangster in einem Ghetto einen kleinen Jungen, der kaum mehr als ein Bündel menschlichen Fleisches war. Er war von einem Auto überfahren und niemals medizinisch behandelt worden. Sangster brachte den Knaben zu einem Orthopäden, der seine Beine operierte. Zwei Jahre später konnte er ohne Krücken gehen und war völlig geheilt. Sangster dachte stolz: «Wenn ich in meinem Leben sonst auch nichts erreicht haben mag, wenigstens in diesem Fall habe ich etwas bewegt.» Einige Jahre vergingen. «Wo glauben Sie, ist dieser Junge heute?» fragte Sangster ein paar Menschen, denen sie diese Geschichte erzählt hatte. Man vermutete, aus ihm sei ein Lehrer, ein Arzt oder ein Sozialarbeiter geworden. «Nein», sagte sie. «Er sitzt im Gefängnis. Ich habe zwar dazu beigetragen, daß er wieder gehen konnte, aber niemand hat ihm beigebracht, *wohin* er gehen sollte.»

Heute abend müssen Sie akzeptieren, daß Sie nichts bewirken und heilen können, wenn Sie sich nicht auf das Ganze konzentrieren. Ob es sich um körperliche Verletzungen, um das Zerbrechen Ihrer Träume, um den Verlust Ihres Heims oder um Ihr gebrochenes Herz handelt – nichts davon kann isoliert «behandelt» werden.

Um mein Leben zu verstehen, muß ich erkennen, wie all die Teile zusammenpassen. Für alles, was ich habe, gibt es einen Grund. Es liegt an mir, aus diesen Gründen zu lernen.

Man glaubt es zwar meist, aber nur die wenigsten Dinge fallen einem durch Glück zu. Man baut sie Schritt für Schritt auf, seien es Freundschaften oder günstige Gelegenheiten.

Barbara Bush

Eine Studie über Musiker, die an sechs großen Klavierwettbewerben, einschließlich der renommierten *International Tchaikovsky Competition,* teilgenommen hatten, zeigte, daß sie im Durchschnitt 17,1 Jahre geübt hatten von der ersten Klavierstunde bis zum Sieg an diesem Wettbewerb. Das Glück bietet Ihnen zwar bestimmte Gelegenheiten – durch Zufall lernen Sie Ihren späteren Lebenspartner kennen, oder Sie sind zur richtigen Zeit am richtigen Ort, so daß Sie Ihren Traumjob erlangen. Aber das Glück kann Ihnen nicht dabei helfen, diese Dinge dann auch zu bekommen oder über einen längeren Zeitraum hinweg festzuhalten. Hier hilft nur harte Arbeit. Das Glück hat Ihnen vielleicht die Tür gezeigt, aber öffnen müssen Sie sie selbst.

Denken Sie heute abend nicht nur an das Gute, das Ihnen durch Glück in den Schoß gefallen ist, sondern rufen Sie sich auch die positiven Aspekte Ihres Lebens ins Gedächtnis, für die Sie hart gearbeitet haben.

Glück kann jedem zufallen. Erfolgreich ist jedoch nur, wer sich anstrengt und seine Fähigkeiten nutzt. Heute abend werde ich nicht um Glück, sondern um Erfolg beten.

An der Spur, die er hinterließ, konnte ich erkennen, wo der Laternenanzünder war.

Harry Lauder

Bevor es die Elektrizität gab, mußten sich die Stadtbewohner darauf verlassen, daß vor Einbruch der Dunkelheit die Laternen angezündet wurden. Wünschen auch Sie sich manchmal einen Menschen, der Ihnen den Weg aus der Dunkelheit weist, eine Art Laternenanzünder? Vielleicht haben Sie sich ja auf einen solchen Menschen verlassen, der Sie jedoch nach einer Weile im Dunkeln stehen ließ. Möglicherweise fühlen Sie sich bei Ihrer Suche nach einem neuen Arbeitsplatz wie jemand, der sich in der Dunkelheit seinen Weg ertasten muß. Vielleicht sind Sie in eine andere Stadt gezogen, weit weg von Ihren Freunden und Ihrer Familie. Womöglich geben Sie sich ja auch einer ungesunden Sucht hin, die Sie immer weiter in ein schwarzes Loch hineinzieht.

Ihr Laternenanzünder muß nicht unbedingt ein neuer Liebhaber, ein neuer Job, neue Freunde oder Ihre Genesung sein. Ihr Laternenanzünder kann einfach jemand sein, der denselben dunklen Pfad beschritten hat, auf dem Sie sich gerade befinden. Strecken Sie Ihre Hand nach einem Laternenanzünder aus, der Ihnen helfen kann, indem er seine Stärke, Hoffnung und Erfahrung mit Ihnen teilt, bis Sie in der Lage sind, Ihren Weg selbst zu erhellen.

Ich werde nach dem Licht eines Menschen suchen, der mich durch die Dunkelheit führt, oder selbst den Pfad eines Mitreisenden zu erhellen versuchen.

Das Geheimnis eines glücklichen Lebens liegt darin, Veränderungen dankbar hinzunehmen.

James Stewart

Wahrscheinlich fällt es Ihnen nicht schwer, sich in Ihren Gewohnheiten auf die gesteigerte Straßenkriminalität einzustellen und entsprechende Vorsichtsmaßnahmen zu ergreifen. Sie werden zum Beispiel spät in der Nacht nicht mehr zu Fuß unterwegs sein. Wenn Ihr Leben in Gefahr ist, bereiten Ihnen Veränderungen keine Probleme. Aber wieviel schwerer kann es sein, Veränderungen an sich selbst oder am eigenen Lebensstil vorzunehmen. Vielleicht haben Sie Angst davor, bestimmte Verhaltensweisen aufzugeben oder etwas Neues auszuprobieren. Wie schlimm eine Situation in Ihrem Leben auch sein mag – ein Job ohne Aufstiegschancen oder eine unglückliche Beziehung –, solange die Situation nicht lebensbedrohlich ist, schrecken Sie vor einer Veränderung zurück.

Doch Veränderung ist das einzige in Ihrem Leben, das konstant bleibt. Alles in der Welt entwickelt sich weiter. Haben Sie heute abend keine Angst vor einer Veränderung. Wenn Sie das nächste Mal mit einer neuen Herausforderung konfrontiert werden, sagen Sie sich: «Ich kann das bewältigen.» Nehmen Sie die Veränderung bereitwillig hin.

Indem sich mein Leben verändert, werde ich einige Dinge gewinnen und andere verlieren. Heute abend denke ich daran, daß ich sogar eine Veränderung verändern kann, wenn sie mir nicht gefällt.

Alles, was wir tun, wird von der Farbe unseres Herzens geprägt so wie eine Landschaft, die sich im Wechselspiel des Lichts verändert.

Francis Bacon

Forschungen haben ergeben, daß Farbe und Licht unsere Stimmungen entscheidend beeinflussen können. Denken Sie nur einmal daran, wie bedrückt Sie sich nach drei oder vier grauen Tagen mit bewölktem Himmel fühlen. Leuchtende und kräftige Farben stimulieren Ihre Sinne auf positive Weise, während graue, dunkle Farben eher deprimierend wirken. Die Farben, die Sie tragen, und die Art und Weise, wie Sie Ihren Lebensbereich gestalten, spiegeln ziemlich genau die positiven oder negativen Gefühle wider, die Sie sich selbst und Ihrem Leben entgegenbringen. Manchmal genügte es, eine leuchtendere oder weichere Farbe zu tragen, um Ihre Stimmung auf subtile Weise anzuheben.

Stellen Sie sich heute abend eine Palette vor, mit deren Farben Sie sich selbst und Ihre Welt «malen» können. Schließen Sie Ihre Augen, und stellen Sie sich vor, wie die Farben in Ihnen und um Sie herum zu leuchten beginnen. Wählen Sie die Farbe der Energie, die Ihr Lebensbereich ausstrahlt. Stellen Sie sich die Farbe vor, die Ihr Bett in der Nacht umgibt. Dann nehmen Sie diese Farben mit in Ihren Schlaf, damit Sie farbenfrohe Träume haben können!

Kann ich meine Welt heute in friedlichen und fröhlichen Farben sehen? Ich werde mein inneres Bild nicht aus den Tiefen der Verzweiflung, sondern vom Gipfel des Glücks aus malen.

Jeder besitzt Talent. Was selten ist, ist der Mut, den man braucht, um seinem Talent an den dunklen Ort zu folgen, an den es einen führt.

Erica Jong

Ein Schriftsteller weiß, daß ein Entwurf nur ein erster Schritt zu einem Manuskript ist. Oft muß er noch geschliffen und überarbeitet werden, bevor der Schriftsteller das Manuskript an den Verleger schicken kann. Jeder Tag in Ihrem Leben ist wie ein solcher Entwurf. Er ist nur ein erster Schritt in Richtung des Menschen, der Sie gerne sein möchten, und des Lebens, das Sie sich wünschen. Manchmal kann das belebend und aufregend sein, so daß Sie sich am Ende des Tages zufrieden und entspannt fühlen. Ein anderes Mal wiederum ist es düster und deprimierend. Dann beenden Sie Ihren Tag mit einem Gefühl der Ruhelosigkeit und Unausgeglichenheit.

Ein Schriftsteller glaubt an sein Talent, um die düsteren Zeiten des Selbstzweifels zu überstehen und auf einen Verleger zu warten. Ebenso können Sie heute abend Ihre düsteren Zeiten überstehen, indem Sie sich auf Ihre besonderen Fertigkeiten konzentrieren. Bevor Sie schlafen gehen, rufen Sie sich Ihre drei herausragendsten Stärken ins Gedächtnis. Indem Sie erkennen, was Sie am besten können, werden Sie Ihr Talent, das Sie zum Erfolg führen kann, weiterentwickeln.

Heute abend werde ich mir ein klares Bild von meinen Stärken machen, damit ich mir meine positive Einstellung und Selbstsicherheit bewahren kann.

Denn dann wirst du das Ungemach vergessen und denkst daran wie an verlauf'ne Wasser.

Hiob 11;16

Gibt es irgendeine schmerzliche Erinnerung, die Sie mit sich herumtragen wie ein Bild in einer Geldbörse? Vielleicht hatten Sie eine schwere Kindheit; womöglich erinnern Sie sich auch an etwas oder jemanden, den Sie verloren haben, oder eine verpaßte Gelegenheit. Warum halten Sie an so unliebsamen Erinnerungen fest? Weil der Schmerz, den sie hervorrufen, Ihnen vertraut ist. Sie werden an eine vergangene Zeit erinnert, und auf perverse Art und Weise vermittelt Ihnen das ein behagliches Gefühl. Warum haben Sie es nötig, sich auf solch ungesunde Weise zu trösten? Heute ist Ihr Leben vielleicht viel leichter, und es gibt viel weniger Gelegenheiten, um sich schlecht zu fühlen. Doch diese Art des Empfindens ist so tief in Ihnen verwurzelt, daß Sie weiterhin den Schmerz der Vergangenheit ausgraben: *Sie sind nicht imstande, sich gut zu fühlen.*

Lassen Sie heute abend eine schmerzliche Erinnerung aus der Vergangenheit los. Sagen Sie sich: «So *war es* vorher für mich. Aber jetzt *ist es* anders.» Und dann konzentrieren Sie sich darauf, wie Sie sich heute fühlen, statt sich wieder an den Schmerz vergangener Tage zu klammern.

Heute abend entferne ich das Bild jener schlimmen Zeiten aus der «Geldbörse» meines Geistes. An seiner Stelle stecke ich das Bild der positiven Gegenwart hinein. Auch sie wird mir vertraut werden und mir eines Tages Trost spenden.

Einfach nur zu leben ist schon ein herrliches Privileg... Aber wofür lebt man nun wirklich? Für das tägliche Einerlei... Wie sehr lebt man abseits des Berufes oder des Jobs, den man sich ausgesucht hat, wirklich?

Henry Wood

Ob als winzige Eichel oder als majestätischer Baum, die Eiche konzentriert ihre gesamte Energie darauf, so stark und groß wie möglich zu werden. Doch weil die Eiche all die Feuchtigkeit und das Sonnenlicht in ihrer Umgebung an sich reißt, können sich die anderen Bäume in ihrer Nähe nicht so gut entwickeln.

Sie selbst sind auch ein «Baum» inmitten eines «Waldes», der Aufmerksamkeit braucht, um zu wachsen. Außerdem stehen in diesem Wald noch ein Karrierebaum, ein Familienbaum, ein Beziehungsbaum, ein Elternbaum und ein Freundschaftsbaum. Wenn Sie aber einem dieser Bäume mehr Zeit und Aufmerksamkeit schenken, bleiben die übrigen Bäume schwächer und kleiner.

Sie sollten jedem Teil Ihres Lebens die gleiche Aufmerksamkeit schenken, damit er gedeihen kann. Denken Sie heute abend darüber nach, wie Sie Ihre Zeit gleichmäßig auf alle Lebensbereiche verteilen können. Sorgen Sie dafür, daß jedem Baum in Ihrem «Wald» *jeden Tag* etwas Aufmerksamkeit zuteil wird.

Wenn ich meine Zeit einem anderen Menschen oder einer bestimmten Aufgabe widme, so vernachlässige ich automatisch andere wichtige Bereiche. Ich werde jeden Tag nach Möglichkeiten suchen, um allen Bereichen in meinem Leben die Zeit und Aufmerksamkeit zu widmen, die sie verdienen.

Ich schätze, wir sind jetzt klein genug, um zu Bett zu gehen.
Theodore Roosevelt

Haben Sie jemals einem anderen Menschen gegenüber mit Ihren Leistungen geprahlt, nur um später herauszufinden, daß der Betreffende viel Größeres erreicht hat, aber lieber darüber schweigt? Auf einer Party dachte eine Frau, sie könne einen Mann, den sie gerade kennengelernt hatte, beeindrucken. Sie sagte zu ihm: «Ich habe gerade begonnen, regelmäßig zu laufen. Ich schaffe fünf Kilometer am Tag. Und ich habe beträchtlich abgenommen, beinahe zwanzig Pfund!» – «Das ist großartig», sagte der Mann lächelnd. «Machen Sie weiter so.» Etwas später fragte die Frau eine Freundin: «Erzähl mir etwas über den Mann, mit dem ich mich gerade unterhalten habe.» – «Nun», begann die Freundin, «jeden Tag nach der Arbeit läuft er etliche Kilometer und hat schon an einigen Marathonläufen teilgenommen. Und er hat fünfzig Pfund abgenommen.»

Wie leicht halten wir, was wir geleistet haben, für das Beste. Aber durch Anmaßung und das Gefühl, über sich selbst hinausgewachsen zu sein, beweisen Sie niemandem etwas. Seien Sie heute abend dankbar für die positive, konstruktive Energie, die Sie aus Ihren Leistungen gewinnen, und für die großen Schritte, die Sie gemacht haben. Seien Sie zufrieden mit sich selbst – aber vergessen Sie nicht, daß Sie auch nur ein Mensch sind!

Heute abend werde ich daran denken, daß alles an seinem Platz ist. Die Sterne stehen am Himmel, und ich bin nur ein kleiner Mensch auf der Erde, der zu ihnen hinaufblickt.

Gibt es eine tiefere Wunde, als wenn man sich fragen muß, wann und wie sehr man seine Angehörigen im Stich gelassen hat?

Florida Scott Maxwell

Oft genug fällt es uns schwer, andere Menschen in jeder Lebenslage gütig und liebevoll zu behandeln. Wenn Sie müde sind oder Ihr Körper von Schmerzen geplagt wird, wenn Sie Ihren Job verloren haben oder nicht wissen, wie Sie über die Runden kommen sollen, wenn eine wertvolle Beziehung in die Brüche gegangen ist, dann werden Sie wohl kaum das Bedürfnis verspüren, sich nett und freundlich zu verhalten. Vielleicht neigen Sie sogar dazu, Ihren Zorn, Ihre Enttäuschung, Ihren Schmerz oder Ihr Leid an den Menschen auszulassen, die Ihnen nahestehen. Wenn Sie Ihre Mitmenschen aber so behandeln, wie Sie selbst von ihnen behandelt werden möchten – egal unter welchen Umständen –, dann werden Sie sie mit Sicherheit niemals im Stich lassen.

Bringen Sie anderen von nun an bei, wie Sie auch in schwierigen Zeiten von ihnen behandelt werden möchten, indem Sie Ihnen voller Güte und Wärme entgegentreten.

So wie ich meine Mitmenschen behandle, so werden sie auch mich behandeln. Ich will aufmerksam darauf achten, daß ich meine Erfahrungen in diesem Leben mit den Menschen teile, die mir etwas bedeuten – und denen ich etwas bedeute.

Ich bin keine Goldmünze – nicht jeder wird mich lieben.

Anonym

Haben Sie jemals zu spüren bekommen, daß ein Vorgesetzter, ein Mitarbeiter, ein Mitglied eines Komitees oder einer Gruppe, der Sie angehören, oder der Freund eines Freundes sich Ihnen gegenüber feindselig verhielt? Zunächst sind Sie angesichts einer solchen Haltung vielleicht verwirrt und fragen sich: «Was habe ich dem Betreffenden getan?» Möglicherweise konzentrieren Sie sich jetzt nur noch darauf, die Gefühle, die dieser Mensch Ihnen entgegenbringt, zu ändern und ihm zu zeigen, daß Sie liebenswert sind. Doch Sie müssen noch lange nichts falsch gemacht haben, damit Ihnen jemand anderes keine Sympathie entgegenbringt. Wenn Ihr Verhalten und die Meinung, die Sie von sich selbst haben, vom Verhalten anderer beeinflußt wird, geben Sie diesen Menschen viel zuviel Macht.

Rufen Sie sich heute abend ins Gedächtnis, daß auch Sie nicht unbedingt jeden mögen, den Sie kennen, und daß es anderen Menschen umgekehrt genauso gehen mag. Von allen geliebt zu werden ist einfach kein realistisches Ziel. Streben Sie statt dessen an, sich selbst genug zu lieben, damit Sie nicht auf die Zustimmung anderer angewiesen sind.

Ich mag mich selbst, aber das bedeutet nicht, daß mich auch jeder andere mag. Heute abend akzeptiere ich, wie die anderen *über mich denken, und das wird nichts daran ändern, wie* ich *über mich denke.*

Was habe ich heute getan? Ich habe Sport getrieben. Ich habe mich von einem Freund verabschiedet. Ich ging zum Markt, ich nahm meine Mahlzeiten ein. Ich machte einen Spaziergang. Ich trug den Abfall hinaus. Ich las ein wenig. Ich meditierte. Ich schlief. Das war mein Mandala.

Tao

Ein Mandala ist ein Bild, das häufig zur Meditation verwendet wird. Die farbenprächtige und komplizierte Konstruktion dient dazu, die Konzentration während der Meditation zu steigern, so daß man völlig darin aufgehen kann. Indem man zunächst den Rand des Bildes in sich aufnimmt und sich dann langsam nach innen vorarbeitet, hört man allmählich auf, an die äußere Welt zu denken, und richtet sich nach innen. Ebenso wie ein solches Bild kann auch jeder Tag ein Mandala sein. Durch einfache, tägliche Rituale – durch einen Spaziergang, durch Laufen, durch Mahlzeiten, die Sie immer zum gleichen Zeitpunkt einnehmen, durch Routinearbeiten im Büro oder zu Hause, durch das Lesen eines Buches – beruhigen Sie Ihren Geist.

Betrachten Sie Ihre alltäglichen Routineaufgaben von heute abend an anders. Statt sie zu verabscheuen, schwelgen Sie in ihnen. Widmen Sie ihnen Ihre gesamte Konzentration und lassen Sie zu, daß ihr positiver Einfluß Ihnen Ruhe und Gelassenheit bringt.

Meine täglichen Aktivitäten können mein Mandala sein. Heute abend überlasse ich mich dem Frieden, den mir meine gewöhnlichen und alltäglichen Aufgaben verschaffen können.

Wenn ich jemanden seufzen höre: «Das Leben ist hart», bin ich immer versucht zu fragen: «Im Vergleich wozu?»

Sydney J. Harris

Es ist nicht immer einfach, das Leben als herrlich und aufregend zu betrachten, denn Tag für Tag scheint man uns das Gegenteil zu beweisen: Schlechte Nachrichten verbreiten sich rasch, positive nur selten. Möglicherweise halten Sie das Leben daher aus Gewohnheit für schrecklich, statt sich an seinen positiven Seiten zu erfreuen. Aber wie Malcolm Muggeridge sagt: «So etwas wie Dunkelheit gibt es nicht; es gibt nur die Unfähigkeit, zu sehen.» Fragen Sie sich, was am heutigen Tag gut war? Vielleicht hat ein Fremder Sie heute morgen auf dem Weg zur Arbeit angelächelt. Vielleicht hat Ihr Lieblingsfußballteam ein Spiel gewonnen. Oder vielleicht haben Sie heute mit einem Freund oder einer Freundin zusammengesessen und herzhaft gelacht.

Es *gibt* viel Gutes im Leben. Aber Sie müssen danach suchen. Statt heute abend darauf zu warten, daß Sie in der Zeitung oder im Fernsehen eine gute Nachricht finden, suchen Sie danach in Ihrem eigenen Leben. Fragen Sie sich: «Welches Ereignis, welcher Mensch hat mir heute ein gutes Gefühl vermittelt?»

Statt schlecht über diesen Tag zu denken, werde ich mich an den Humor, an das Lächeln, an die Fürsorge anderer Menschen und an die erfreulichen Ereignisse erinnern.

Was ist schon ein Heiligenschein? Doch nur ein weiterer Gegenstand, den man polieren muß.

Christopher Fry

Streben Sie ständig nach Perfektion? Wenn ja, so sind die Anforderungen, die Sie an sich selbst stellen, vielleicht zu hoch. Statt das zu tun, was Sie tun *möchten*, tun Sie das, wovon Sie glauben, daß Sie es tun *müssen*. Auch wenn Sie gerne einmal einen Abend nur Ihren eigenen Bedürfnissen nachkommen möchten, sind Sie doch jeden Abend damit beschäftigt, die «perfekte» Mutter, der «perfekte» Mitarbeiter, das «perfekte» Komiteemitglied oder der «perfekte» Sohn / die «perfekte» Tochter zu sein. Ihr Hang zum Perfektionismus verlangt das Unglaubliche von Ihnen, nämlich alles richtig zu machen. Aber was ist richtig? Was ist falsch? Wer legt diese Kategorien fest? Gibt es tatsächlich einen richtigen oder falschen Weg, um etwas Bestimmtes zu tun?

Der Perfektionist in Ihnen sucht wahrscheinlich ständig nach dem «richtigen» Weg – eine Bemühung, mit der Sie sich selbst aufreiben, weil es weder richtig noch falsch gibt. Es gibt nur das, *wofür Sie sich entscheiden.* Rufen Sie sich heute abend ins Gedächtnis, daß selbst der Heiligenschein der Vollkommenheit, den Sie gerne tragen würden, niemals ganz vollkommen sein kann. Ein Heiligenschein kann beschlagen, kann schief sitzen oder hin und wieder verlegt werden!

Gut zu leben bedeutet, daß ich manchmal die falsche Abzweigung nehmen, einen schwierigen Weg wählen oder mich verirren darf.

Es fällt mir schwer, zu akzeptieren, daß jeder sterben muß. Ich mußte zusehen, wie meine Mutter an Krebs starb. Ich wurde von Kummer und Zorn übermannt. Jemand, der mich trösten wollte, sagte zu mir, daß wir alle eines Tages sterben müssen. «Eines Tages, aber nicht jetzt», dachte ich mir.

David Keating

Wenn Sie den Tod nur als unfair, schmerzhaft und problematisch betrachten, werden Sie mit Zorn und Kummer darauf reagieren, und es wird Ihnen schwerfallen, Ihr Leben weiterzuleben, wenn Sie mit ihm konfrontiert werden. Aber Sie können Ihre negative Einstellung zum Tod nach und nach verbessern. So ist es beispielsweise möglich, eine unheilbare Krankheit als Chance zu sehen, langsamer zu treten und Bilanz zu ziehen. Sie können lernen, den Tod als einen notwendigen Bestandteil des Lebens zu akzeptieren; Sie können Kummer und Sorgen als Gelegenheiten ansehen, zu wachsen und neu zu beginnen. Sie können sogar ein Begräbnis als eine Möglichkeit betrachten, Ihren Angehörigen wieder näherzukommen.

Es ist gut, wenn Sie heute abend angesichts des Todes Schmerz und Trauer empfinden. Aber es ist ebenso gut, wenn Sie das Unvermeidliche und Sinnvolle des Todes erkennen und sich daran erinnern, daß Sie nichts daran ändern können – außer die Zeit zu genießen, die Ihnen bleibt.

Egal ob ich mit dem Tod eines geliebten Menschen oder mit meiner eigenen Sterblichkeit konfrontiert werde, heute abend werde ich nach etwas Ausschau halten, das ich genießen kann.

Was auch immer wir in der Vergangenheit erlebt haben, das Beste liegt noch vor uns.

Lucy Larcom

Wenn sich der Sommer allmählich seinem Ende zuneigt, bedauern Sie vielleicht, daß Sie vieles nicht getan haben, was Sie sich im Frühling vorgenommen haben. Vielleicht wollten Sie sich mehr Zeit für Ihren Garten, für eine Reise oder für Ihre Kinder nehmen. Was auch immer Sie in diesem Sommer getan oder nicht getan haben, es ist vorbei und erledigt. Sie können den Juni oder Juli nicht mehr zurückholen. Aber Sie können dem Herbst voller Vorfreude entgegenblicken. Sie werden das Gemüse in Ihrem Garten ernten oder die Beete für den Winter vorbereiten, sich an kühlen, frischen Nächten, die vom Herbstmond erleuchtet werden, erfreuen, die sich alljährlich verfärbenden Blätter betrachten und romantische Nächte vor dem Kamin verbringen. Welche Ziele setzen Sie sich für diese kommende Zeit?

Vielleicht wird der kommende Herbst der schönste, den Sie je erlebt haben – aber nur wenn Sie die vergangenen Sommertage hinter sich lassen können.

Wenn ich zurückblicke, kann ich nicht vorwärtskommen. Statt den Zielen, die ich nicht erreicht habe, hinterherzutrauern, setze ich mir neue, aufregende Ziele für den Herbst.

Das Leben ist riskant; wir alle sind Akrobaten, die auf Zehenspitzen über den einen oder anderen Steg balancieren.

Chinesische Schriftrollen

Eine Frau ging nach einem harten Arbeitstag in ihren Garten, um frische Kräuter für das Abendessen zu schneiden. Als sie draußen war, sah sie die Kürbisranken, die sich über den gesamten Garten ausgebreitet hatten. Sie begann sie rasch zu stutzen und bemerkte zu spät, daß sie in eine Hauptranke geschnitten hatte – ein Zweig mit mehreren reifenden Kürbissen. Traurig wurde ihr klar, diese Kürbisse würden niemals ganz reif werden. Ist Ihnen auch schon einmal so etwas passiert? Haben Sie je etwas verdorben, bevor es zu Ende war, weil Sie zu ungeduldig waren? Wir alle freuen uns, wenn wir ein Projekt beendet haben; wir freuen uns und sind stolz auf unsere Leistung. Wenn man allerdings zu versessen auf den Abschluß ist, kann man nachlässig werden oder man muß anhalten, um Fehler wiedergutzumachen.

Bevor Sie sich blindlings an eine Aufgabe machen oder den Drang verspüren, ein Projekt schleunigst zu beenden, ermahnen Sie sich selbst mit den Worten: «Etwas langsamer!» Manchmal können schon ein paar Sekunden des Zögerns zwischen Erfolg und Niederlage entscheiden.

Geduld ist ein wesentlicher Bestandteil des Erfolgs. Wenn ich von nun an den Drang verspüre, mich zu beeilen oder nach einer Abkürzung zu suchen, werde ich mir sagen: «Etwas langsamer!»

Wenn sie allein sind, möchten sie Gesellschaft haben, und wenn sie in Gesellschaft sind, möchten sie allein sein. Aber so sind die Menschen eben.

Gertrude Stein

Ertappen Sie sich auch manchmal dabei, etwas Bestimmtes unbedingt zu wünschen, es jedoch, sobald Sie Ihrem Ziel nähergekommen sind, gar nicht mehr zu wollen? In solchen Augenblicken fragen Sie sich vielleicht selbst: «Was ist los?» Vielleicht reagieren Sie verwirrt, verärgert, enttäuscht oder ungeduldig angesichts von Stimmungen, Zielen und Träumen, die sich von einer Minute auf die andere zu verändern scheinen. Aber nur weil Sie *glauben,* daß Sie glücklich sein werden, wenn Sie etwas Bestimmtes tun oder haben, heißt das noch lange nicht, daß Sie wirklich glücklich *sein* werden. Sie entwickeln und verändern sich ständig, und was Ihnen gestern noch richtig erschien, kommt Ihnen morgen vielleicht vollkommen falsch vor.

Gestehen Sie sich heute abend zu, daß Sie Ihre Einstellung oder Ihre Meinung ändern, einen Traum oder ein Ziel revidieren oder sogar «mitten im Rennen das Pferd wechseln» können. Haben Sie Geduld mit sich selbst. Erlauben Sie sich, zu wachsen. Lernen Sie zu akzeptieren, wo Sie gerade sind.

Es ist ganz natürlich, daß eine Veränderung meiner Lebensumstände auch eine Veränderung meiner Lebenseinstellung zur Folge haben kann. Wenn ich im Augenblick glücklich und zufrieden bin, so bin ich es morgen vielleicht nicht mehr.

SEPTEMBER

Dein Beruf ist nicht eins mit dir, er ist nur ein Kostüm.
Anonym

Wenn sie in den Ruhestand treten, werden manche Menschen krank oder sterben. Sie haben sich über ihren Beruf definiert und fühlen sich nach dem Verlust dieses «Kostüms» nackt und verletzlich. Es fehlt ihnen die Richtung und die Zielstrebigkeit, um andere Interessen verfolgen und genießen zu können. Aber das Kostüm «Beruf» ist nur eines von vielen, die Sie tragen. Wenn auch Sie Ihren Job, Ihre Leistungen oder Verdienste, brauchen, um etwas «darzustellen», dann ist das ein Zeichen dafür, daß Sie sich in Ihrer eigenen Haut nicht wohl fühlen, daß Sie Schwierigkeiten haben, Sie selbst zu sein. Sie benötigen ein Kostüm, das Ihnen eine Identität gibt.

Denken Sie über die Äußerlichkeiten in Ihrem Leben nach, die Ihr Selbstbild mitbestimmen. Wie würden Sie sich fühlen, wenn Ihnen diese Äußerlichkeiten ohne Vorwarnung weggenommen würden? Nehmen Sie sich vor, von nun an das zu hegen und zu pflegen, was sich unterhalb des Kostüms befindet. Dann wird es Ihnen später nichts mehr ausmachen, wenn Sie es ablegen müssen.

Was für eine Art von Mensch bin ich? Welche Hobbys und Interessen habe ich? Welche Talente und Fähigkeiten habe ich? Ich werde mir jeden Tag Zeit nehmen, um mein nacktes, verletzliches Ich kennen- und schätzenzulernen.

Lernen Sie sich selbst bis ans Ende Ihrer Tage kennen, so daß Sie Ihre Stärken, Ihr Verhalten und Ihren Charakter ständig verbessern. Denn das ist das wahre Ziel der Erziehung: sich selbst zu erziehen.

Rutherford B. Hayes

Jeden Tag führt das moderne Leben einen Großangriff auf Ihre Sinne durch: Licht, Farben und grelle Werbeplakate attackieren Ihre Augen, laute Musik pulsiert gegen Ihr Trommelfell, und das Geräusch der Preßlufthämmer hallt in Ihrem Kopf wider. Wie können Sie sich am Ende eines Tages entspannen, wenn Ihre Sinne den ganzen Tag über derartig beansprucht und überlastet wurden?

Gönnen Sie sich etwas Ruhe, wenn Sie nach Hause kommen – schalten Sie Radio und Fernsehen aus, ziehen Sie den Telefonstecker aus der Dose, oder ziehen Sie sich in Ihr Zimmer zurück, und genießen Sie die Ruhe. Verbringen Sie jeden Abend etwas Zeit mit sich allein – gehen Sie spazieren, lesen Sie ein gutes Buch, oder lauschen Sie Ihren eigenen Gedanken. Besinnen Sie sich auf Ihre Verbundenheit mit der Natur, indem Sie im Garten arbeiten oder sich in einen Park setzen. Diese Dinge sorgen dafür, daß Ihre Sinne wieder ins Gleichgewicht kommen, damit Sie inneren Frieden finden.

Ich werde jeden Abend etwas tun, das meinem Leben nach einem unruhigen Tag wieder Stabilität verleiht. Ich werde es zu einem wichtigen Ritual machen, mit dessen Hilfe ich den Tag hinter mir lassen und mich auf die Nacht einstimmen kann.

Der Hauptunterschied zwischen Optimismus und Pessimismus besteht in der Art der Erinnerung. Der Pessimist erinnert sich mühelos an die Schmerzen und Fehlschläge von gestern, aber die zahlreichen Möglichkeiten eines neuen Tages kommen ihm einfach nicht in den Sinn. Der Optimist hat bereits eine hoffnungsvolle Zukunft vor Augen.

Charles E. Jinks

Neigen Sie dazu, sich an den Schmerz und die Fehler der Vergangenheit zu erinnern? Auch wenn Sie eine Art von perverser Befriedigung empfinden, wenn Sie den Fehlschlägen der Vergangenheit nachhängen, so wird es Ihnen mit dieser Haltung doch niemals gelingen, sich auf die Zukunft zu freuen. Bedauerliche Vorfälle der Vergangenheit können Ihnen helfen, in der Gegenwart stärker zu werden und in Zukunft erfolgreich zu sein.

Nehmen Sie sich einen Augenblick Zeit, um sich an einen Schmerz oder einen Fehlschlag aus der Vergangenheit zu erinnern. Fragen Sie sich: «Hat er mir neue Türen geöffnet? Hat er mich stärker oder klüger gemacht? Hat er mir eine Lektion erteilt, die mir half, zu wachsen? Hat er mir neue Möglichkeiten in meinem Leben geboten?» Konzentrieren Sie sich auf die positiven Aspekte der Schmerzen und Fehlschläge von gestern, um ein Fundament zu schaffen für Ihre optimistische Zukunft.

Ich werde beginnen, nach Helen Kellers optimistischer Philosophie zu leben: «Wenn sich eine Tür des Glücks schließt, öffnet sich eine andere, aber oft schauen wir so lange auf die geschlossene Tür, daß wir die neugeöffnete gar nicht bemerken.»

Wünschen hinterherzulaufen kann uns verrückt machen.

Laotse

Ist Ihr Lebensbereich eher darauf ausgerichtet, was Sie brauchen, oder darauf, was Sie sich alles wünschen? Vielleicht ist Ihre Wohnung vollgestopft mit Möbeln, Schnickschnack und zahllosen elektronischen Geräten. Ihre Kleiderschränke quellen über von Kleidungsstükken, die Sie schon seit Jahren nicht mehr getragen haben. In Ihren Küchenschränken stapeln sich Konserven und Nahrungsmittel, die Sie spontan gekauft haben, aber wahrscheinlich nie essen werden. Vielleicht ist Ihre Garage so vollgestopft, daß Sie Ihr Auto draußen parken müssen! So viel Gerümpel kann das Leben chaotisch machen. Aber nur eine einfache Lebensweise gibt Ihnen Freiheit und Kraft. Sie schafft inneres und äußeres Wohlbefinden, das Harmonie in Ihr Leben bringt.

Bringen Sie von diesem Augenblick an mehr Ordnung in Ihr Leben. Rangieren Sie aus, was Sie nicht wollen, geben Sie weg, was Sie nicht brauchen, und nehmen Sie das, was Sie behalten, wieder in Gebrauch. Eine Vereinfachung Ihres Lebensumfeldes kann dazu beitragen, mehr dauerhaften inneren Frieden zu finden.

Wenn ich alte Besitztümer aufgebe, befreie ich mich selbst von dem Wunsch, sie zu besitzen. Wenn ich diese Besitztümer mit anderen teile, erfülle ich deren Bedürfnisse. Wenn ich Gegenstände wiederverwerte, bringe ich etwas in Umlauf.

Das Schöne am Fußball ist die Anzeigetafel, an der Sie Ihre Leistung ablesen können. In anderen Lebensbereichen gibt es so etwas nicht. Zumindest nichts Sichtbares.

Chuck Noll

Vielleicht haben Sie schon in frühester Kindheit gelernt, mit anderen zu konkurrieren. Wenn Sie aus einer zerrütteten Familie stammen, ist Ihr Wettbewerbsverhalten möglicherweise sogar noch ausgeprägter als bei anderen Menschen. Vielleicht sind Sie noch nicht einmal bereit, anderen etwas von dem abzugeben, was Sie besitzen, weil Sie dann das Gefühl haben, zu schlecht wegzukommen. Es gibt nur wenige Charaktereigenschaften, die so unangebracht sind – und so viele Enttäuschungen nach sich ziehen – wie ein ungesundes Konkurrenzverhalten. Wenn Sie nicht bereit sind, zu vergessen, wer das größte Büro hat, das meiste Geld, das schönste Haus oder die besten Kinder, verurteilen Sie sich selbst zu einem unglücklichen Leben, zu einem ständigen Gefühl der Unzulänglichkeit und zur Unmöglichkeit wirklicher Nähe.

Rufen Sie sich heute abend ins Gedächtnis, daß Ihre Identität nicht gefährdet ist, wenn Sie einmal auf der Verliererseite stehen oder nicht immer das meiste oder das Beste besitzen. Genaugenommen sind Sie ein viel besserer Mensch, wenn Sie damit aufhören können, zu vergleichen, zu messen oder zu bewerten.

Es gibt keine Anzeigetafel, die meinen «Rang» im Leben anzeigt. Deshalb werde ich heute abend aufhören, das Leben als ein Spiel zu betrachten, in dem jeder mein Gegner ist.

Wenn du dein Holz selbst hackst, wird es dich zweimal wärmen.

Amerikanisches Sprichwort

Eine junge Reporterin mußte über eine Veranstaltung berichten, bei der sich die reichsten Menschen in ihrer Gemeinde trafen. Als sie darüber befragt wurde, antwortete sie: «Ich habe zwei Arten von Leuten getroffen. Diejenigen, die mit wenig begonnen und am meisten erreicht haben, waren wunderbare Menschen, unglaublich stolz und zufrieden. Aber jene, die mit einem silbernen Löffel im Mund geboren wurden, entpuppten sich als die nichtssagendsten, hilflosesten Leute, die ich je kennengelernt habe.»

Um wirklich etwas vom Leben zu haben, muß man sich anstrengen. *Von nichts kommt nichts.* Erst wenn man bereit ist, auszuprobieren, zu handeln, etwas zu riskieren, führt man ein bewußtes Leben. Wie Henry David Thoreau es erklärt: «Ich ging in die Wälder, weil ich bewußt leben, mich nur den wesentlichen Dingen im Leben stellen und herausfinden wollte, ob ich lernen kann, was es mir beizubringen hat; ich wollte nicht vor meinem Tod feststellen, daß ich nicht gelebt habe.»

Ich habe keine Zeit für halbherzige Versuche oder die Illusion, daß mir die guten Dinge im Leben schon in den Schoß fallen werden. Wenn ich mich warm halten möchte, dann muß ich mein Holz selber hacken.

Zurückgezogen zu leben bedeutet, die Fülle seiner selbst zu genießen. Einsam zu sein heißt, der Armut seiner selbst gegenüberzutreten.

May Sarton

Es gibt wohl kaum einen Menschen, der sich nachts nicht manchmal einsam fühlt. Selbst wenn Sie in Gesellschaft Ihrer Freunde, Ihrer Familie oder Ihres Partners sind, mag Sie dieses Gefühl manchmal beschleichen. Vielleicht stellen Sie sich die Frage: «Was stimmt nicht mit mir? Ich bin doch schließlich nicht allein. Ich habe andere um mich.» In diesem Fall ist Ihnen nicht klar, daß die Nähe von Menschen bewußtmachen kann, wie weit Sie sich von sich selbst entfernt haben. Solange Sie in Ihrer eigenen Gesellschaft nicht glücklich sind, wird es Ihnen schwerfallen, in Gesellschaft anderer glücklich zu sein. Akzeptieren Sie, daß Sie im Grunde allein sind, egal, wie nahe Sie einem anderen Menschen sind. Sie müssen sich in Ihrer eigenen Haut wohl fühlen und Sie selbst, eine eigenständige Persönlichkeit, sein. Statt sich auf andere zu verlassen, müssen Sie eine Beziehung zu sich selbst herstellen. Erst wenn Sie sich auf sich selbst zurückziehen, werden Sie Erfahrungen machen, die eine Bereicherung Ihres Lebens sind.

Einsamkeit muß nicht bitter und Zurückgezogenheit nicht erschreckend sein.

Heute abend werde ich meine eigene Gesellschaft genießen. Ich werde mich meinen eigenen Gedanken hingeben, es mir mit einem guten Buch gemütlich machen oder mich in einem Schaumbad entspannen.

Es gab eine Zeit, da glaubte ich, das Geheimnis, mich vor derlei Verletzungen zu schützen, bestünde darin, nie mehr von einem anderen Menschen abhängig zu sein, nie mehr jemand anderes zu brauchen, niemanden mehr zu lieben. Dies ist der letzte kindliche Traum – für immer unberührt zu bleiben.

Audre Lorde

Wie wunderbar wäre es doch, wenn Sie nie mehr verletzt würden – für den Rest Ihres Lebens! Schmerzen gehören jedoch zum Zyklus des Wachsens und Lernens. Sie mußten sich die Knie aufschürfen, bevor Sie schließlich radfahren lernten. Sie mußten ein Ereignis, das Sie sich sehnlich herbeiwünschten, letztlich verpassen, um zu erfahren, wieviel es Ihnen bedeutete. Sie mußten den Verlust eines geliebten Menschen erleiden, um zu lernen, wieviel Liebe Sie empfanden.

Auch heute abend gibt es keine Gewißheit dafür, daß Sie niemals mehr verletzt werden. Wie sehr Sie auch versuchen, sich vor emotionalem Schmerz zu schützen oder zu verschließen, Sie werden ihn erneut durchleben müssen. Die beste Art, mit Schmerz umzugehen, ist, ihn zu akzeptieren. Vertrauen Sie darauf, daß Sie ihn ertragen können – wie Sie es schon zuvor getan haben – und daß Sie daran wachsen können. Wenn Sie versuchen, Ihren Schmerz kraft Ihres Verstandes zu verdrängen, werden Sie ihn nicht aus Ihrem Herzen vertreiben.

Heute abend werde ich erwachsen werden und akzeptieren, daß Schmerz ein unvermeidbarer Teil des Lebens ist.

In Gefahr sind immer nur diejenigen, die sie fürchten.

George Bernard Shaw

Eine Frau, die in einem Zentrum für Vergewaltigungsopfer arbeitete, begann sich vor der Möglichkeit zu fürchten, sexuell angegriffen zu werden. Schließlich hatte sie erlebt, wie vielen anderen Frauen es so ergangen war. Schließlich war sie so verängstigt, daß sie es nicht mehr wagte, ihr Haus zu verlassen. Ein gewisses Maß an Angst ist durchaus gesund, denn es läßt Sie vorsichtig sein und an Ihre Gesundheit und Sicherheit denken. Zu große Angst jedoch kann Ihre körperliche, emotionale und spirituelle Gesundheit untergraben. *In* Angst zu leben – anstatt *mit* der Angst zu leben – versetzt Ihre Sinne in ständige Alarmbereitschaft, ermutigt Argwohn und Mißtrauen und nimmt Ihnen das Vertrauen und den Glauben an das Gute in der Welt.

Heute abend kann Ihr Leben voller Sicherheit und Harmonie sein, aber nur, wenn Sie die wahren Gefahren erkennen und sich ihnen stellen können. Die einzigen Gefahren, die Sie fürchten müssen, sind jene, die aus dem Dunkel des Unbekannten über Sie herfallen.

Zu einem friedlicheren Leben gehört, daß ich mich meinen Ängsten stelle und zwischen echten und eingebildeten Gefahren zu unterscheiden lerne. Dann kann ich die entsprechenden Schritte unternehmen.

Dem Wunsch die Tat folgen zu lassen, doch dem Ergebnis nicht allzuviel Bedeutung beizumessen; sich daran zu erinnern, daß man nur eins tun kann: sich selbst nicht im Wege stehen und den himmlischen Willen durch sich hindurchfließen lassen – das sind die Kennzeichen des spirituellen Kriegers.

Ralph Blum

Ein Prediger verbrachte oft Stunden damit, seine Predigten vorzubereiten. Er dachte, daß er sie eines Tages in einem Buch zusammenfassen oder vielleicht sogar in einer eigenen Fernsehsendung auftreten würde. Mit diesen Gedanken im Kopf begann er gerade, seine Predigt zu halten, als sich ein kleiner Vogel auf dem Fenstersims niederließ. Dieser fing an zu singen und sang aus ganzem Herzen. Der Prediger dachte einen Augenblick lang nach, faltete die Blätter mit der vorbereiteten Predigt und verkündete: «Die heutige Predigt ist vorbei.»

Wenn Sie einem Ergebnis allzuviel Bedeutung beimessen oder wenn Sie etwas erzwingen wollen, dann richtet sich Ihr Blick eventuell nur darauf, Ihre finanziellen, intellektuellen oder emotionalen Bedürfnisse zu befriedigen. Akzeptieren Sie heute abend, daß ein eher spirituelles Ergebnis ein ebenso großer Lohn für Ihre Mühen sein kann. Geben Sie Ihre Erwartungen auf und genießen Sie es, mit der Energie einer höheren Macht in Verbindung zu treten.

Heute abend werde ich ein spiritueller Krieger sein. Ich kann bestimmte Schritte in meinem Leben unternehmen und trotzdem dem Willen des Universums und einer höheren Macht gegenüber flexibel und aufgeschlossen bleiben.

Ich schaue aus einem großen Fenster und sehe ungefähr vierzig Bäume. Es ist wunderschön, wie sich das Licht in den Blättern bricht. Manchmal werde ich bei einem derartigen Anblick von Dankbarkeit überwältigt und spüre, daß jeder von uns eine Verantwortung dafür trägt, am Leben zu sein…

Maya Angelou

Wie oft nehmen Sie sich die Zeit, die Wunder der Natur aufmerksam zu betrachten? Wie oft gönnen Sie sich eine Pause, um der Natur näherzukommen – indem Sie früher aufstehen, sich in einen Park setzen und beobachten, wie langsam die Sonne über der erwachenden Stadt aufgeht, oder indem Sie zum sternenerfüllten Nachthimmel aufblicken? Die Hektik des Alltags – Orte, die wir aufsuchen müssen, Menschen, die wir treffen müssen, und Dinge, die wir tun müssen – läßt uns oft vergessen, daß die Natur um uns herum voller Wunder ist. Aber diese Wunder kommen nicht zu Ihnen; Sie müssen sich schon die Zeit nehmen, auf sie aufmerksam zu werden.

Nehmen Sie sich heute abend vor, Ihr Tempo zu verlangsamen und auf die Natur zu achten, egal wie beschäftigt Sie morgen sein werden. Wenn Sie die Welt um sich herum genauer wahrnehmen, leben Sie bewußter.

Heute abend werde ich den Wundern der Welt meine Aufmerksamkeit schenken. Wenn ich mir Zeit nehme und meine Sinne öffne, kann ich eine ganz neue Welt entdecken.

Wie unterschiedlich wir ein Problem doch beurteilen, je nachdem ob wir mittags oder nachts darüber nachdenken. Während wir ihm mutig begegnen können, wenn wir auf den Beinen sind und von der Energie des Tages angetrieben werden, schrecken wir in den Stunden der Dunkelheit davor zurück.

Charles B. Newcomb

Sie haben wahrscheinlich schon oft den Satz gehört: «Morgen früh sieht alles anders aus.» Bei Tageslicht, wenn Sie Ihren alltäglichen Pflichten nachgehen, scheinen die Probleme, die Ihnen in der Nacht zuvor Kopfzerbrechen bereiteten, geradezu zu verschwinden. Sie fragen sich vielleicht sogar, warum Sie die ganze Zeit darüber nachgegrübelt haben. Aber dann, wenn die Schatten länger werden und der Energiestrom langsamer wird, kehren sie zurück. In der Nacht verfinstert die Dunkelheit Ihren Blick, die Natur verlangsamt ihr Tempo, und die Menschen scheinen ihren sorgenvollen Gedanken ausgeliefert zu sein.

Doch in dieser Nacht – wie in jeder anderen Nacht auch – können Sie sich auf das Licht Ihrer eigenen Inspiration verlassen. Lesen Sie Ihren Lieblingspsalm, wiederholen Sie laut einen Leitspruch aus einem Selbsthilfeprogramm, hören Sie auf den beruhigenden Rat eines Freundes, oder lesen Sie eine vertraute Geschichte noch einmal.

Ich kann heute abend für jedes Problem eine Lösung finden, indem ich meine Hand nach anderen ausstrecke. Ich vertraue heute abend darauf, daß ich imstande bin, meinen besorgten Geist zu besänftigen.

Folgender Test sagt Ihnen, ob Ihre Mission auf dieser Erde beendet ist: Sind Sie noch am Leben? – Dann ist sie nicht beendet.

Richard Bach

Eine Erfahrung des menschlichen Lebens ist besonders schwer zu ertragen – die des Verlustes: der Verlust eines Jobs, eines guten Freundes, persönlichen Hab und Guts oder eines geliebten Menschen durch Trennung, Scheidung oder Tod. Jeder Verlust kann ein Vakuum in Ihrem Leben hinterlassen. In solchen Phasen erscheint es Ihnen unmöglich, auch nur die alltäglichsten Pflichten zu erfüllen, sich auf irgend etwas zu konzentrieren oder zu akzeptieren, daß das Leben weitergeht. Vielleicht beschleicht Sie das Gefühl, Ihr Leben sei vorbei und es gebe nichts, wofür es sich zu leben lohnt. Sie müssen Ihren Verlust betrauern, sich von der Vergangenheit lösen und sich dann wieder dem Leben zuwenden und weitermachen. Sie müssen sich für das Leben entscheiden.

Nehmen Sie sich vor, sich selbst ab sofort wieder in den Lebensrhythmus hineinzuzwingen. Tun Sie etwas Gutes, das Ihnen das Gefühl gibt, lebendig zu sein. Motivieren Sie sich selbst, indem Sie sich sagen: «Ich *kann* meinen Verlust überwinden.» Dann werden Sie sich im Laufe der Zeit wieder gut fühlen.

Heute abend glaube ich daran, daß ich weiterleben kann, obwohl ich einen Verlust erlitten habe.

Kinder haben die magische Fähigkeit, ihren Gedanken und Träumen keine Schranken aufzuerlegen. Für jene, die glauben, ist alles möglich, und Kinder verstehen dies unwillkürlich.

Dr. Susan Smith Jones

Verbieten Sie es sich, zu träumen? Mit Aussagen wie «Das funktioniert doch sowieso nicht» und «Das ist unmöglich!» oder «Ich will meine Zeit nicht damit verschwenden» signalisieren Sie sich selbst – und anderen –, daß Sie es gar nicht ausprobieren *wollen*. Wenn Sie so sprechen, haben Sie aber nicht nur *einen* Traum aufgegeben, sondern *jeden* Traum – *aus und Schluß!* Wann haben Sie aufgehört, Kind zu sein? Wann haben Sie aufgehört, kreativ zu denken, zu planen und zu träumen? Wann haben Sie Ihren Glauben daran aufgegeben, daß alles möglich ist, und die Überzeugung entwickelt, daß nichts möglich ist?

Wenn Sie heute abend eine Weile über diese Fragen nachdenken, stoßen Sie vielleicht auf die schmerzliche Erfahrung in der Vergangenheit, den Fehlschlag, den Sie vor kurzem erleben mußten, oder die Angst vor Veränderung, die das hoffnungsvolle Kind in Ihnen zum Schweigen gebracht haben. Beschließen Sie, diesem Kind ab sofort Gehör zu schenken. Greifen Sie einen verlorenen Traum wieder auf, oder schaffen Sie sich einen neuen. Werden Sie wieder zum Kind, das an seine Träume glaubt.

Die Zeit ist gekommen, daß ich meine Fähigkeit zum Träumen wiedererlange. Heute abend reise ich im Geiste in eine Welt, in der alles möglich ist.

Wenn du das Gefühl hast, das Leben sei eine Schaukel, machst du vielleicht einen anderen Menschen für das ständige Auf und Ab verantwortlich.

Anonym

Sind Sie bei Problemen in Ihrer Partnerschaft in der Lage, mitfühlend, kompromißbereit und engagiert darüber zu reden? Oder haben Sie Angst davor, offen auszusprechen, was Sie wollen oder brauchen, und kümmern sich folglich vornehmlich um die Belange des anderen? Warten Sie darauf, daß Ihr Partner die Initiative ergreift, um alles zum Besseren zu wenden? Jeder der Partner muß bereit sein, offen über einen Konflikt zu reden und ihn zu lösen. Eine gesunde Beziehung zeichnet sich dadurch aus, daß keiner dem anderen erlaubt, ihm seine Ansichten aufzuzwingen oder allein zu bestimmen, wo es langgeht. Jeder der Beteiligten muß offen sein für die Wünsche und Bedürfnisse des anderen und ehrlich die eigenen Bedürfnisse zum Ausdruck bringen.

Bemühen Sie sich ab sofort darum, Ihre Beziehung harmonischer zu gestalten. Sprechen Sie gemeinsam über Unstimmigkeiten, und erarbeiten Sie eine Lösung, die jedem der Beteiligten etwas von dem gibt, was sie oder er will. Dies ist die Voraussetzung dafür, daß Sie beide emotionale Ausgeglichenheit erlangen.

Ich verlasse mich nicht auf meinen Partner, um das Gleichgewicht in unserer Beziehung herzustellen. Heute abend werde ich daran denken, daß Konflikte am besten gelöst werden, wenn wir beide aufeinander zugehen und miteinander reden.

Nach indianischem Glauben ist jeder ein Haus mit vier Zimmern: einem körperlichen, einem geistigen, einem emotionalen und einem spirituellen Zimmer. Die meisten von uns leben vornehmlich in nur einem Zimmer, aber wenn wir nicht jeden Tag in jedes Zimmer gehen, und sei es nur, um es zu lüften, sind wir keine vollständigen Menschen.

Rumer Godden

Wie stellen Sie in Ihrem «Haus» die Verbindung zu Ihrer eigenen Spiritualität her? Vielleicht brechen Sie das Eis, indem Sie ein vertrautes Kindergebet sprechen. Möglicherweise befassen Sie sich mit den Weisheiten spiritueller Lehrer aus anderen Religionen oder Kulturen. Womöglich schreiben Sie sich selbst ein Gebet – eines, das jene Bereiche in Ihrem Leben anspricht, in denen Sie spirituelle Führung und Weisheit benötigen. Oder Sie wiederholen ein hilfreiches Mantra, einen Leitsatz oder ein kurzes Sprichwort.

Wenn Sie sich um Ihr «spirituelles Zimmer» kümmern, ist es von besonderer Bedeutung, es regelmäßig – also jeden Abend – zu tun. Wenn Sie sich ein abendliches Ritual dieser Art ausdenken und es einhalten, werden Sie bald entdecken, daß Ihre Beziehung zu Gott tiefer und lohnender wird.

Heute abend nehme ich mir Zeit, zu beten. Es ist egal, ob ich bete, während ich das Abendessen zubereite, mir die Zähne putze oder kurz bevor ich zu Bett gehe – wenn ich es nur tue.

Wie schwierig es doch ist, von der Stelle zu kommen. Wie sehr man sich auch bemüht, sich von ihr zu lösen, sie hält einen fest. Es bleibt immer etwas am Zaun haften – Stücke und Fetzen des eigenen Lebens.

Katherine Mansfield

Vielleicht denken Sie häufig, wie schön das Leben doch sein könnte, wenn Sie es etwas einfacher hätten. Aber rufen Sie sich doch einmal eine besonders schwere Zeit ins Gedächtnis, die Sie in der Vergangenheit durchleben mußten. Hatten Sie eine schwere Kindheit, eine schmerzliche Beziehung, eine Verletzung oder Krankheit, oder gab es eine Phase, in der Sie mit dem Verlust Ihres Arbeitsplatzes fertig werden mußten? Wären Sie ohne diese Erfahrung heute genauso stark? Hat sie nicht in gewisser Weise ihre Spuren hinterlassen – Ihre Art zu denken, zu fühlen, zu handeln oder zu glauben beeinflußt?

Bemühen Sie sich in Zukunft, nicht mehr automatisch den einfachsten Ausweg aus einer schwierigen Situation zu wählen. Fragen Sie sich statt dessen: «Was werde ich aus dieser Erfahrung lernen? Auf welche Weise kann mir diese heikle Phase später Stärke und Kraft geben?»

Heute abend erinnere ich mich an die zahlreichen Zäune, über die ich in meinem Leben schon klettern mußte. Einige waren schwer zu überwinden, andere nicht. Aber jede schwierige Erfahrung hat mir geholfen, auf irgendeine Weise zu lernen und zu wachsen.

... das Leben ... besteht aus Erwachen, Träumen und traumlosem Schlaf. Aber diese drei Zustände zu überschreiten bedeutet, die übersinnliche Vision zu haben – genannt das Vierte.

Upanishaden

Haben Sie jemals eine mystische, spirituelle oder übersinnliche Erfahrung gemacht? Vielleicht haben Sie einmal von einem Ereignis geträumt, das dann tatsächlich eingetroffen ist? Möglicherweise haben Sie auch schon einmal die Stimme eines Verstorbenen gehört, die Sie ermutigte, Ihnen einen Rat gab oder Sie warnte. Solche Erfahrungen sind ebenso erschreckend wie faszinierend.

Wenn Sie einen «sechsten Sinn» haben, Ereignisse voraussehen können oder die Anwesenheit einer anderen Existenz spüren, die Sie beschützt, so erweitert das die Grenzen Ihres Daseins. Sie haben das Gefühl, Ihrem Schicksal näher zu sein, was Ihnen wiederum die notwendige Kraft gibt, um Ihr Leben zu ändern. Aber was tun Sie, wenn Sie derartige Erfahrungen machen? Wie gehen Sie mit den gewaltigen Auswirkungen um, die sie auf Ihr Leben haben können?

Haben Sie heute abend keine Angst vor solchen mystischen Erfahrungen. Lassen Sie sie zu, und wachsen Sie daran auf eine Weise, wie es kein anderes Erlebnis sonst zu ermöglichen mag.

Heute abend werde ich mich meiner Fähigkeit, einen mystischen, magischen oder übersinnlichen Augenblick zu erleben, nicht verschließen.

Ich fürchte mich nicht vor dem Morgen, denn ich habe das Gestern gesehen, und ich liebe das Heute.

William Allen White

Eine Gruppe von Kirchgängern wurde von Geistlichen befragt, worum sie am häufigsten beteten. Einer sagte, um einen sicheren Arbeitsplatz, ein anderer sagte, um Gesundheit, und ein weiterer sagte, um finanzielle Sicherheit. Aber einer der Kirchgänger schüttelte angesichts dieser Antworten nur den Kopf. Er sagte: «Ich bete nicht darum, daß mir nichts Schlimmes widerfährt. Statt dessen bete ich um das Vertrauen, daß mir Tag für Tag das *Richtige* widerfährt.» Man sagt, es gebe zwei Stimmen, auf die man hören kann. Die eine ist die Stimme der Angst, die andere ist die Stimme der Zuversicht. Die Stimme der Angst ist schrill und hektisch; sie jammert und warnt und flüstert einem erschreckende Botschaften ein. Aber die Stimme der Zuversicht klingt weich und sanft; sie sagt, man brauche sich keine Sorgen zu machen. Sie versichert einem, daß alles in Ordnung ist, und manchmal schweigt sie, damit man auf die Worte der höheren Macht hören kann.

Bringen Sie heute abend Ihre Stimme der Angst zum Schweigen, und lassen Sie die Stimme der Zuversicht lauter werden. Beten Sie um die Weisheit, jeden Augenblick voll zu leben.

Heute abend betrachte ich meine Vergangenheit als einen wertvollen Besitz, meine Zukunft als Gelegenheit zu einem wunderbaren Neubeginn und diesen Augenblick als eine Zeit des Friedens und der Entspannung.

Das ganze Leben ist ein Instandhaltungsprozeß. Sich um etwas zu kümmern. Das ist der angenehme Teil.

Armistead Maupin

Was erwarten Sie vom Leben? Welche Richtung schlagen Sie ein? Wie wollen Sie dorthin gelangen? Fragen wie diese können Ihnen ein Gefühl des Unbehagens verursachen, insbesondere, wenn Sie keine Antworten darauf haben. Wahrscheinlich empfinden Sie es als beunruhigend, von einem Tag auf den anderen zu leben, ohne präzisen Plan oder ohne genaue Vorstellung davon, wer Sie sind. Dieses Gefühl wird verstärkt durch den Eindruck, daß Menschen in Ihrer Umgebung ein klares Selbstbild haben und genau wissen, was sie vom Leben erwarten. Möglicherweise bewerten Sie deren Leben als spannend, während Sie sich selbst für eine Langweilerin halten. Doch den Ereignissen eines jeden Tages flexibel, spontan und aufgeschlossen gegenüberzustehen kann äußerst lohnend sein. Auch die Bewältigung des alltäglichen Kleinkrams kann Ihnen ein Gefühl der Sicherheit und Ruhe vermitteln. Jeder Tag verspricht Wachstum und einen neuen Anfang. Einige Tage sind vielleicht nützlicher und sinnvoller; andere wiederum werden nur von unseren Alltagsaufgaben zusammengehalten. Aber gleichgültig, ob der vergangene Tag eher alltäglich verlief oder voller aufregender Ereignisse war, er war in jedem Fall erfreulich.

Heute abend bedanke ich mich für den Tag, der mir geschenkt wurde, und höre auf, mich nach mehr zu sehnen. Er hat sich als äußerst erfreulich erwiesen – als genau das, was ich brauchte.

Die Gedanken, die unaufgefordert kommen und sozusagen aus heiterem Himmel auftauchen, sind für gewöhnlich die wertvollsten, die wir haben.

John Locke

Sind Sie bereit, etwas zu riskieren, etwas Neues zu versuchen, um Ihre tiefsten Wünsche zu befriedigen? Oder haben Sie Angst davor, über die Grenzen dessen hinauszugehen, was Sie tun «sollten» oder tun «müßten»? Freuen Sie sich über Ihre Leistungen, oder betrachten Sie das Leben nur als eine Reihe von Aufgaben, die erledigt werden müssen? Haben Sie Angst davor, die Sicherheit zu verlieren, die sich ergibt, weil Sie immer auf dieselbe Weise denken, fühlen und sich verhalten? Oder sind Sie in der Lage, auf neue Weise zu reagieren, indem Sie sich auf andere Gedanken einstellen, neue Gefühle empfinden und Ihr Verhalten verändern?

Denken Sie heute abend darüber nach, auf welche Weise Sie Ihren Alltag bewältigen. Neigen Sie dazu, auf alle anderen zu hören, *nur nicht* auf sich selbst? Fragen Sie sich: «Was will ich vom Leben?» und nicht: «Was brauchen, wollen oder erwarten die anderen von mir?» Hören Sie auf Ihre innere Stimme. Wenn Sie herausfinden, was Sie selbst vom Leben wollen, so ist das schon der erste Schritt zu Ihrem Ziel.

Heute abend höre ich nicht auf die Meinungen und Ideen, die aus allen Richtungen kommen, sondern nur auf meine eigene Stimme. Wenn ich mir selbst zuhöre, werde ich meine wahren Gefühle erkennen lernen.

Die Leute wollen dich auf einfache Weise trösten. Natürlich wäre es wunderbar, wenn man so leicht aus jeder Sache herauskäme. – Mach einfach Gott dafür verantwortlich! Aber das kann ich nicht. Das liegt mir einfach nicht.

Sally Jessy Raphael

Bei Problemen oder bei Verlusten werden Sie häufig Worte wie «Es ist Gottes Wille», «Gott bürdet dir niemals mehr auf, als du ertragen kannst» oder «Es gibt einen Grund dafür; irgendwann wirst du ihn herausfinden» zu hören bekommen. Doch obwohl derlei Äußerungen Ihren Kummer lindern, Ihren Schmerz erleichtern oder Ihnen Beistand geben sollen, bieten sie Ihnen nur selten Trost. Was Sie wirklich brauchen ist Verständnis, Mitgefühl und die Gewißheit, daß Sie nicht allein dastehen.

Denken Sie heute abend darüber nach, auf wen Sie sich verlassen können – ein Familienmitglied, Ihren Partner, eine gute Freundin oder einen guten Freund. Seien Sie bereit, Ihre Hand nach diesem Menschen auszustrecken und sich in schweren Zeiten auf ihn zu stützen.

Ich lebe in einem Universum des Zufalls, in dem Tragödien manchmal ohne Sinn und Zweck passieren. Heute abend werde ich aber darauf vertrauen, daß ich, egal was mir widerfährt, mit Hilfe meiner Freunde und Angehörigen jede Schwierigkeit überstehen kann.

Die meisten von uns führen ein ruhiges, wenig spektakuläres Leben. Höchstwahrscheinlich wird niemand eine Parade mit Konfetti für uns arrangieren und keine Monumente zu unseren Ehren errichten. Das verringert aber nicht den Einfluß, den wir möglicherweise haben, denn viele Menschen warten auf jemanden, der gerade so ist wie wir…

Leo Buscaglia

Jeden Tag sieht man auf den Straßen hungrige, obdachlose Menschen. Sind Sie bereit, Ihren Überfluß mit ihnen zu teilen? Sie können verschiedenen Institutionen Lebensmittel, Geld oder Kleidung spenden, in einer Armenküche oder einem Obdachlosenheim aushelfen oder sich in karitativen Organisationen engagieren.

Heute abend haben Sie die Wahl: Entweder rollen Sie sich satt und behaglich unter Ihren weichen, warmen Decken zusammen und verschließen Ihre Augen vor der Not, in der viele unserer Mitmenschen leben. Oder Sie fassen den Beschluß, mitfühlender und freigebiger zu werden. Sie können viel Gutes tun, indem Sie einfach nur einen alten Pullover oder Mantel spenden oder ein paar Stunden freiwillig in einem Obdachlosenheim arbeiten. Dadurch, daß Sie etwas von Ihrer Zeit und Ihren materiellen Gütern opfern, geht es einem Menschen auf der Welt vielleicht bald besser.

Das nächste Mal, wenn sich mir auf der Straße eine hungrige und obdachlose Person nähert, werde ich mich nicht mit Abscheu abwenden. Selbst der kleinste Akt des Mitgefühls – sei es ein Lächeln, ein gütiges Wort oder etwas Geld – kann eine Wende in seinem Leben bewirken.

Wähle deine Tretmühle mit Bedacht. Du wirst lange Zeit darin verbringen.

Anonym

Zwei Mönche gingen eine Straße entlang, als sie plötzlich eine junge Frau bemerkten, die darauf wartete, den Fluß zu überqueren. Zum Entsetzen des einen Mönchs hob der andere die Frau hoch und trug sie durch das Wasser. Dann setzten die Mönche ihren Marsch fort. Nach etwa einer Meile bemerkte der eine Mönch: «Wir leben im Zölibat, wir sollen eine Frau nicht einmal anschauen, geschweige denn, sie hochheben und über den Fluß tragen. Wie konntest du das nur tun?» Der andere Mönch erwiderte: «Ich habe diese Frau vor etwa einer Meile abgesetzt. Trägst du sie etwa noch immer mit dir herum?» Wenn Sie die Gedanken nicht von bestimmten Dingen lösen können, die Sie verwirren oder enttäuschen, dann stecken Sie in einer Tretmühle. Der einzige Ausweg ist, diese Dinge zu akzeptieren.

Verlassen Sie heute abend die Tretmühle, in der Sie festsitzen, indem Sie sich etwas Bestimmtes vor Augen führen, das Sie gern vergessen möchten. Stellen Sie sich vor, Sie würden Ihre Gedanken dazu auf ein Stück Papier schreiben, das Sie anschließend in kleine Stückchen reißen und wegwerfen.

Die beste Methode, mich aus einer Tretmühle zu befreien, besteht darin, mir selbst einen Tritt zu versetzen. Von heute abend an werde ich aufhören zu kämpfen, werde akzeptieren, was ich habe, werde mich lösen – und meinen Weg fortsetzen.

Gütige Worte schaffen Vertrauen. Gütige Gedanken schaffen Weisheit. Gütige Taten schaffen Liebe.

Laotse

Glauben Sie an das buddhistische Gesetz des Karma? Danach kommt die Energie, die Sie verbreiten, unvermeidlich in irgendeiner Form zu Ihnen zurück. Das Karma lehrt uns, daß jede Aktion eine entsprechende Reaktion erzeugt. Wenn Sie gewaltsam auf eine gewalttätige Person reagieren, schaffen Sie mehr Gewalt. Aber so wie Gewalt mehr Gewalt erzeugt, erzeugt Geduld mehr Geduld und Güte mehr Güte. Alles hängt davon ab, was Sie weitergeben möchten.

Das nächste Mal, wenn sich jemand Ihnen gegenüber feindselig, unfreundlich, manipulierend oder kritisch verhält, reagieren Sie nicht sofort emotional. Vermeiden Sie, daß die Situation eskaliert. Atmen Sie statt dessen tief durch. Fragen Sie sich: «Was geht in diesem Menschen *wirklich* vor? Kann ich herausfinden, was er *wirklich* will? Bin ich bereit, geduldig und freundlich zu sein, um zu helfen?» Dann reagieren Sie auf eine Weise, die es Ihnen ermöglicht, die negative Energie in eine positive Energie umzuwandeln.

Heute abend werde ich mir klarmachen, daß ich den Umgang der Menschen untereinander nur dann verändern kann, wenn ich positive Energie ausstrahle. So werde ich den Teufelskreis aus Feindseligkeit durchbrechen.

Manche Bäume scheinen mit dem Ausklang des Herbstes zu sterben. Und dann gibt es die Bäume, die immer grün sind.

Gilbert Maxwell

Welche Art von Baum wären Sie am liebsten? Vielleicht eine majestätische Eiche, die eines Tages gefällt und zu einem wunderschönen Möbelstück verarbeitet wird? Oder ein Apfelbaum, an dessen Früchten und Düften sich jeder erfreuen kann? Oder ein immergrüner Baum? Bäume können uns an Menschen in unserem Leben erinnern, die wir bewundern. Da sind jene, die groß und stark sind und sich den Stürmen des Lebens nicht beugen. Dann gibt es jene, die Macht und Erhabenheit ausstrahlen, weil sie in hohem Maße risikobereit sind und im Laufe des Lebens erstaunliche Veränderungen bewirken. Und dann gibt es noch jene, die das ganze Jahr über grün bleiben, die eine positive Einstellung und großzügige Energie ausstrahlen, welche sie jeden Tag stärker werden läßt.

Denken Sie heute abend daran, daß Sie sowohl Teil eines Waldes sind als auch ein einzelner, individueller Baum. Welche Art von Baum möchten Sie sein?

Manchmal fühle ich mich vielleicht wie ein Schößling – schwach, jung und unfertig; zu anderen Zeiten wiederum fühle ich mich wie uraltes Holz, müde, voller Schmerzen und ausgelaugt. Heute abend werde ich mir vorstellen, der Baum zu sein, der ich gerne sein möchte; und ich werde zu empfinden versuchen, wie ich mich als dieser Baum fühlen würde.

Ich träumte, in den Himmel zu kommen, und der Himmel schien nicht mein Zuhause zu sein; und ich weinte mir die Augen aus, weil ich wieder auf die Erde zurück wollte, und die Engel waren so zornig darüber, daß sie mich mitten in der Heide aussetzten… und ich wachte auf und weinte vor Glück.

Aus einer Filmversion von Emily Brontës *Sturmhöhe*

Die Nacht ist oft die schwerste Zeit des Tages und häufig genug Quelle der Angst. Während der Einschlafphase läßt man den Tag Revue passieren und entdeckt dabei vielleicht Ressentiments, nicht verarbeiteten Ärger, ungelöste Konflikte, Anzeichen von Eifersucht und Schuldgefühle. Vielleicht denkt man auch über die Zukunft nach und über all das, was geschehen könnte. Derlei Gefühle und Gedanken können zur Folge haben, daß Sie sich die ganze Nacht über im Bett herumwälzen.

Um sich vor einer schlaflosen Nacht zu bewahren, reden Sie vor dem Schlafengehen mit sich selbst. Bringen Sie die Ereignisse zur Sprache, von denen Sie sich wünschen, sie wären anders ausgegangen. Säubern Sie Ihr Gewissen langsam von den ungewollten Fehlern der Vergangenheit, die in dieser Nacht Ihren Schlaf stören könnten. Dann fallen Sie in einen erholsamen, stärkenden Schlaf, der frei von den Alpträumen des Tages ist.

Ich werde nicht gut schlafen, wenn ich meinen Geist nicht vorher von all dem unerwünschten Plunder befreie, der mich belastet. Heute abend werde ich an den positiven Erlebnissen und Gedanken festhalten, die es in meinem Leben gab und gibt.

... Und wenn Du der Stille der Nacht lauschst, dann wirst Du hören ... Es ist DEINE Energie in uns, die unsere Nächte, die DIR gehören, in Tage verwandeln, die ebenfalls DEIN sind.

Kahlil Gibran

Manchmal finden Sie es vielleicht bequemer, die weisen Worte, die guten Ratschläge und die Zeichen der Liebe, die andere Menschen Ihnen entgegenbringen, zu ignorieren. Es fällt Ihnen möglicherweise schwer, Worte wie «Höre und lerne» zu befolgen. Ist es im Grunde genommen nicht einfacher, Ihre Probleme auf andere abzuwälzen oder unaufhörlich darüber zu reden, was in Ihrem Leben schiefgeht, statt einen Rat anzunehmen, mit dessen Hilfe Sie Ihre Probleme lösen oder Veränderungen durchführen könnten, die Ihre Lebensqualität verbessern würden? Ist es nicht viel bequemer, über andere zu urteilen, statt Kritik an Ihrer Person zu akzeptieren? Haben Sie nicht sogar den Wunsch, vor Nähe zu flüchten, um nicht verletzt zu werden?

Wenn Sie jedoch Ihre Sinne und Ihren Geist öffnen und auf die Worte anderer Menschen hören, können Sie eine Menge über sich selbst lernen. Nehmen Sie also die Watte aus Ihren Ohren, und akzeptieren Sie die Tatsache, daß jeder Mensch Ihnen etwas Wichtiges mitzuteilen hat. Die Botschaft, der Sie zuhören, kann Ihnen weiterhelfen.

Es ist egal, ob die Worte anderer Menschen rhetorisch gewandt, humorvoll, traurig oder sehr einfach klingen. Ich werde daraus lernen, wenn ich ihnen zuhöre.

Die sieben Schritte zur Stagnation: So haben wir es noch nie gemacht. Dazu sind wir nicht bereit. Es klappt ja auch so ganz gut, warum sollten wir es also ausprobieren. Wir haben es schließlich schon einmal probiert. Dafür ist kein Geld da. Das ist nicht unsere Aufgabe. So kann das doch gar nicht funktionieren.

Anonym

Wenn Babys beginnen, ihre Welt zu erforschen, krabbeln sie umher. Sobald sie aber zu gehen lernen, hören sie auf zu krabbeln.

Ein Mensch, der mit seinem Leben zufrieden ist, wandert von einem Ereignis zum nächsten. Ein unglücklicher Mensch hingegen geht zurück zum Krabbeln. Statt neue Verhaltensweisen zu entwickeln, reagiert er immer auf die alte, vertraute Weise. Geben Sie alte Verhaltensmuster auf, und bereiten Sie Ihrer Stagnation ein Ende. Versuchen Sie, auf neue Weise zu reagieren – auf eine Weise, die Ihre Wünsche zum Ausdruck bringt und nicht das, was die Gesellschaft von Ihnen verlangt, auf eine Weise, die Ihren Wünschen entspricht, nicht Ihren Tagträumen, Ihren Hoffnungen, nicht Ihrem Bedauern.

Heute rufe ich mir die Worte von Karl Jaspers ins Gedächtnis: «Es stimmt, daß sich nicht die ganze Welt verändern wird, wenn ich mich ändere. Aber mich zu ändern ist die Voraussetzung für eine größere Veränderung.»

Die einzigen großartigen Ideen, die ich je gehabt habe, kamen mir beim Tagträumen, aber das moderne Leben hält die Menschen vom Tagträumen ab. Jeden Augenblick des Tages wird Ihr Geist von jemand anderem gesteuert und kontrolliert – in der Schule, bei der Arbeit, beim Fernsehen. Das Wichtigste ist es, von all dem loszukommen, sich in seinem Sessel zurückzulehnen und sich in einem Tagtraum zu verlieren.

Paul MacCready

Die wenige Freizeit, die Sie am Tage haben, verdient diesen Namen kaum. Wenn es Ihnen geht wie den meisten Menschen, können Sie sich den Luxus nicht leisten, sich während der Mittagspause körperlich und geistig von Ihrer Arbeit zu erholen, am Morgen oder am Nachmittag die notwendige Pause einzulegen oder pünktlich mit der Arbeit aufzuhören. Jede Minute des Tages ist von einer Aufgabe oder Pflicht erfüllt. Wann finden Sie also jemals die Zeit, die man wirklich als *Freizeit* bezeichnen kann – die Zeit, in der Sie Ihre Schuhe abstreifen, die Füße hochlegen, Ihre Augen schließen und Ihren Geist dorthin wandern lassen, wohin *Sie* gerne möchten?

Am besten nehmen Sie sich regelmäßig jeden Tag Zeit zum Tagträumen. Erst dann wird es Ihnen gelingen, nachts wirklich Abstand zu den Dingen zu gewinnen!

Warum soll ich weiterhin bloß vom Tagträumen träumen? Von nun an nehme ich mir jeden Tag eine halbe Stunde Zeit zum Tagträumen.

OKTOBER

Schau dir diesen Sonnenuntergang an, Howard... Es ist, als ob der Tag nicht enden wollte, nicht wahr? Es ist, als ob er der Welt den Krieg erklären und sie in Brand stecken wollte, um die Nacht davon abzuhalten, sich anzuschleichen.

Rosalind Russell in *Picnic*

Sie kennen es aus jedem Horrorfilm. Irgendwann wissen Sie, daß etwas Schlimmes geschehen wird. Sie spüren, wie die Spannung steigt, Ihr Herz zu pochen beginnt, und am liebsten würden Sie die Figuren auf der Leinwand vor der bevorstehenden Gefahr warnen. Aber das ist nicht möglich, denn es ist nur ein Film.

Das Leben ist kein Horrorfilm. Wovor also haben Sie Angst? Vielleicht brechen Ihre Ängste aus dem Dunkel des Unbekannten über Sie herein.

Denken Sie heute abend über die Worte eines unbekannten spirituellen Meisters nach, der sagte: «Es ist nicht einfach, sich von der Angst zu befreien. Wenn ich mit einer Veränderung konfrontiert werde, kann ich in die Gewohnheit der Angst zurückfallen wie ein Vogel, der sich zu seinen Gefährten auf dem Telefondraht gesellt und sich an sie schmiegt. Doch immer häufiger werde ich den Gänsen gleich die Veränderung willkommen heißen: Ich werde für das Zeichen Gottes dankbar sein, das mir offenbart, daß es Zeit ist, eine neue Richtung einzuschlagen.»

Heute abend kann mein Leben voller Sicherheit, Geborgenheit und Harmonie sein. Ich werde mich meinen Ängsten vor dem Unbekannten stellen, damit ich mich zum Besseren verändern kann.

Ideale sind wie Sterne: Wir können sie niemals erreichen, aber wie die Seeleute richten wir uns nach ihnen.

Carl Schultz

Die aktuellen ökologischen Probleme der Welt erinnern Sie täglich daran, daß Sie ein Teil des komplexen Lebens auf der Welt sind. Große Katastrophen, wie eine Ölpest oder das Freisetzen gefährlicher Chemikalien in die Atmosphäre, haben auf jeden und alles in der Lebenskette Auswirkungen. Wahrscheinlich zweifeln Sie daran, daß Sie als einzelner etwas dazu beitragen können, die Schäden, die in Hunderten von Jahren von unserer Zivilisation angerichtet wurden, wiedergutzumachen.

Sie mögen vielleicht nicht imstande sein, in dieser Nacht, dieser Woche, diesem Jahr oder sogar diesem Leben die ideale Umwelt wiederherzustellen, aber Sie können jeden Tag etwas Positives dazu beitragen. Was können Sie tun? Richten Sie in Ihrer Wohnung jeweils einen Behälter zum Sammeln von Plastik, Glas und Papier ein, um diese Stoffe dem Recycling zuzuführen. Schaffen Sie einen Komposthaufen in Ihrem Garten; treten Sie einer Umweltschutzorganisation bei. Reden Sie mit Ihren Kindern über Umweltprobleme.

Heute abend fasse ich den Beschluß, in Zukunft aktiv zum Schutz der Umwelt beizutragen. Mein Beitrag wird von Dauer sein – er wird länger wirken, als ich lebe.

Zunächst sind Gewohnheiten wie Spinnweben, später werden sie zu Drahtseilen.

Spanisches Sprichwort

Jeder hat seine eigenen Methoden, sich am Abend zu entspannen und sich zu erholen, um mit Streß fertig zu werden. Einige davon sind gesund und angenehm – einen Spaziergang zu machen, mit Freunden oder der Familie zu Abend zu essen oder einen ruhigen Abend zu Hause zu verbringen. Andere hingegen tragen wenig dazu bei, sich vom Druck des Alltags zu befreien, und schaffen vielleicht sogar noch weitere Probleme, die Gesundheit oder Schlaf beeinträchtigen: rauchen, trinken, zu viel essen, mit Familienmitgliedern streiten, Beruhigungsmittel oder Drogen nehmen oder sich von den Mitmenschen zurückziehen.

Es ist wichtig, daß Sie die Verantwortung für sich selbst übernehmen: Legen Sie ungesunde Gewohnheiten ab, oder schränken Sie sie ein, und ersetzen Sie sie durch gesündere. Statt Alkohol zu trinken, machen Sie sich eine Tasse Tee. Statt mit dem Gefühl des Zorns über Ihre Familie ins Bett zu gehen, versuchen Sie, den Konflikt zu lösen. Statt sich noch ein Stück Kuchen zu nehmen, essen Sie etwas Gesundes. Sie selbst sind der einzige Mensch, der die Verantwortung dafür trägt, daß Sie die schlechten Gewohnheiten ablegen.

Heute abend werde ich über meine schlechten Gewohnheiten nachdenken. Ich werde sie ablegen, indem ich mich einer Selbsthilfegruppe anschließe, andere Menschen um Hilfe bitte oder allein daran arbeite, mich zu verändern.

«Sein keine große Sache, Mann», sagten sie, «Tiger fangen Affe langsam, langsam.» (Damit meinten sie, ich würde schließlich schon erreichen, was ich wollte.)

Alan Rabinowitz

Der Zoologe Alan Rabinowitz wagte sich in den Regenwald von Belize in Zentralamerika, um dort Jaguare in ihrem natürlichen Lebensraum zu beobachten und das weltweit erste Reservat für diese Raubkatzen einzurichten. Dabei mußte er sich erst an das Arbeitstempo der Einwohner gewöhnen: «Immer wenn ich irgend etwas erledigt haben wollte, nahm ich einfach die Zeit, von der ich dachte, daß sie dazu nötig wäre, und multiplizierte sie mal vier.» Dann konnte er sich entspannen.

Denken Sie heute abend daran, daß Sie andere nur unnötig unter Druck setzen, wenn Sie von ihnen erwarten, bei der Arbeit Ihr Tempo einzuhalten oder innerhalb einer kurzen Zeitspanne unverhältnismäßig viel zu leisten. Fragen Sie erst nach, wieviel Aufmerksamkeit andere einer Aufgabe widmen können und welche Erwartungen sie daran knüpfen. Hören Sie sich die Antworten genau an, denn nur so können Sie eine entspannte Arbeitsatmosphäre schaffen. Und bemühen Sie sich um eine ähnliche Haltung bei den Zeitplänen, die Sie für sich selbst aufstellen. Streben Sie danach, alles zu erledigen, was Sie tun *können*, und nicht danach, alles zu schaffen, was Sie tun *wollen*.

Heute werde ich mir überlegen, was andere und ich selbst für Bedürfnisse haben, bevor ich Zeitpläne aufstelle und Fristen setze.

Eine kleine Sache kann uns trösten, denn genausogut kann sie uns auch aus der Fassung bringen.

Blaise Pascal

Sind Sie am Abend manchmal überempfindlich, weil Ihr Geist, Ihr Körper und Ihre Seele von den Aktivitäten des Tages völlig erschöpft sind? Wenn kleine Ärgernisse Sie bereits aus der Fassung bringen, dann ist das ein Warnsignal. Sie müssen sich mehr Zeit für sich selbst nehmen. Denken Sie dabei an die Worte von Blaise Pascal: Eine Kleinigkeit kann Ihnen auch Ihr inneres Gleichgewicht wiedergeben. Gönnen Sie sich deshalb eine kleine Freude. Nehmen Sie ein heißes Bad, meditieren Sie, rufen Sie einen Freund oder eine Freundin an, oder gehen Sie allein ins Kino. Wenn Sie sich selbst etwas Gutes tun, verlieren die Ärgernisse des Tages, auf die Sie gereizt reagieren, ihre Macht und bringen Sie nicht mehr so leicht aus der Fassung.

Reagieren Sie heute abend gelassener auf die Unannehmlichkeiten des Alltags. Bemühen Sie sich, sie im richtigen Licht zu betrachten und so viel wie möglich aus ihnen zu lernen.

Jeder von uns erlebt täglich Ärgernisse und Kränkungen, aber nicht jeder reagiert gereizt darauf. Heute abend werde ich lernen, mich von ihnen nicht beeinträchtigen zu lassen.

Wenn Sie sich nicht auf Ihre Stärken konzentrieren, gehören Sie bald zu den Verlierern.

Delores Caleagno

Konzentrieren Sie sich auf Ihre persönlichen Stärken und bemühen Sie sich, sie zu fördern und auszubauen? Oder richten Sie Ihr Augenmerk auf Ihre Schwächen und darauf, sie auszumerzen? Der Versuch, seine Schwächen auszugleichen, bevor man sich seine Stärken zunutze gemacht hat, ist der größte Fehler, den man machen kann. Wenn Sie sich an Ihre Erfolge und nicht an Ihre Fehlschläge erinnern, ist das Ihrem inneren Wachstum weit dienlicher.

Fragen Sie sich heute abend: «Bei welchen Gelegenheiten bin ich besonders zuversichtlich und selbstsicher?» Erstellen Sie in Ihrem Geist eine Liste der entsprechenden Anlässe, und führen Sie sich vor Augen, daß jeder Punkt auf Ihrer Liste eine Ihrer Stärken widerspiegelt. Machen Sie diese geistige Übung jedesmal, wenn Sie bemerken, daß Sie sich auf Ihre Schwächen konzentrieren. Lassen Sie Ihre Stärken über Ihre Schwächen siegen, dann werden letztere mit der Zeit an Bedeutung verlieren.

Wenn ich mich darauf konzentriere, was ich am besten kann, ist mir der Erfolg gewiß.

Es ist gut, das Gespräch zu suchen, aber hin und wieder ist es besser, zu schweigen.

Richard Armour

In schwierigen Phasen ist es das Beste, über Ihre Probleme zu reden, darüber, was in Ihnen vorgeht und wie Sie sich fühlen. Aber ein Trauma, einen Verlust oder ein anstrengendes Ereignis in einem Tagebuch zu verarbeiten, kann genauso hilfreich sein wie ein Gespräch. In einer psychologischen Studie wurde die Hälfte einer Gruppe von arbeitslosen Akademikern mittleren Alters aufgefordert, fünf Tage lang jeweils während zwanzig Minuten ihre Gefühle aufzuzeichnen, die sie mit ihrer beruflichen Situation verbanden. Acht Monate später hatten dreiundfünfzig Prozent derjenigen, die regelmäßig über ihre Erfahrungen geschrieben hatten, nicht nur eine positivere Einstellung zu sich selbst entwickelt, sondern sie hatten auch einen neuen Job gefunden.

Die Forscher faßten ihre Erkenntnisse wie folgt zusammen: «Jene, die in der Lage waren, ihre Gedanken zu Papier zu bringen, konnten ihre negativen Gefühle besser verarbeiten, ihre Situation realistischer einschätzen und eine positive Einstellung zur Zukunft einnehmen.»

Ich werde lernen, meine Erfahrungen in einem Tagebuch festzuhalten. Ich werde offen und ehrlich über meine Gefühle schreiben, damit ich sie besser verarbeiten kann und mich weiterentwickle.

Was ich mache, mache ich wirklich gern. Wäre es nicht wunderbar, wenn jeder einen Job ausüben könnte, den er liebt, und sich am Ende eines jeden Tages für seine Anstrengungen loben würde?

Diane Ford

Haben Sie oft das Gefühl, bei der Arbeit oder zu Hause mit dem Kopf gegen die Wand zu laufen, weil Sie Aufgaben erledigen, die kaum gewürdigt werden, Pflichten erfüllen, die Ihnen häufig sinnlos erscheinen, oder weil Sie nur selten das erreichen, worum Sie sich bemühen? Nur wenige Menschen üben einen Job aus, den sie lieben, und erhalten die Anerkennung, die ihnen zusteht. Die meisten von uns glauben, daß ihre täglichen Aufgaben keine wirkliche Herausforderung darstellen und daß ihr Einsatz zu wenig Beachtung findet.

Versuchen Sie von nun an, sinnvolle Herausforderungen in anderen Lebensbereichen zu finden. Nehmen Sie sich vor, jeden Tag etwas zu tun, an dem Sie wirklich Freude haben: Legen Sie Ihre Lieblingsmusik auf, malen Sie, gehen Sie laufen, bauen Sie eine Modelleisenbahn, fangen Sie an zu nähen, oder meditieren Sie. Wenn Sie Ihre ganze Aufmerksamkeit einer Tätigkeit widmen, die Ihnen sinnvoll erscheint und Sie mit Freude erfüllt, werden Sie weniger über eine andere, hoffnungslose Situation nachgrübeln.

Ich werde jeden Morgen in den Spiegel sehen und ein paar Einzelheiten hervorheben, die ich an meinen Tätigkeiten mag. Wenn ich mir selbst Lob und Anerkennung schenke, kann ich mein Selbstwertgefühl und meinen inneren Frieden steigern.

Wenn alles so ausginge, wie ich es mir vorstelle, dann würde ich niemals etwas Neues erleben; mein Leben wäre eine endlose Wiederholung schal gewordener Erfolge.

Hugh Prather

In Ihrer Beziehung, Ihrem Job oder Ihrer gesamten Lebenssituation ist es wohl unvermeidlich, daß Sie immer wieder auf Schwierigkeiten stoßen, die Sie davon abhalten, ein bestimmtes Ziel zu erreichen. Sie haben nun die Möglichkeit, sich ein neues Ziel zu setzen oder noch einmal zu versuchen, das alte zu erreichen, oder Sie können aufgeben und gar keine Ziele mehr anstreben. Folgen Sie der Redensart: «Wenn nicht das, dann eben etwas anderes.» Und schon sind Sie auf dem besten Weg, aus einer Erfahrung zu lernen und daran zu wachsen.

Bereiten Sie sich heute abend darauf vor, die Schläge, die Ihnen das Leben versetzt, nicht mit bitterem Ernst, sondern mit Humor hinzunehmen. Einige Tage und Nächte werden immer besser – oder schlechter – als andere sein. Versuchen Sie, diese Phasen mit einem Scherz auf den Lippen zu überwinden. Wie Allen Klein schon sagt: «Die meisten von uns können über die Pointe eines Witzes lachen, aber nur wenige lachen über die Pointen des Lebens.»

Heute abend werde ich daran denken, daß mich irgendein Ereignis jederzeit von meiner gewählten Richtung abbringen und auf einen anderen Weg zwingen kann. Ob ich zu den Gewinnern oder den Verlierern gehöre, entscheidet sich durch meine Haltung bei solchen Erfahrungen.

Wenn man nicht bereit ist, die Küste für sehr lange Zeit aus den Augen zu verlieren, kann man kein neues Land entdecken.

André Gide

Risiken einzugehen bedeutet, etwas Neues, anderes oder Unbekanntes zu versuchen, ohne zu wissen, was dabei herauskommt. Manchmal riskieren Sie etwas und erzielen damit positive Ergebnisse – Sie fragen Ihren Vorgesetzten um eine Gehaltserhöhung und bekommen sie. Oder Sie gehen ein Risiko ein und haben keinen Erfolg dabei – Sie wollen sich mit einem anderen Menschen verabreden und werden abgewiesen. Was immer dabei herauskommen mag, die Hauptsache ist, daß Sie das Risiko überhaupt eingehen. Aber Risikobereitschaft bedeutet keineswegs, keine Angst zu haben. Angst ist eine natürliche Reaktion auf alles Unbekannte. Der wahrhaft Mutige fürchtet sich und *riskiert es dennoch.* Eine Leitfrage besonders risikofreudiger Menschen lautet deshalb: «Was habe ich zu verlieren?» Selbst wenn sie scheitern, sie haben es zumindest versucht!

Denken Sie von nun an nicht mehr darüber nach, was Sie verlieren könnten, wenn Sie ein bestimmtes Risiko eingehen, sondern überlegen Sie sich, was Sie zu gewinnen haben. Führen Sie sich diesen möglichen Gewinn ständig vor Augen – und gehen Sie das Risiko ein!

Ich werde an meiner Angst vor einem Risiko arbeiten, indem ich mich frage: «Was ist das Schlimmste, das passieren könnte, wenn ich dieses Risiko eingehe?» Dann werde ich darüber nachdenken, ob die möglichen Konsequenzen schlimm genug sind, um mich davon abzuhalten, es dennoch zu versuchen.

Das gleiche sagte Buddha über den guten Führer eines Ochsenkarren. Der Führer weiß, wieviel der Ochse ziehen kann, und er überlastet das Tier nicht. Du kennst deinen Weg und deine geistige Verfassung. Bürde also auch du dir nicht zuviel auf.

Zen-Philosophie

Es kann sehr schwierig sein, alle Bereiche Ihres Lebens im Gleichgewicht zu halten. Wenn Sie aber zu sehr in einem Bereich Ihres Lebens aufgehen, widmen Sie den anderen zu wenig Zeit und Aufmerksamkeit. Dabei geht die Balance verloren. Es spricht nichts dagegen, sich für kurze Zeit auf einen bestimmten Teil des Lebens zu konzentrieren. Wenn aber die Einseitigkeit länger anhält, kann sich ein solches Verhalten negativ auf alle anderen Bereiche auswirken.

Um täglich für innere Ausgeglichenheit zu sorgen, sollten Sie sich jeden Abend fragen, welche Aufgabe in Ihrem Leben zu viel Zeit in Anspruch nimmt, und sich von ihr zu lösen. Teilen Sie diese Zeit oder zumindest einen Teil davon Bereichen zu, die Sie übergangen haben. Auf diese Weise stellen Sie nach und nach das Gleichgewicht in allen Lebensgebieten wieder her.

Ich werde mir vorstellen, jede Tätigkeit in meinem Leben auf eine Waagschale zu legen und abzuwägen, wieviel Aufmerksamkeit ich ihr schenke. Ich werde jenen Aktivitäten, die schwer wiegen, weniger Zeit und Aufmerksamkeit widmen.

Engel können fliegen, weil sie sich selbst leicht nehmen.

G. K. Chesterton

Werden Sie manchmal beim geringsten Anlaß hysterisch? Sind Sie nicht imstande, die Prüfungen und Widrigkeiten des Lebens im richtigen Licht zu sehen? Sind Sie zu ernst oder zu beschäftigt, um über sich selbst oder die Höhen und Tiefen des Lebens zu lachen? Das Leben leichter – und mit Humor – zu nehmen, kann Ihnen eine angenehme Pause bieten in all den spannungsgeladenen Augenblicken, verursacht durch die nicht so lustigen Dinge des Lebens. Humor kann Sie aus Ihren Problemen und Sorgen entführen, und sei es auch nur für einen Augenblick, und sie leichter erträglich machen. Doch Humor wird nur selten als Mittel zur Streßbewältigung angesehen. Wie sollten Sie denn auch lachen können, wenn Sie zornig, besorgt, ängstlich, traurig und angespannt sind oder darum kämpfen, der perfekte «Engel» zu sein?

Lachen ist nicht nur der positive Ausgleich zu negativen Gefühlen, sondern tut auch dem Körper gut: Laut und herzhaft zu lachen ist ein tolles «inneres Training» für Ihr Herz, Ihre Lungen, Ihren Kreislauf und Ihre Muskeln. Wann haben Sie das letzte Mal aus ganzem Herzen gelacht – so sehr, daß Ihnen die Tränen in die Augen traten, daß Sie nach Luft rangen und Ihnen alles weh tat?

Worüber muß ich lachen? Ich werde nach Situationen, Menschen oder sonstigen Quellen des Lachens Ausschau halten.

Das Spiel des Lebens gleicht einem Bumerang. Unsere Gedanken, Taten und Worte kehren früher oder später mit erstaunlicher Genauigkeit zu uns zurück.

Florence Scovel Shinn

Eine alte Redensart lautet: «Wie man in den Wald hineinruft, so schallt es wieder heraus.» Durch Ihre Art zu denken, zu fühlen und zu handeln bringen Sie Ihren Mitmenschen bei, wie Sie von ihnen behandelt werden wollen. Ihre Energie verwandelt sich in die Energie der anderen, und *Sie sind für ihre Art und Weise verantwortlich.* Ebenso können Sie sich die Energie Ihres Gegenübers zu eigen machen. Verhält sich beispielsweise ein Kollege Ihnen gegenüber ungeduldig oder ärgerlich, so wird dies in Ihnen recht ähnliche Gefühle hervorrufen, die Sie wiederum später an Ihrem Partner oder Ihren Kindern auslassen. Aber Sie haben die Macht, diesen Teufelskreis zu durchbrechen, indem Sie jederzeit die Verantwortung für Ihr eigenes Verhalten übernehmen. Sie haben die Wahl, die negative Energie der anderen aufzunehmen – oder sie abzuwehren.

Werden Sie sich von nun an der Energie in Ihrer Umgebung bewußter. Wehren Sie negative Energien ab. Sagen Sie sich: «Das ist nicht meine Energie. Ich will sie nicht, also löse ich mich von ihr.» Atmen Sie die negative Energie völlig aus Ihrem Geist und Ihrem Körper aus, dann sagen Sie sich: «Jetzt habe ich Frieden.»

Heute abend werde ich die negativen Energien meiner Mitmenschen abwehren, damit sie meinen Seelenfrieden nicht stören.

Der Abendstern ist der schönste aller Sterne.

Sappho

Der Abendstern leuchtet deshalb besonders hell, weil er der erste Stern ist, der am Abend am Himmel erscheint. Er verkündet, daß dieser Tag vorüber ist und niemals mehr wiederholt werden kann. Das erste in einer Reihe ähnlicher Dinge markiert meist einen Einschnitt in Ihrem Leben: Ihre erste Liebe, Ihr erstes Auto, die ersten Worte oder winzigen Schritte Ihres Kindes, Ihr erster Schultag, Ihr erster Job oder Ihre erste Wohnung sind allesamt Anzeichen für eine bedeutende Veränderung. Jedes einmalige, niemals zu wiederholende Ereignis wird zu einem wichtigen Augenblick, der neu und aufregend ist und Abenteuer, Entdeckungen und Veränderungen ankündigt.

Denken Sie heute abend daran, daß Ihr Leben täglich aufs neue abenteuerlich und aufregend sein kann, wenn Sie jeden Tag, jeden Menschen, jede Erfahrung, jedes Ziel, das Sie sich setzen, und jede Veränderung, die Sie vollziehen, so behandeln können, als würden Sie zum ersten Mal damit konfrontiert.

Ich werde mir heute abend vom ersten Stern, den ich sehe, etwas wünschen. Ich werde mir wünschen, empfänglich für das Neue zu sein, das mir an jedem Tag meines Lebens geschenkt wird.

Es gibt zwei Tage in der Woche, an denen und um die ich mich niemals sorge. Zwei unbekümmerte Tage, die dich frei von Angst und Sorgen halte. Einer dieser Tage ist das Gestern... Und der andere Tag, um den ich mich nicht sorge, ist das Morgen.

Robert Jones Burdette

Ihre Sorgen rauben Ihnen Ihre Energie. Sie halten Sie davon ab, in der Gegenwart zu leben, weil Ihr Geist sich ständig Ereignissen zuwendet, die bereits vorbei sind, oder solchen, die noch vor Ihnen liegen. Das wirksamste Heilmittel gegen Sorgen besteht darin, zunächst einmal zwischen eingebildeten und tatsächlichen Problemen unterscheiden zu lernen. Wenn Sie beispielsweise befürchten, daß Ihr Partner Sie nach dem letzten Streit verlassen will, so fragen Sie sich: «Ist das eine Tatsache?» Vielleicht machen Sie sich Gedanken darüber, daß Sie einen Termin hätten einhalten können, wenn Sie sich Ihre Zeit besser eingeteilt hätten. Aber fragen Sie sich auch hier: «Ist das eine Tatsache?»

Lernen Sie herauszufinden, welche Ihrer Sorgen auf Tatsachen beruhen. Und *auf der Basis dieser Tatsachen* entscheiden Sie, ob Sie etwas zur Problemlösung beitragen können oder nicht. Eine solche Sichtweise ermöglicht es Ihnen, im gegenwärtigen Augenblick zu leben – und ihn zu genießen.

Mich zu sorgen erschöpft meine körperliche und geistige Energie. Heute abend werde ich meine Energie bewahren, indem ich mich um meine Gegenwart kümmere, statt mir sinnlose Sorgen um Vergangenheit und Zukunft zu machen.

Ein paar Menschen haben das Glück, unabhängig von ihrem Alter schlafen zu können wie Babys.

Judy Foreman

Je älter man wird, desto schlechter schläft man. Man nimmt an, daß die biologische Ursache dafür bei der «inneren Uhr» zu suchen ist, die steuert, wann man schläft und wann man aufwacht. Diese Uhr wird schneller, je älter Sie werden, beschleunigt Ihren körperlichen Rhythmus, so daß Sie abends früher den Impuls haben, ins Bett zu gehen, aber dann am Morgen wesentlich früher aufwachen.

Wie können Sie dieses Problem lösen? Machen Sie tagsüber kein Nickerchen oder achten Sie zumindest darauf, daß es nicht länger als 45 Minuten dauert und daß Sie sich vor 15 Uhr hinlegen. Gehen Sie am Abend nicht früh zu Bett, auch wenn Sie sich einsam fühlen oder sich langweilen. Zeigen Sie mehr Anteil und Interesse am Leben. Neben all den Empfehlungen der Schlafforscher ist die Aussage des Psychologen Peter Hauri zu beherzigen: «...am wichtigsten ist es, einen Grund zum Leben zu haben... Wenn ich die betroffene Person dazu bringen kann, Blinden vorzulesen, zu reisen oder ein neues Hobby zu entwickeln, wird sie besser schlafen.»

Ich werde mein Leben interessant und aufregend gestalten und aktiv werden, so daß ich schlafen kann, weil ich rechtschaffen müde bin.

«Die Frage ist», sagte Alice, «ob man den Worten wirklich so viele verschiedene Bedeutungen geben kann.»

Lewis Carroll, *Alice hinter den Spiegeln*

Lesen Sie sich folgende Worte langsam und laut vor: *unglücklich, trübsinnig, düster, weinerlich, verdrießlich, finster, hoffnungslos, sorgenvoll, negativ, bitter, elend, verzweifelt, selbstmordgefährdet.* Nehmen Sie sich einen Augenblick lang Zeit, um darüber nachzudenken, welche Gefühle sie in Ihnen auslösen. Jetzt lesen Sie folgende Liste: *freudig, glücklich, witzig, kichernd, albern, erfreut, begeistert, unbekümmert, freundlich, vergnügt, heiter, erfreulich, lustig, in sich hineinlachend, lachend, lächelnd, rosig, beschwingt.* Und welche Gefühle haben Sie jetzt? Worte können Ihre Stimmung stark beeinflussen. Der Schriftsteller Vernon Howard beschrieb einst einen Mann, der jeden Tag «schöne Worte» in ein kleines Notizbuch schrieb. Jeden Morgen las sich der Mann einen Teil seiner Liste laut vor. Wenn sich tagsüber eine Gelegenheit bot, verwendete er die betreffenden Begriffe im Gespräch. Der Mann erklärte einem Freund: «Weil ich die Welt nur in rosarot gefärbten Worten beschreibe, bin ich heute selbst rosarot.»

Nehmen Sie sich vor, von nun an eine positive, stimmungshebende Ausdrucksweise zu verwenden. Beeinflussen Sie Ihre Gefühle durch Ihre Wortwahl.

Wenn ich bin, was ich denke, dann muß ich mich vielleicht neu überdenken. Von nun an werde ich meine Sprechweise verändern, um positiver zu werden.

Beziehungen sind nur so lebendig wie die Leute, die daran beteiligt sind.

Donald B. Ardell

In jeder intimen Beziehung müssen beide Partner häufig gemeinsam daran arbeiten, Probleme, die die Beziehung gefährden könnten, zu erkennen, anzusprechen und zu lösen. Wenn Sie sich einen Großteil der Zeit in Ihrer Beziehung unglücklich oder durch die Interessen und Leistungen Ihres Partners bedroht fühlen, sollten Sie jedoch noch stärker an sich selbst arbeiten. Zu einer erfüllten Beziehung gehört, daß beide Partner ihr eigenes, gesundes und glückliches Leben führen. Wenn Sie sich also selbst verändern, wenn Sie zum Beispiel Diät halten, um besser auszusehen, eine Therapie machen, Zeit allein verbringen, neue Interessen entwickeln oder eine Sucht bekämpfen, können sich diese Veränderungen positiv auf Ihre Beziehung auswirken.

Wenn Sie mit sich selbst glücklich sind – Ihre Individualität bewahren und Ihre Beziehung zu sich selbst pflegen –, erst dann sind Sie in der Lage, auch mit einem anderen Menschen auf harmonische und glückliche Weise zusammenzuleben.

Heute abend werde ich andere so akzeptieren, wie sie sind, und nicht versuchen, sie zu verändern. Ich werde statt dessen an mir selbst arbeiten, damit meine Beziehung zu mir und meinem Partner wachsen und gedeihen kann.

Ich schäme mich dieser Tränen. Doch in meiner tiefsten Not schäme ich mich, sie nicht zu vergießen.

Euripides

Nichts ist belastender für die Nerven, als seinen Gefühlen kein Ventil zu schaffen oder sogar ein schlechtes Gewissen zu haben, weil man überhaupt etwas empfindet. Der Versuch, die eigenen Gefühle unter Kontrolle zu halten, vor anderen zu verbergen oder sie zu ignorieren, ist, als ob man sich bemühte, den Deckel auf einem Topf mit kochendem Wasser festzuhalten. So sehr Sie sich auch anstrengen, die Gefühle sprudeln an die Oberfläche und drohen den Deckel jeden Augenblick herunterzuwerfen. In manchen Situationen ist es vielleicht ganz nützlich, seine Gefühle nicht zum Ausdruck zu bringen, aber auf lange Sicht führt ein solches Verhalten zu übermäßigen Spannungen, Streß und negativen Gefühlen sich selbst gegenüber.

Lassen Sie Ihren Gefühlen freien Lauf – bringen Sie sie offen und ehrlich zum Ausdruck. Schließlich sind sie ein Teil dessen, was Sie – und jeden anderen – menschlich macht; jeder hat sich schon einmal so gefühlt wie Sie. Warum sollten Sie Ihre Gefühle verleugnen? Warum sollten Sie sich schlecht dabei fühlen, sie zu äußern? Lernen Sie, dankbar für Ihre Gefühle zu sein, statt sich ihrer zu schämen.

Ich werde anfangen, meinen Gefühlen freien Lauf zu lassen, damit ich mich mehr wie ein Mensch – und nicht wie eine Maschine – fühlen kann.

Wenn Gott etwas Wunderbares vollbringt, beginnt er mit etwas Schwierigem. Aber wenn er etwas wirklich Wunderbares vollbringt, beginnt er mit etwas Unmöglichem.

Anonym

Wie oft schon waren Sie entmutigt angesichts des ungeheuren Ausmaßes eines Projektes oder der ungeheuren Ferne eines Zieles? Es ist ganz normal, daß Sie sich überfordert fühlen, wenn Sie etwas Ungewöhnliches beginnen oder sich einer großen Herausforderung stellen. Möglicherweise rät Ihnen Ihre innere Stimme aufzugeben, während Sie äußerlich die Zähne zusammenbeißen, die Fäuste ballen und vor Angst schwitzen. In diesem Augenblick müssen Sie sich sagen: «Vielleicht reagiere ich deshalb so stark auf das, was ich gerade in Angriff nehme, weil ich nicht weiß, wie ich später mit dem Erfolg umgehen soll.»

Sagen Sie sich also von nun an: «Nichts ist unmöglich.» Statt sich von der bevorstehenden Aufgabe überfordert zu fühlen, zerlegen Sie sie in kleine, leicht zu bewältigende Schritte. Machen Sie dann einen Schritt nach dem anderen – und Sie machen das Unmögliche möglich!

Mit Vertrauen, Ausdauer und der Weigerung, etwas als «unmöglich» zu definieren, kann ich alles erreichen, was ich mir vornehme. Ab sofort werde ich nicht mehr nur träumen, sondern handeln!

Gelinde Antwort beschwichtigt Erregung: verletzendes Wort erregt aber Zorn.

Buch der Sprüche, 15;1

Auf Familienmitglieder ständig wütend zu sein mag zwar die Beziehung nicht beenden, aber es kann dazu führen, daß wirkliche Nähe nicht mehr möglich ist. Ihr enterbter Sohn ist immer noch Ihr Kind, aber er kommt vielleicht nie mehr in Ihr Haus zurück, um Sie zu umarmen. Wenn Ihr Vater oder Ihre Mutter Sie mißhandelt haben, so sind Sie vielleicht nicht in der Lage, Ihnen zu verzeihen, doch es bleiben trotzdem Ihre Eltern.

Sie haben nicht die Macht, das Verhalten anderer Menschen zu beeinflussen, aber Sie können sich jetzt mit der Vergangenheit aussöhnen, indem Sie Geschehenes akzeptieren und vergeben. Fragen Sie sich zunächst: «Was kann ich tun, um meinen Zorn loszuwerden?» Vielleicht schreiben Sie dem betreffenden Menschen einen Brief, den Sie nicht abschicken. Machen Sie Ihren Gefühlen Luft. Oder rufen Sie sich umgekehrt einige der guten Eigenschaften dieses Menschen, auf den Sie wütend sind, in Erinnerung. Diese Vorgehensweise hilft Ihnen, sich von Ihrer Wut loszusagen, so daß Sie dem Betreffenden wieder mit «gelinder Antwort» begegnen können.

Ich glaube an die Worte Indira Gandhis: «Mit geballter Faust kann man niemandem die Hand reichen.» Ich werde meine Hand versöhnlich nach einem Familienmitglied ausstrecken, damit wir wieder miteinander reden können.

In allem steckt eine Moral, du mußt sie nur finden.

Lewis Carroll

Präsident Eisenhower erzählte einmal eine Geschichte aus seiner Kindheit auf einer Farm in Kansas: Ein alter Farmer besaß eine Kuh, die Eisenhowers Vater kaufen wollte. Der junge Dwight und sein Vater gingen also zu dem Farmer hin und fragten nach dem Stammbaum der Kuh. Der alte Farmer wußte nicht, was ein Stammbaum war. Dwights Vater fragte nun danach, wieviel Butter die Kuh liefere. Der Farmer sagte ihm, er habe keine Ahnung. Dwights Vater fragte den Farmer, ob er wüßte, wie viele Liter Milch die Kuh im Jahr liefere. Der Farmer schüttelte wiederum seinen Kopf. Verärgert nahm Dwights Vater seinen Sohn an der Hand und wollte gehen. Daraufhin sagte der Farmer: «Ich kann Ihnen Ihre Fragen nicht beantworten. Aber ich weiß, daß sie eine ehrliche alte Kuh ist, die Ihnen all die Milch geben wird, die sie hat!» Daraufhin kaufte Dwights Vater die Kuh ohne weiteres Zögern.

Können Sie heute abend voller Stolz auf ein Leben zurückblicken, in dem Sie Ihren moralischen Grundsätzen treu geblieben sind? Waren Sie ehrlich? Nachsichtig? Gütig? Seien Sie wie die Kuh des alten Farmers. Seien Sie stolz auf Ihren moralischen Lebenswandel, seien Sie ehrlich, und geben Sie alles, was Sie haben!

Jeden Abend werde ich auf meinen Tag zurückblicken, um zu beurteilen, ob ich meine moralischen Wertvorstellungen nicht verletzt habe. Und ich werde ehrliche Kritik an mir üben und die Richtlinien aufstellen, nach denen ich morgen leben will.

Menschen zu hassen ist, als ob man sein Haus niederbrennt, um eine Ratte loszuwerden.

Harry Emerson Fosdick

Das Gefühl des Hasses kennen wir wohl alle. Oft empfinden Sie es Leuten gegenüber, die Sie kaum kennen: dem Mann, der Sie beim Autofahren schneidet, der Frau vor Ihnen im Supermarkt, die das Transportband an der Kasse vollädt, obwohl dort nur zehn Artikel erlaubt sind, dem Kind, das Ihr eigenes Kind schlecht behandelt. Aber ist Ihnen bewußt, daß Sie bloß selbst darunter leiden, wenn Sie jemanden hassen? Wenn Sie an Rache denken, dem anderen etwas Schlimmes wünschen oder einfach nicht vergeben und vergessen wollen, zerstören Sie Ihr inneres Gleichgewicht, gefährden Ihre Gesundheit und durchschneiden das spirituelle Band, das Sie mit allen Lebewesen verbindet.

Bevor Sie sich heute abend vom Haß auffressen lassen, denken Sie daran, daß dieses Gefühl die Folge einer Kettenreaktion ist. Um es aufzuhalten, brauchen Sie nur ein einziges Glied aus der Kette zu entfernen. Wenn Sie hassen, leiden Sie; wenn Sie sich von Ihrer Wut befreien, wachsen Sie.

Der Haß verzehrt mich nicht nur, er beeinträchtigt auch meine Beziehung zu einer höheren Macht. Von nun an werde ich das destruktive Potential des Hasses erkennen und mit der Quelle meines Zorns vernünftiger umgehen.

Neulich glaubte ich, Furcht zu empfinden. Aber erst seit heute, nachdem ich erlebt habe, wie das Licht schwächer wird, wie die Nacht näher und näher kommt und wie meine Fingerspitzen kalt werden, weiß ich überhaupt erst, was Angst und Schrecken wirklich sind.

Rosalind Russel in *Der Griff aus dem Dunkel*

Vielleicht steigt Ihre Angst, wenn der Tag vorüber ist. Es beschleicht Sie das Gefühl, nicht mehr zwischen dem unterscheiden zu können, was wirklich ist und was nicht. Ihre Phantasie geht mit Ihnen durch. Alles mögliche, so glauben Sie, kann Ihnen passieren. Sie fühlen sich schutzlos ausgeliefert. Sie können nicht darauf vertrauen, daß alles in Ordnung ist. In solchen Phasen betrachten Sie Ihr Leben vielleicht als eine Berg- und Talfahrt zwischen Vertrauen und Angst. Am Tag fühlen Sie sich eher dazu in der Lage, die kleineren und größeren Schwierigkeiten, denen Sie begegnen, zu bewältigen. Aber in der Nacht, wenn Sie ängstlich und unsicher sind, haben Sie das Bedürfnis, selbst vor den unbedeutendsten Unannehmlichkeiten die Flucht zu ergreifen.

Wenn diese Nervosität heute nacht wieder in Ihnen aufsteigen will, dann sagen Sie sich: «Ich glaube daran, daß ich meine Angst überwinden kann. Ich werde einfach mein Bestes geben und darauf vertrauen, daß alles in Ordnung ist.»

Heute abend werde ich versuchen, weniger zu fürchten, indem ich den Menschen, die mich unterstützen, und meiner ganzen Umgebung mehr vertraue.

Blicke sorgfältig in dein Innerstes; dort findest du einen Quell der Stärke, der immer sprudeln wird, sobald du nur danach Ausschau hältst.

Mark Aurel

Wo hat Ihr Gefühl der Sicherheit und des emotionalen Wohlbefindens seinen Ursprung? In Ihrem Beruf, Ihren Eltern, Ihren Kindern, Ihrem Partner, Ihren Freunden? Es ist ungesund, sich darauf zu verlassen, daß andere Ihre inneren Bedürfnisse erfüllen. Sie begeben sich in ein emotionales Abhängigkeitsverhältnis und verlieren die Verbindung zu sich selbst. Sie verwandeln sich in ein Abbild der Wünsche anderer und verbergen Ihr wahres Ich hinter einer Maske.

Führen Sie sich heute abend vor Augen, daß Sie immer unabhängiger werden, je stärker Sie sich von den Wünschen anderer lösen und sich auf sich selbst zu verlassen lernen. Wenn Sie sich bloß mit den Augen anderer betrachten, werden Sie immer nur das finden, was diese in Ihnen sehen wollen. Aber durch Ihre eigenen Augen werden Sie erkennen, wer Sie wirklich sind. Suchen Sie bei sich selbst nach Sicherheit, Anerkennung und Ansehen. Erst dann werden Sie ein gesünderer Mensch sein.

Ich habe die meiste Zeit in meinem Leben nur auf andere geachtet, deshalb hielt ich mich selbst für «das Problem». Erst heute abend wird mir klar, daß das Problem nicht in meiner Persönlichkeit liegt, sondern darin, daß ich diese bislang nicht zu erkennen vermochte.

Liebe beginnt damit, daß wir jene, die wir lieben, völlig sie selbst sein lassen und sie nicht zurechtbiegen, damit sie unserer Vorstellung entsprechen. Sonst lieben wir nur das Spiegelbild unserer selbst, das wir in ihnen finden.

Thomas Merton

Liebe ist nicht immer einfach. Manchmal ist es einfacher, «Ich liebe dich» zu sagen, als zu begründen, warum man so empfindet. Häufig fällt es uns schwer, die Eigenschaften, Talente und die Einzigartigkeit des Menschen, den wir lieben, überhaupt zu erkennen. Vielleicht neigen Sie dazu, sich mit Ihrem Partner zu vergleichen, wodurch Sie mit Ihren eigenen Schwächen konfrontiert werden. Womöglich fragen Sie sich, wie der andere Sie überhaupt so lieben kann, wie Sie sind. Vielleicht sehen Sie den geliebten Menschen ja auch in einem vornehmlich negativen Licht. Statt sich auf seine guten Eigenschaften zu konzentrieren, entdeckten Sie nur Dinge, die Sie nicht mögen – «Ich liebe dich, aber nicht, wenn du mir nicht zuhörst» oder «Ich liebe dich, aber ich wünschte, du würdest dich anders kleiden».

Liebe sollte jedoch nicht auf Vergleichen basieren oder auf einer Auflistung von Eigenschaften, die einem gefallen oder mißfallen. Liebe bedeutet, den anderen so zu sehen und zu akzeptieren, wie er oder sie ist.

Heute abend werde ich mich auf die guten Eigenschaften meines Partners konzentrieren und daran denken, wie schön unsere Liebe ist.

Ich habe immer gewußt, daß ich schließlich irgendwann diesen Weg einschlagen würde, aber gestern wußte ich nicht, daß es heute soweit sein würde.

Narihira

So gerne Sie auch wissen möchten, was von Tag zu Tag, von Woche zu Woche, von Monat zu Monat oder sogar von Jahr zu Jahr auf Sie zukommt, manchmal ist es unmöglich vorauszuplanen. Auf viele Entwicklungen haben Sie einfach keinen Einfluß. Vielleicht zögern Sie ja deshalb, Veränderungen vorzunehmen, etwas Neues in Angriff zu nehmen oder sich endlich einen langgehegten Traum zu erfüllen. Vermutlich verbringen Sie mehr Zeit damit, sich zu fragen: «Was ist, wenn…?» statt «Warum nicht?»

Warten Sie niemals damit, etwas zu tun oder eine andere Richtung einzuschlagen, nur weil Sie nicht genau wissen, was dabei herauskommen wird. Umarmen Sie den Menschen, den Sie umarmen wollen. Probieren Sie eine Sportart aus, die Sie schon immer gereizt hat. Bewerben Sie sich um eine neue Stelle oder um eine Beförderung. Schauen Sie sich einen Film auf Video an, der Sie schon immer interessiert hat. Gehen Sie dann in dem Gefühl der Zufriedenheit und der Erfüllung zu Bett, weil Sie das erreicht haben, was Sie sich vorgenommen haben.

Ich werde meine Lebensreise spontaner angehen und mich auf immer mehr Risiken einlassen. Und statt mir Sorgen um das Ergebnis zu machen, werde ich mich fragen: «Warum soll ich es nicht einfach einmal ausprobieren?»

Ein wahrer Neuanfang beginnt immer in uns selbst, auch wenn wir erst durch äußere Gegebenheiten auf ihn aufmerksam werden.

William Bridges

Lesen Sie die folgende Liste von Problemen durch, denen Sie im Laufe Ihres Lebens begegnen können: *Sie verlieren Ihren Arbeitsplatz. Sie haben einen Autounfall. Ihre Ehe scheitert. Sie haben finanzielle Schwierigkeiten.* Betrachten Sie derlei Ereignisse eher als Tragödien oder als Gelegenheiten zu einem Neubeginn? Jetzt betrachten Sie folgende Liste: *Man hat Ihnen einen Job in einem neuen Unternehmen angeboten. Ihre Versicherung und Ihre Eltern haben Ihnen genug Geld gegeben, daß Sie sich Ihr erstes Luxusauto kaufen können. Ihr bester Freund hat Ihnen jemanden vorgestellt, mit dem Sie viel gemein haben.* Betrachten Sie derartige Vorfälle als reine Glückstreffer oder als Chancen, die Sie nutzen sollten? Es ist oft schwierig, zwischen Schicksalsschlägen und günstigen Gelegenheiten zu unterscheiden. Bei genauerem Hinsehen wird Ihnen jedoch klarwerden, daß die segensreichen Veränderungen, die Sie an sich selbst oder Ihrem Leben vorgenommen haben, ebenso das Ergebnis schmerzlicher Erfahrungen wie außergewöhnlicher Glücksfälle waren.

Welche Dinge wurden Ihnen heute zuteil, die Sie als Segen betrachten könnten? Ob sie erfreulich waren oder nicht, sie alle können ein Anstoß sein, eine Ermutigung, sich selbst zu verändern.

Jedes Ereignis kann eine Veränderung einleiten – und jede Veränderung kann Ausgangspunkt zu etwas Positivem sein.

Man muß einfach nur lernen, sich nicht mehr um die Staubflocken unter dem Bett zu kümmern.

Margaret Mead

Zwei Küchenschaben trafen sich zum Abendessen. Während sie schmatzend ihre Mahlzeit einnahmen, sagte die eine zur anderen: «Ich habe gestern versucht, in einem makellos sauberen Haus Nahrung zu finden. Die Leute, die dort leben, haben wohl den absoluten Putzfimmel. Da war nicht einmal ein Krümel auf dem Boden.» Die andere Küchenschabe hörte auf zu essen und sagte angewidert: «Mußt du ausgerechnet über *so etwas* reden, wenn ich esse?»

Diesen Scherz sollten Sie sich merken, wenn Sie abends nicht zu Bett gehen können, bevor Ihr Haus blitzblank ist. Wenn Sie dazu neigen, bis spät in die Nacht hinein Ihre Wäsche zu waschen, die Böden zu schrubben, zu bügeln oder Ihre Schränke, Vitrinen und Schubladen aufzuräumen, gibt es vielleicht nur wenig Freude in Ihrem Leben. Sie bemühen sich darum, alles «so gewissenhaft wie möglich» zu machen, und gehen schließlich völlig erschöpft zu Bett.

Lassen Sie heute abend «ein paar Krümel für die Küchenschaben» zurück, und genießen Sie einen entspannenden, ruhigen Abend.

Heute abend rufe ich mir ins Gedächtnis, daß ein wenig Unordnung, ein wenig Chaos und Staub noch niemanden umgebracht haben. Ich muß mich nicht tadellos kleiden, ein blitzsauberes Haus haben oder wie ein Model aussehen, um das Leben genießen zu können.

Das hier ist meine Zuflucht, der Ort, an dem ich mich vom Krieg erhole. Dieser Winkel ist der sichere Hafen, in den ich mich flüchten kann, wenn draußen der Sturm tobt. Und genau solch einen Winkel habe ich in meiner Seele.

Michel de Montaigne

So wie Sie täglich für andere sorgen, etwas für andere tun, für andere da sind, so müssen Sie auch für sich selbst sorgen, etwas für sich tun und für sich da sein. Dabei sollten Sie sich besonders auf Ihre spirituelle Gesundheit und Ihr geistiges Wohlergehen konzentrieren. Sie brauchen Raum für Ihre eigenen Gedanken, Gebete und Meditationen. Sie brauchen täglich ein paar ungestörte Augenblicke an einem ruhigen Ort, wo Sie vor dem Druck, den die Welt auf Sie ausübt, geschützt sind, einem Ort, wo Sie neue Kraft sammeln und Ihre Beziehung zu einer höheren Macht festigen können.

Besinnen Sie sich ab sofort jeden Abend auf die Wunder der Natur und versuchen Sie, Ihre Verbindung zu ihr wiederherzustellen. Machen Sie einen Spaziergang, atmen Sie die kühle Nachtluft des Oktobers ein, und betrachten Sie den Sternenhimmel über sich. Dies ist der ruhige Ort; hier können Sie für kurze Zeit Ihre Probleme und Schwierigkeiten vergessen, Ihren Geist und Ihr Herz neuen Erfahrungen öffnen und das Wunder von etwas Größerem als Sie selbst in sich aufnehmen.

Abends verliere ich mich in der Schönheit der Natur. Ich werde sie schätzen und darauf vertrauen, daß es kein Problem gibt, das nicht gelöst werden kann, und keinen müden Körper, der nicht auf spirituellem Wege erneuert werden kann.

Frieden bedeutet, daß es keine Rolle spielt, wenn die Zeit vergeht.

Maria Schell

Betrachten Sie die Zeit als einen Feind – als einen herzlosen Banditen, der Ihre wertvollen Juwelen in Form von Sekunden, Minuten und Stunden stiehlt und so gut versteckt, daß Sie sie niemals wiederfinden können?

Möglicherweise wünschen Sie sich, daß der Tag mehr Stunden hätte, und treiben sich zu immer größerer Schnelligkeit an. Vielleicht kaufen Sie jede Menge Hilfsmittel, die Ihnen dabei helfen sollen, Zeit zu sparen. Doch sie kann nicht geschützt, zum späteren Gebrauch aufbewahrt, bewacht oder auf Vorrat gehalten werden. Aber Sie können die «Zeiträuber» überlisten. Lassen Sie nicht zu, daß Ihr Leben von der Zeit beherrscht wird.

Hören Sie von nun an auf, eine Armbanduhr zu tragen, alle fünf Minuten daraufzusehen oder darüber zu lamentieren, wie schnell die Zeit vergeht. Konzentrieren Sie sich auf das, was vor Ihnen liegt, und sagen Sie sich: «Ich werde diese Aufgabe erledigen, sobald ich kann – und keine Minute früher!»

Wenn Sie kein Gefangener der Zeit mehr sind, können Sie lernen, sie zu Ihrem Vorteil zu nutzen. Es steht Ihnen frei, sie so sehr zu genießen, wie Sie nur können – oder sie einfach nicht zu beachten.

Ich werde damit aufhören, mich auf die Uhr zu konzentrieren, und werde mich den Freuden zuwenden, die vor mir liegen. Es kommt viel stärker darauf an, wie sehr ich eine Aufgabe genieße, als darauf, wann *ich sie erledigt habe.*

NOVEMBER

Machen Sie sich für jemanden unentbehrlich.

Ralph Waldo Emerson

In der gesamten Schöpfung ist alles miteinander verwoben. Deshalb sind Sie verpflichtet, sich auf die verschiedensten Weisen in der Welt, die Sie umgibt, zu engagieren. Es gibt Hunderte von Gelegenheiten, bei denen Sie die Hand nach anderen ausstrecken können. Wie können Sie sich ihnen unentbehrlich machen? Indem Sie Ihr Bestes geben. Indem Sie ein Gleichgewicht zwischen Geben und Nehmen schaffen. Indem Sie andere, die Sie auf der Reise Ihres Lebens begleiten, trösten und unterstützen. Indem Sie sich selbst und anderen die gleiche Wertschätzung entgegenbringen. Indem Sie das, was Sie selbst wissen, weitergeben und dem, was Sie von anderen lernen, ebensoviel Aufmerksamkeit schenken.

Jeder Mensch ist ein notwendiger Bestandteil im Gesamtzusammenhang Ihrer Existenz. Das Geschenk des Lebens verpflichtet Sie dazu, sich anderen zu öffnen. Machen Sie sich anderen Menschen jeden Tag unentbehrlich. Seien Sie für sie da, und seien Sie dankbar dafür, daß sie Ihr Leben reich machen.

Von nun an werde ich weder meinen eigenen noch den Wert, den andere Menschen für mein Leben haben, in Zweifel ziehen. Wir alle sind füreinander notwendig. Unser aller Existenz hat einen Sinn.

Wenn du die Zeit totschlagen willst, warum versuchst du nicht, sie zu Tode zu arbeiten.

O. A. Battista

Ist Ihnen bewußt, daß der gegenwärtige Augenblick der einzige Zeitpunkt ist, der Ihnen wirklich zur Verfügung steht? Obwohl Sie vielleicht Pläne für die nahe oder ferne Zukunft schmieden oder Erinnerungen an die Vergangenheit vor Ihrem geistigen Auge heraufbeschwören, so können Sie doch über nichts weiter verfügen als über diesen Moment. Und gerade deshalb ist es so wichtig, daß Sie lernen, ganz und gar im Hier und Jetzt zu leben. Die einzige Zeit, die Ihnen wirklich «gehört», ist die Gegenwart. Was also wollen Sie mit dieser Zeit anfangen?

Wenn Sie es vorziehen, sich nachts mit ständigen Sorgen zu quälen, sich bis zum äußersten anzutreiben, den Kontakt zu den Dingen zu verlieren, die Ihnen wichtig sind, oder zu versuchen, den Ablauf der Zeit zu beschleunigen, dann genießen Sie die Zeit nicht – Sie schlagen sie tot. Wenn Sie aber auf die Worte von Louise Bogan hören, daß «genau dieser Augenblick vielleicht Ihre Zeit ist… Ihr eigener, Ihr besonderer, der Ihnen versprochene, Ihnen prophezeite Augenblick», dann werden Sie lernen, das Jetzt und die Zeit als etwas Kostbares zu betrachten.

Nutze ich die Zeit, die mir geschenkt wurde, konstruktiv oder destruktiv? Ich werde mir vor Augen führen, wie ich mit meiner Gegenwart umgehe, so daß meine Zeit in positiveren Bahnen verläuft.

Was die Menschen zur Verzweiflung bringt, ist der Versuch, im Ganzen des Lebens einen übergreifenden Sinn zu finden…

Anaïs Nin

Es gibt nur einen übergreifenden Sinn allen Lebens, nämlich den, daß es niemand überlebt! Statt Ihre Zeit und Energie darauf zu verschwenden, herauszufinden, warum Sie auf der Welt sind, wohin Sie gehen oder warum Ihnen bestimmte Prüfungen auferlegt werden, sollten Sie das Leben genießen, solange Sie können. Ob Sie wohl besser dazu in der Lage wären, wenn Sie sich eine neue Herausforderung suchten oder es abenteuerlicher oder spielerischer gestalten würden? Bauen Sie beim nächsten Schnee einen Schneemann, verabreden Sie sich mit Freunden zum Kegeln. Oder glauben Sie, daß Ihr Leben erfreulicher verliefe, wenn Sie mehr Zeit für sich selbst hätten? Dann planen Sie ein Wochenende, das Sie allein zu Hause verbringen oder an dem Sie allein verreisen. Könnten Sie das Leben eher genießen, wenn Sie mehr Zeit mit Ihren Freunden verbrächten? Dann laden Sie sie zum Abendessen ein oder verabreden Sie sich anderweitig mit ihnen. Es gibt viele verschiedene Möglichkeiten, das Leben zu genießen. Es liegt an Ihnen, sich für irgend etwas zu entscheiden.

Ich werde aufhören, ständig nach dem «Warum» meines Daseins oder meiner Lebensumstände zu fragen. Statt dessen werde ich jeden Tag als Herausforderung und Abenteuer betrachten.

Oh, ich bin nicht besorgt, Miss. Ich habe mich schon dort, wo wir aufgebrochen sind, aufgegeben.

Humphrey Bogart in *African Queen*

Es lebte einmal ein König, der nannte ein prächtiges Königreich sein eigen. Eines Tages, als er mit seinen Edelleuten sein Land besichtigte, blieb er an einer besonders schönen Stelle stehen und rief aus: «Man stelle sich nur vor, eines Tages muß ich sterben und all das zurücklassen! Wäre es nicht wunderbar, wenn wir ewig lebten? Dann könnten wir für immer genießen, was wir haben.» Alle Edelleute bis auf einen nickten zustimmend. «Das finde ich nicht, Eure Majestät», sagte der eine. «Ich möchte nicht, daß das Leben ewig dauert. Und Ihr wollt das auch nicht! Wenn wir ewig lebten, dann wäre der erste König noch immer unter uns – derjenige, der so fürchterlich war – und ebenso seine schrecklichen Edelleute. Und ich würde noch immer Reis anbauen und Ihr, Majestät, wärt noch immer Schriftführer.»

Der König dachte einen Augenblick über die Worte dieses Edelmannes nach, dann lächelte er. «Wie dumm von mir, auch nur daran zu denken, ewig zu leben», sagte er. «Du hast mir gezeigt, weiser Edelmann, daß weder das Gute für immer bestehen kann, noch das Böse. Für diese Lektion stehe ich ewig in deiner Schuld.»

Die Schwierigkeiten, mit denen ich in meinem Leben konfrontiert bin, mögen mir vielleicht verhaßt sein. Aber selbst in den größten Krisenzeiten kann ich mich umsehen und etwas entdecken, das mir zu einem besseren Lebensgefühl verhilft.

Ein Mann, der die Rache studiert, hält die eigenen Wunden offen.

Francis Bacon

Ereignisse aus der Vergangenheit, die Sie immer noch wütend machen, verhindern, daß Sie heute ein gesundes und glückliches Leben führen. Wie können Sie lernen, den Zorn loszulassen, um sich ganz der Gegenwart zu widmen? Zunächst sollten Sie sich klarmachen, warum sich diese Wut so hartnäckig in Ihnen festgefressen hat. Häufig ist sie die Reaktion auf Gefühle, die Sie in Ihrer Kindheit, einer früheren Beziehung oder einer Jahre zurückliegenden Situation nicht zum Ausdruck gebracht haben. So sind diese Empfindungen in Ihnen «lebendig» geblieben und haben sich in den Zorn verwandelt, den Sie am heutigen Abend empfinden.

Lösen Sie sich von Ihrer Wut, indem Sie folgenden Satz vervollständigen: «Ich empfand Ärger, als ..., und ich bin noch immer verärgert darüber.» Wenn Sie die vergangenen Ereignisse in sich wachrufen, spüren Sie möglicherweise, wie verletzt, besorgt, verängstigt oder sogar traurig Sie sind. Solche Reaktionen sind ganz normal und sollten, wie der Ärger, zugelassen und nicht unterdrückt werden. Indem Sie Ihre schmerzlichen Gefühle aus der Vergangenheit zugeben, können Sie Ihren Zorn hinter sich lassen.

Meine Hoffnung auf ein gutes Leben wächst mit meiner Bereitschaft zu vergeben. Heute abend werde ich zulassen, daß der Geist der Vergebung meine Seele heilt, damit ich mich von einer verletzenden Erfahrung aus der Vergangenheit lösen kann.

Gott hat uns allen etwa 25 000 bis 26 000 Tage auf dieser Erde geschenkt. Ich glaube, Er (oder Sie) hat unseren Tagen eine besondere Bestimmung gegeben: Wir haben 8300 Tage zur Verfügung, um zu schlafen, 8300 Tage, um zu arbeiten, und 8300 Tage, um zu geben, zu leben, zu spielen, zu beten und einander zu lieben.

Quincy Jones

Viele Menschen glauben, daß materieller Erfolg oder finanzielle Sicherheit zu ihrem Seelenfrieden beitragen. Um dies zu erreichen, verbringen sie einen Großteil ihrer Tage und Nächte mit schwerer Arbeit. Wahrer Seelenfrieden hat aber nichts damit zu tun, was Sie für Ihre Bemühungen *bekommen*, sondern damit, was Sie anderen *geben* können, wie gut Sie jeden einzelnen Tag verbringen, wie oft Sie sich Zeit zum Spielen nehmen, ob Sie imstande sind, eine höhere Macht mit Ihren Gebeten anzusprechen, und wie sehr Sie den Wunsch haben, anderen Ihre Liebe zu schenken.

Um diesen wahren Seelenfrieden zu finden, nehmen Sie sich vor, jeden Tag zu geben, zu leben, zu spielen, zu beten und Ihre Mitmenschen zu lieben. Tun Sie etwas Nettes für Ihren Partner. Genießen Sie die Schönheit des Herbstes. Spielen Sie mit Ihren Kindern. Beten Sie um Reichtümer in Ihrem Leben, die man für Geld nicht bekommen kann. Und zeigen Sie einem Familienmitglied Ihre Liebe.

Seelenfrieden ist eine Gewohnheit, ebenso wie der ruhelose Drang, etwas zu erreichen und zu tun. Durch meine Handlungsweise kann ich ihn entweder fördern oder zerstören.

Und ich beobachte, und ich höre zu, und ich denke darüber nach, was ich gesehen und gehört habe... Ja, das ist es, was ich tue. Das wirklich Erschreckende in unserem Leben besteht, so glaube ich, darin, daß wir ihm zuwenig Aufmerksamkeit schenken.

Edith Konecky

Allzu viele Menschen glauben, ihr Lebenszweck bestehe darin, so lange aktiv zu sein, wie sie nur können. Sie sind so in dieser Vorstellung gefangen, daß sie die Hektik, mit der sie von einem Ort zum anderen hetzen, mit Lebendigsein verwechseln. Es besteht aber ein Unterschied zwischen am Leben sein und lebendig sein. Am Leben zu sein bedeutet, daß Sie atmen und funktionieren. Lebendig sein aber impliziert, daß Sie ein *Teil all dessen* sind, was atmet und funktioniert.

Wenn Sie sich nicht die Zeit nehmen, den Vorgängen um Sie herum Ihre Aufmerksamkeit zu schenken, werden Sie sich niemals mit der Welt und den Menschen verbunden fühlen. Sie werden nicht in der Lage sein, die Schönheit der Natur oder die faszinierenden Unterschiede zwischen den Menschen zu bemerken. Lebendig zu sein bedeutet, alles zu sehen und nichts zu ignorieren. Öffnen Sie von nun an Ihre Sinne – sehen, hören, schmecken, fühlen und riechen Sie.

Was habe ich bisher nicht bemerkt? Heute abend werde ich mir vor dem Zubettgehen einige Minuten Zeit nehmen, um der Welt um mich herum aufmerksam zu begegnen. So werde ich alltägliche Dinge auf eine Weise erleben, wie ich es bisher nicht getan habe.

Der Optimist erwartet, daß seine Träume wahr werden; der Pessimist erwartet das gleiche von seinen Alpträumen.

Laurence J. Peter

Positive Menschen trifft man ebenso selten, wie man über positive Themen spricht... Der Pessimismus begleitet uns auf Schritt und Tritt, während der Optimismus uns verdächtig vorkommt.

Denken Sie doch nur an die Unterhaltungen, die Sie mit anderen Menschen führen. Ziehen Sie es vor, über Ihre Probleme und Ihren Streß zu reden, oder konzentrieren Sie sich auf Ihre persönlichen Erfolge und erzählen lieber launige und unterhaltsame Anekdoten? Ertappen Sie sich dabei, daß Sie eher den Menschen zuhören, die über tragische Themen und persönliche Krisen berichten, oder ziehen Sie es vor, denjenigen zu lauschen, die Sie zum Lachen bringen?

Optimismus mag vielleicht momentan nicht gerade «in Mode» sein, aber man weiß, daß er Depressionen vertreibt, Streßsymptome lindert und zu einer besseren physischen, emotionalen und spirituellen Gesundheit führt. Gelingt es Ihnen, sich nicht länger nur mit der dunklen Seite des Lebens zu befassen? Können Sie sich um eine positivere Weltsicht bemühen? *Werden Sie in Zukunft als Pessimist oder als Optimist durchs Leben gehen?*

Als Pessimist führe ich ein Leben voller Angst. Aber als Optimist bin ich vielleicht angenehm überrascht, um wieviel positiver sich vieles entwickelt, was mir am Herzen liegt.

Ein zum Tode verurteilter Mann wurde begnadigt, weil er dem König versicherte, er würde dessen Pferd innerhalb eines Jahres das Fliegen beibringen... «Innerhalb eines Jahres», erklärte der Mann, «kann der König sterben, oder ich kann sterben, oder das Pferd kann sterben. Wer weiß schon, was in einem Jahr sein wird? Vielleicht lernt das Pferd ja auch wirklich *zu fliegen.»*

Leonard Lyons

Niemals aufzugeben, egal wie die Chancen stehen oder welche Hindernisse sich in den Weg stellen – das ist nicht nur eine Herausforderung für Ihren Glauben an sich selbst und an Ihre Möglichkeiten, es ist auch ein Zeichen für Ihre generelle Lebenseinstellung.

Als Thomas Edisons Fertigungsanlagen im Jahr 1914 von einem Feuer schwer beschädigt wurden, verlor er Maschinen im Wert von beinahe einer Million Dollar und alle seine Aufzeichnungen. Aber am nächsten Morgen, als der Erfinder die verkohlten Überreste begutachtete, sagte er: «Katastrophen haben etwas Gutes. Alle unsere Fehler sind verbrannt. Jetzt können wir neu beginnen.»

Bemühen Sie sich, von nun an nach dieser Philosophie zu leben. Streichen Sie die Worte «Ich kann nicht» aus Ihrem Wortschatz, und ersetzen Sie sie durch «Ich werde es versuchen».

Eine positive, zielstrebige Einstellung kann die sichere Niederlage in einen garantierten Erfolg umwandeln. Heute abend werde ich mir ins Gedächtnis rufen, daß Niederlage oder Erfolg von meiner Einstellung abhängen.

Einem verwirrten Geist entspringt keine Weisheit.

Kapila-Weisheit

Probleme gehören zum Leben. Die meisten lassen sich lösen und sollten Sie also nicht beunruhigen. Wenn Sie glauben, einer Situation nicht gewachsen zu sein, dann sind Sie es auch nicht. Wenn Sie dagegen überzeugt sind, daß es für jedes Problem eine Lösung gibt, dann werden Sie auch eine finden.

Um auf wirksame Weise mit Problemen umzugehen, sollten Sie sich angewöhnen, nicht sofort auf sie zu reagieren. Menschen, die an Schwierigkeiten mit Ungeduld und Eile herangehen, geben schnell auf, wenn sie nicht sofort eine Lösung finden. Wer dagegen gut mit Problemen umgehen kann, wird zunächst herauszufinden versuchen, worin genau die Schwierigkeit besteht. Haben Sie den Kern des Problems einmal herausgearbeitet, überlegen Sie sich so viele Lösungsansätze wie möglich. Je mehr Lösungen Sie entdecken, desto größer ist Ihre Chance, die beste zu finden.

Die entscheidende Frage ist nicht, was man tut oder läßt, was geschieht und warum; die entscheidende Frage ist, wie ich darauf reagiere. Heute werde ich Probleme mit einer positiven Einstellung angehen.

Greif nach dem Mond. Verfehlst du ihn, landest du immer noch zwischen den Sternen.

Les Brown

Sind Sie bereit, Ihre Chancen zu ergreifen, oder ängstigt Sie der Gedanke an ein Risiko? In Ihrem Inneren gibt es einen «Schutzwall», eine Grenze, die Ihre persönliche «Zone der Behaglichkeit» umgibt. Wenn Sie Dinge tun, die Sie beherrschen und die Ihnen vertraut sind, bewegen Sie sich innerhalb Ihrer «Zone der Behaglichkeit». Aber wenn Sie versuchen, über vergangene Leistungen hinauszuwachsen, neue Fähigkeiten zu entwikkeln und zu erforschen, Ihre Gelegenheiten zu nutzen, und dabei ein Scheitern riskieren, dann bewegen Sie sich haarscharf an der Grenze.

Wie können Sie die Grenze Ihrer «Zone der Behaglichkeit» erweitern? Beginnen Sie, indem Sie kleine Risiken auf sich nehmen und die damit verbundenen Aufgaben erfolgreich beenden. Statt also beispielsweise auf der Stelle zu kündigen und sich selbständig zu machen, unterhalten Sie sich zunächst mit den Inhabern kleiner Geschäfte über deren Erfahrungen. Statt sich kopfüber hineinzustürzen, sollten Sie sich gewissenhaft auf ein Risiko vorbereiten. Diese Vorgehensweise hilft Ihnen dabei, Selbstvertrauen zu entwickeln und Ihre Angst zu überwinden.

Man sagt, das Leben sei ein Experiment. Ich werde nicht länger zu verzagt oder zu ängstlich sein, um ein Risiko einzugehen. Ich werde nach den Sternen greifen und mich davon überraschen lassen, was ich alles erreichen kann.

Schnallt euch an. Es wird eine turbulente Nacht.

Bette Davis in *Alles über Eve*

Jetzt geht es immer schneller auf Weihnachten zu. Finden Sie diesen Gedanken eher erfreulich oder beunruhigend? Viele Leute geraten vor den Feiertagen in Streß. Sie haben das Gefühl, ihrer Familie nicht gewachsen zu sein, sei es, weil sie aus einem zerrütteten Elternhaus stammen, weil ihre Verwandten besonders kritisch und nörglerisch veranlagt sind oder weil sie sich mit ihren Geschwistern nicht verstehen. Wie können Sie verhindern, daß Familientreffen Sie schier zum Wahnsinn treiben? Besinnen Sie sich zunächst darauf, daß Sie heute erwachsen sind. Nur weil Sie mit Ihrer Familie zusammen sind, müssen Sie sich nicht wieder wie das Kind Ihrer Eltern verhalten. Dann bemühen Sie sich, die Vergangenheit loszulassen. Halten Sie nicht am Groll von früher fest. Vermeiden Sie allzu viele Erinnerungen an die Feste vergangener Zeiten, und konzentrieren Sie sich einzig und allein auf das diesjährige Weihnachten.

Und schließlich denken Sie daran, daß Sie die Zeit, die Sie mit Familienmitgliedern verbringen werden, einschränken können. Sie brauchen nur so viel Zeit mit ihnen zu verbringen, wie Sie möchten – und können sich dann zurückziehen.

Heute abend werde ich mich mit positiven Gedanken den bevorstehenden Feiertagen nähern. Statt einen Streit mit den Familienmitgliedern zu erwarten, werde ich über Möglichkeiten nachdenken, wie ich glückliche Feiertage verbringen kann.

In drei Worten kann ich alles zusammenfassen, was ich jemals über das Leben gelernt habe: Es geht weiter.

Robert Frost

Haben Sie jemals in einen Ameisenhaufen gestochen? Die Ameisen *handeln* sofort. Eilig bringen sie die Larven in einem tiefergelegenen Bereich in Sicherheit. Freigelegte Teile des Nestes werden an geschützten Stellen neu aufgebaut. Es ist eine Frage von Minuten, bis die Ameisen wieder sicher im Verborgenen sind und ihren normalen Tagesablauf wiederaufnehmen.

Wie reagieren Sie, wenn eine Katastrophe oder ein unvorhergesehenes Ereignis eintrifft? Möchten Sie sich unter einem Felsen verkriechen, um auf die veränderte Situation nicht eingehen zu müssen, oder sind Sie so flexibel wie die Ameisen – bereit, zu handeln? Statt sich über eine Verzögerung oder einen Verlust in Ihrem Leben zu beklagen, können Sie versuchen, wie die Ameisen zu sein, und lernen, das Beste aus der jeweiligen Situation zu machen.

Denken Sie heute abend daran, daß das Leben nie stillsteht. Die Stunden vergehen, Sie werden älter, und die Vorgänge in der Natur nehmen ihren Lauf. Jedes Ereignis ist Teil des Lebenszyklus. Stürzen Sie sich also kopfüber ins Geschehen, passen Sie sich dem Auf und Ab an, und machen Sie weiter.

Heute abend werde ich ein unvorhergesehenes Ereignis in meinem Leben einfach als einen Teil des Lebenszyklus betrachten. Ich kann in jedem Fall darauf vertrauen, daß das Leben weitergeht.

Nicht zu wissen, wann es genug ist, löst größte Schwierigkeiten aus. Zu viel zu wollen löst große Konflikte aus. Wenn wir wissen, wann es genug ist, wird es immer genug geben.

Tao-te-king

Eine Tochter fragte ihren Vater, einen erfolgreichen Geschäftsmann: «Wie ist es, wenn man alles hat, was man sich je gewünscht hat, Vater? Du kannst dir alles kaufen! Du mußt dich doch großartig fühlen!»

Der Vater schwieg einen Augenblick lang. Dann antwortete er: «Weißt du, einige der schönsten Erinnerungen meines Lebens habe ich aus der Zeit, als ich genau in so einer kleinen Wohnung lebte wie du jetzt. Meine Möbel bestanden aus Orangenkisten, aber ich war damals ziemlich glücklich. Heute besitze ich viel, aber zur Zeit der Orangenkisten machte das Leben mehr Spaß.»

Statt sich immer mehr zu wünschen, bemühen Sie sich von nun an um eine realistische Vorstellung davon, was Sie vernünftigerweise brauchen. Akzeptieren Sie ohne Groll, daß Sie auf manchen Gebieten vielleicht nicht alles haben, und richten Sie den Blick auf andere Bereiche, in welchen Sie genug besitzen, ja vielleicht sogar reich sind.

Die Gesellschaft bringt uns bei, daß wir alles gleichzeitig brauchen – Geld, Erfolg, eine glückliche Familie, ein schönes Haus, wunderbare Ferien und so weiter. Ich werde diesem Irrtum nicht verfallen und mit dem zufrieden sein, was ich habe, denn es ist genug.

Aufgaben und Arbeit, Gefahren und Freuden, gute Freunde und eine Welt ohne Mauern – darin mußte ich leben… Und jetzt sitze ich hier im Schein des Feuers und sehe all das vor mir.

Beryl Markham

Viele Leute glauben, daß Glück an materiellen Gütern gemessen werden kann – an einem Haus, an Geld, an Unmengen von Kleidern. Andere behaupten, das Glück liege in den schönen Augenblicken des Lebens – in einem Sonnenuntergang, einem Abendessen mit Freunden, einem Spaziergang im Wald. Wieder andere setzen Glück mit persönlicher Leistung gleich – mit dem, was sie erreicht und wofür sie schwer gearbeitet haben, eine Beförderung, ein Universitätsabschluß oder ein Haus.

Stellen Sie sich vor, Sie sitzen im warmen Schein eines knisternden Feuers. Erinnern Sie sich, während Sie in die Flammen blicken, an die glücklichen Augenblicke in Ihrem Leben. Was sehen Sie? Eine persönliche Leistung? Gute Freunde? Ihre gute Beziehung zu Vater oder Mutter? Ein Risiko, das Sie eingegangen sind? Eine leidenschaftliche Liebesbeziehung? Eine Reise in ein Land, das Sie schon immer besuchen wollten?

Nehmen Sie sich einen Augenblick lang Zeit, um sich die großen Freuden in Ihrem Leben zu vergegenwärtigen. Betrachten Sie sie heute abend als Schlüssel zu Ihrem Glück.

Bin ich mit meiner Vergangenheit zufrieden? Bin ich in meinem Leben glücklich? Heute abend werde ich über die Freuden nachdenken, die ich erleben durfte.

Es ist besser, zweimal nach dem Weg zu fragen, als sich einmal zu verirren.

Dänisches Sprichwort

Mit wie vielen Leuten unterhalten Sie sich pro Tag? Wahrscheinlich mit ein paar dutzend – und mit Hunderten pro Woche und Tausenden pro Jahr. Aber handelt es sich dabei wirklich um Kommunikation, um Austausch? Dieser findet nur dann statt, wenn Sie nicht nur reden, sondern auch auf das hören, was andere Ihnen mitzuteilen haben. Wenn Sie nicht jedes Wort verstehen, das man Ihnen sagt – und sich dann nicht die Mühe machen, nachzufragen –, hören Sie nur halb zu. Sie müssen ein besserer Zuhörer werden. Zum aktiven Zuhören gehört, sich auf *alles* zu konzentrieren, was Ihr Gegenüber sagt, und Ihren Gesprächspartner nicht zu unterbrechen, um sofort zu reagieren, zu antworten, sich zu verteidigen, zu beurteilen oder störende Zwischenrufe einzuwerfen.

Wie können Sie zu einem aktiven Zuhörer werden? Achten Sie darauf, daß Sie wirklich Zeit und Muße zum Zuhören haben. Wenn in ein paar Minuten Ihre Lieblingssendung im Fernsehen beginnt, so bringen Sie das offen zur Sprache. Reservieren Sie eine Zeitspanne, in der Sie nicht abgelenkt werden, und *hören Sie zu.* Aktives Zuhören bedeutet, die Energie aufzuwenden, um *ganz* zuzuhören, was andere zu sagen haben.

Ich werde meine eigenen Probleme und Anliegen, unerledigten Sachen oder den Wunsch zu kritisieren, beiseite schieben; ich werde einfach zuhören, was man mir zu sagen hat.

Gott wartet, daß der Mensch seine Kindheit wiederfindet in Weisheit.

Rabindranath Tagore

Haben Sie sich, als Sie aufwuchsen, vorgestellt, einmal ein ganz anderes Leben zu führen als Ihre Eltern? Kämpfen Sie heute noch darum, dies zu verwirklichen – als ein unzufriedenes, unglückliches Kind, das im Körper eines Erwachsenen steckt? Je unerfreulicher Ihre Vergangenheit war, desto entschiedener streben Sie vielleicht heute danach, den unerfüllten Bedürfnissen Ihrer Kindheit gerecht zu werden.

Es ist zwar gut, von Zeit zu Zeit an seine Wurzeln zu denken, aber die Erinnerung daran sollte nicht zum Leitmotiv Ihres Lebens werden. Sonst müssen Sie immer zuerst die Wünsche des Kindes in Ihrem Innern erfüllen und können sich dann erst um die Belange Ihres erwachsenen Ichs kümmern. Sie haben heute abend nicht die Macht, die Wunden Ihrer Kindheit zu heilen; aber Sie können damit beginnen, einfach gütig, beschützend, geduldig und sanft sowohl zu dem Kind als auch zu dem Erwachsenen in sich zu sein.

Mein vernachlässigtes Inneres braucht sich nicht wie ein schwieriges, verzogenes Kind zu benehmen. Heute abend kann ich mich dem Kind in mir widmen wie ein kluger und liebender Elternteil.

Unser wahres Leben liegt ganz tief in unserem Inneren. Unsere Unruhen und Schwächen sind in Wirklichkeit nur Mühen an der Oberfläche.

Emanuel Swedenborg

In Ihrem Inneren befindet sich Ihr «Zentrum», ein Teil von Ihnen, der selbst in den nervenzerreißendsten und ruhelosesten Momenten ganz ausgeglichen und still sein kann. Meister des Aikido lehren ihre Schüler, dieses Zentrum zu bewahren und weiterzuentwickeln. Es kann unglaubliche persönliche Kräfte freisetzen, die es dem einzelnen ermöglichen, sich der Kraft vieler zu widersetzen.

Wenn Sie Ihr Zentrum – Ihre Mitte – spüren wollen, dann stellen Sie sich zunächst mit leicht gespreizten Beinen auf. Halten Sie dabei den Rücken gerade. Beugen Sie leicht die Knie. Halten Sie Ihre Hände vor sich, knapp über Taillenhöhe, und winkeln Sie den Ellenbogen an. Atmen Sie nun tief ein, und stellen Sie sich vor, wie Energie durch die Füße hindurch in Ihnen aufsteigt. Atmen Sie dann wieder aus, und fühlen Sie, wie die Energie durch Ihre Hände abfließt. Wiederholen Sie das dreimal, und spüren Sie dabei Ihre Mitte und Ihre Stärke.

Wenn ich heute durch meinen Streß oder durch den Streß um mich her meine Mitte zu verlieren drohe, werde ich diese Meditationsübung durchführen, um mein Zentrum wiederzufinden.

Wenn die Zeit das wertvollste aller Dinge ist, dann ist Zeit zu verschwenden wohl die größte Verschwendung, denn verlorene Zeit kann man niemals mehr wiederfinden.

Benjamin Franklin

Haben Sie das Gefühl, daß Sie jeden Abend eine Menge Zeit verschwenden – Zeit, in der Sie sich bestimmten Aufgaben oder Ihrer Erholung widmen könnten? Beginnen Sie heute abend damit, mehr aus Ihrer Zeit zu machen. Überlegen Sie sich, wieviel Zeit Sie jeden Abend mit der größten Zeitverschwendung – Fernsehen – verbringen. Wählen Sie nur das aus, was Sie wirklich interessiert. Planen Sie etwas, während Sie etwas anderes tun. Planen Sie zum Beispiel eine Abendgesellschaft, während Sie staubsaugen, oder schreiben Sie Geschenkideen für Weihnachten für Ihre Freunde und Familienmitglieder auf, während Sie darauf warten, daß das Abendessen fertig wird.

Zu guter Letzt, blockieren Sie die «Auswege», die zur Zeitverschwendung führen: Hören Sie auf, planlos durch das Haus zu streifen, endlose Telefongespräche zu führen, unwichtige statt bedeutsame Aufgaben zu erledigen oder schnell noch einmal für den Nachtisch zum Supermarkt zu fahren, statt sich den Dingen zu stellen, die getan werden müssen. Und machen Sie das Beste aus der Zeit, die Ihnen übrigbleibt!

Von nun an werde ich mich darauf konzentrieren, das Notwendige effizient zu erledigen. Ich werde meine Zeit nicht mehr verschwenden und mich nicht länger gedankenlos und unentschlossen verhalten.

So wie der Körper aus verschiedenen Gliedmaßen und Organen besteht, sind alle sterblichen Lebewesen voneinander abhängig.

Hinduistisches Sprichwort

Wie oft sagen Sie: «Ich erledige das»? Sie glauben vielleicht, daß Sie – und nur Sie allein – Ihre Probleme bewältigen und Ihre Bedürfnisse befriedigen sollten. Natürlich gibt es einiges, was nur Sie für sich selbst tun können. Nur Sie können sich beispielsweise gesund ernähren, Sport treiben, für ausreichende Erholung sorgen und mit einer höheren Macht in Verbindung treten. Aber in vielem anderen sind Sie auf Ihre Mitmenschen angewiesen: Wenn Sie eine Krise überstehen, geschäftliche oder persönliche Probleme lösen, Trost suchen, anderen nahe sein oder sich geliebt und umsorgt fühlen wollen.

Denken Sie heute abend an die Menschen, an die Sie sich wenden können, wenn Sie Freundschaft suchen, ein Problem lösen wollen, sich amüsieren und entspannen möchten oder Rat brauchen. Erstellen Sie im Geiste eine Liste dieser Menschen, und führen Sie sich vor Augen, wie wichtig sie für Ihr Leben sind. Ob nun ein einzelner viel für Sie tut oder ob Sie sich auf die Unterstützung mehrerer Menschen stützen können, diese Hilfe ist ein wichtiger Faktor, um den alltäglichen Streß und Ärger überstehen zu können.

Sagen Sie von nun an nicht mehr: «Ich erledige das», sondern fragen Sie jemanden: «Wirst du mir helfen?»

Wir sind nur so krank wie die Geheimnisse, die wir bewahren.
Anonym

Wenn Sie anderen nicht zeigen, wer Sie wirklich sind – was Sie denken, fühlen, wovon Sie träumen, welche Ziele Sie haben, woher Sie kommen, was Sie wollen und brauchen –, ist das, als ob Sie Stunden damit verbringen, ein feines neues Gericht zuzubereiten, und es dann nicht probieren. Das Risiko, anderen – guten Freunden oder dem Lebenspartner – gegenüber völlig offen zu sein, ist nicht immer leicht zu tragen, aber das Unbehagen und der Schmerz, der häufig entsteht, wenn man Geheimnisse bewahrt, ist bei weitem schlimmer. Der Schmerz der Entfremdung schwächt Sie und führt dazu, daß Sie sich anderen weder ebenbürtig noch nahe fühlen. Vollkommen ehrlich zu sein ist ein Geschenk. Es kann Ihnen helfen, Ihre «Verwandtschaft» mit anderen zu entdecken, die Intimität in Ihren Beziehungen fördern, Vertrauen aufbauen und Ihr persönliches Wachstum begünstigen.

Denken Sie darüber nach, warum Sie ein Geheimnis vor einem Freund, einem Familienmitglied oder einem geliebten Menschen verbergen. Dann denken Sie an die Worte von Flora Whittemore: «Die Türen, die wir jeden Tag öffnen und schließen, bestimmen das Leben, das wir führen.»

Nichts zu verbergen kann mich davon überzeugen, daß ich nichts zu verbergen habe. Heute abend werde ich daran denken, daß die Bürden, die ich trage, nur so schwer sind wie die Geheimnisse, an denen ich festhalte.

Das Morgen zählt nicht, denn heute habe ich gelebt.

Horaz

Haben Sie jemals ein Kind betrachtet, das am Abend einen Schneesturm beobachtet? Das Kind denkt vielleicht: «Ich wünschte, es würde mehr schneien. Ich will nicht in die Schule gehen. Ich will einen Schneemann bauen. Ich will Schlitten fahren.» Wenn Sie denselben Schneesturm beobachten, denken Sie vielleicht: «All der Schnee, den ich morgen schaufeln muß. Die Straßen werden glatt sein. Wenn die Schule gesperrt wird, muß ich jemanden finden, der bei den Kindern bleibt.» Vorauszuschauen kann Sie davon abhalten, den Augenblick zu genießen. Sie sehen nicht, wie schön der Schnee glitzert, hören nicht, wie alle Geräusche vom Schnee gedämpft werden, und spüren nicht, wie warm es in Ihrem Haus ist. Sie sehen nur, was vor Ihnen liegt.

Stellen Sie sich heute abend vor, wie anders Ihr Leben wäre, wenn Sie sich in jeder Minute genau auf diesen Augenblick konzentrierten und auf die Menschen, mit denen Sie im Moment zu tun haben. Fragen Sie sich: «Was kann ich tun, um das genau jetzt zu erreichen?» Die Antwort soll Ihre Gedanken auf den gegenwärtigen Augenblick richten, damit Sie ihn mehr genießen können.

Zu jedem Zeitpunkt im Leben vergeht immer nur eine Minute nach der anderen. Wenn ich mich nicht auf jede Minute konzentriere, könnte ich ein paar wunderbare Dinge verpassen. Heute abend werde ich jeden Augenblick genießen, ohne mich um die Zukunft zu kümmern.

Dem Leben fehlt es an Methode. Seine Katastrophen passieren auf die falsche Art und den falschen Leuten.

Oscar Wilde

In der Traumwelt der Filme und der Romane werden die Schurken immer bestraft, und die Helden triumphieren. Im «wirklichen Leben» jedoch ist das nicht immer der Fall. Im Gewebe des Lebens sind die Fäden von Richtig und Falsch und Gut und Böse miteinander verflochten; sie können nicht entwirrt werden. In der Welt herrschen Hunger und Wohlstand, Gewalt und Güte, Harmonie und Zwietracht in gleicher Weise – sie sind das Muster im Tuch des Lebens. Darauf zu vertrauen, daß das Gute über das Böse triumphieren wird, ist nicht müßig, aber es ist auch nicht realistisch. Genausowenig sinnvoll ist es anzunehmen, daß Katastrophen immer eintreffen.

Denken Sie heute abend an all die neuen Möglichkeiten, die jeder Tag bietet. Einige davon werden gut und nützlich sein, andere destruktiv und schädlich. Wenn man allerdings nur über mögliche Katastrophen nachdenkt, gibt man ihnen zuviel Gewicht in seinem Leben. Glauben Sie an die guten Dinge, und Ihr Leben kann voller Triumphe, Belohnungen und Möglichkeiten sein.

Wenn eine Katastrophe geschieht, fällt es mir vielleicht schwer, etwas Gutes darin zu erkennen. Heute abend werde ich mir jedoch vor Augen führen, daß ich das Gute nur dann annehmen kann, wenn ich auch das Schlechte akzeptiere.

Das Leben ist das Rohmaterial. Wir sind die Künstler. Wir formen unser Dasein zu etwas Schönem oder lassen es zu etwas Häßlichem verkommen.

Cathy Better

Wann haben Sie zum letzten Mal «Tun wir so, als ob …» gespielt? Haben Sie jemals im Winter Schneebälle gemacht und sie im Gefrierschrank aufbewahrt, um sie im Sommer herauszunehmen? Haben Sie jemals eine Gänseschar gesehen, die nach Süden flog, und sich gewünscht, Sie könnten mitfliegen? Wann haben Sie zuletzt einen Film gesehen und sich vorgestellt, Sie wären einer der Helden auf der Leinwand?

Egal was heute schon passiert ist oder was morgen passieren wird, jede Nacht ist wie eine leere Leinwand, auf die Sie jedes beliebige Bild malen können. Sie müssen nur Ihre Phantasie einsetzen. Wie wünschen Sie sich Ihre Nächte? Sie können ein friedliches und entspannendes, schwarzes und düsteres oder chaotisches und hektisches Bild malen. Stellen Sie sich Ihre Nacht jetzt bildlich vor. Welche Farben sehen Sie? Welche Gegenstände können Sie erkennen? Welche Gefühle werden in Ihnen wach? Begeben Sie sich mit diesem Bild in Ihrem Geist heute nacht in einen friedlichen Schlaf.

Es ist sehr einfach, meine Phantasie einzusetzen. Alles was ich tun muß, ist, mir die Dinge so vorzustellen, wie ich sie gerne hätte. Heute abend werde ich nicht nur kreativ sein, sondern auch genießen, was mein Geist hervorbringt.

Beim Schlafengehen sollten wir uns sagen: Ich habe gelebt und den mir vom Schicksal bestimmten Weg zurückgelegt. Wenn Gott uns noch einen Morgen schenkt, werden wir ihn mit dem Gefühl, daß uns ein unerwarteter Gewinn zufällt, freudig annehmen.

Seneca

Dauernde Schlaflosigkeit beginnt gewöhnlich mit ein paar Nächten, in denen man einfach nur schlecht schläft. Doch mit der wachsenden Sorge darüber, daß man nicht schlafen kann, steigert sich auch die Schlaflosigkeit. Je mehr man sich Gedanken macht, desto angespannter wird man. Die beste Kur bei Schlaflosigkeit besteht darin, sich vor dem Zubettgehen ausgiebig zu entspannen und erst dann schlafen zu gehen, wenn man wirklich müde ist. Führen Sie ein Tagebuch, in dem Sie abends notieren, was Ihnen Sorgen macht; so «befreien» Sie sich davon.

Versuchen Sie sich heute abend besonders Ihrer Entspannung zu widmen. Denken Sie nicht: «Ich muß einschlafen, denn morgen habe ich einen wichtigen Termin», sondern denken Sie: «Ich fühle mich ganz ruhig und entspannt und kann alle Gedanken an den heutigen und morgigen Tag auf sich beruhen lassen.»

Ich werde mich heute abend ganz bewußt entspannen, einen Spaziergang machen, beruhigende Musik hören und alles, was mich belasten könnte, einfach «vergessen».

Ich habe die Tiefen der Verzweiflung ergründet und festgestellt, daß sie nicht bodenlos sind.

Thomas Hardy

Manchmal haben die wichtigsten persönlichen Errungenschaften ihren Ursprung in großem Schmerz, heftiger Trauer oder niederschmetternder Depression. Manchmal muß man seinen Tiefpunkt erreichen, um zu einer Veränderung bereit zu sein oder dieselbe Situation aus einer anderen Perspektive betrachten zu können. Wenn Sie glauben, nicht mehr tiefer sinken zu können, oder Ihre Situation für aussichtslos halten, werden Sie feststellen, daß eine Veränderung einsetzt, eine Umwandlung entweder Ihrer selbst oder Ihrer Umstände, die Ihnen einen Ausweg aus Ihrer mißlichen Lage weist.

Ein Sufi-Aphorismus besagt: «Wenn das Herz um das weint, was es verloren hat, lacht der Geist darüber, was er gefunden hat.» Statt heute abend über irgendwelche widrigen Umstände in Ihrem Leben zu klagen, bleiben Sie offen für neue Möglichkeiten. Sagen Sie sich selbst: «Ich lasse mich von … nicht unterkriegen.» Dann vertrauen Sie darauf, daß bald alles in Ordnung sein wird.

Heute abend kann ich meine Möglichkeiten und Aussichten betrachten, oder ich kann mich auf meinen Kummer und meine Sorgen konzentrieren. Werde ich mich daran erinnern, daß ich immer einen positiven Ausweg aus jeder mißlichen Lage finden kann?

Wir werden mit so vielen Informationen überhäuft, daß unsere Schaltkreise überlastet sind. Wir sind überreizt. Jeder verlangt nach unserer sofortigen Aufmerksamkeit. Alles ist dringend geworden.

Jeffrey J. Mayer

Denken Sie an eine Glühbirne. Sie hat eine durchschnittliche Lebensdauer von ein paar tausend Stunden, so daß sie monatelang hell leuchten kann. Aber schließlich wird sie durchbrennen. Wenn wir ausbrennen, dann verblaßt allmählich das, was einst hell und leuchtend war. Das geschieht, wenn die Begeisterung dahinschwindet, die Sie früher für Ihren Job, für ein Ideal, für einen Lebensstil oder eine Beziehung aufgebracht haben. Unter Ausbrennen versteht man jenes unglaubliche Gefühl der Müdigkeit und Frustration, das Sie empfinden, wenn Sie entweder nicht bekommen, was Sie vom Leben erwarten, oder nicht wissen, wie Sie sich Ihre Wünsche erfüllen könnten, oder wenn Sie sich in einer unbefriedigenden Situation gefangen fühlen.

Fragen Sie sich zunächst: «Was raubt mir die Energie?» Dann denken Sie darüber nach, was Ihnen wieder die Begeisterung von früher vermitteln könnte. Eine kleine Veränderung, wie zum Beispiel die Übernahme einer neuen Aufgabe, der Beitritt zu einer Lerngemeinschaft oder ein Treffen mit Freunden kann Sie bereits motivieren und aufbauen.

Heute abend werde ich darüber nachdenken, wie ich das Interesse, das ich früher an verschiedenen Dingen in meinem Leben hatte, erneuern und wiederbeleben kann.

Wenn Sie Beziehungen betrachten, die gutgehen, dann werden Sie bemerken, daß beide Partner gute Freunde sind und einander respektieren; sie glauben an dieselben Werte und vertrauen einander. Vertrauen ist die Grundlage. Ohne Vertrauen fühlen Sie sich nicht sicher. Wenn Sie sich nicht sicher fühlen, können Sie nicht offen sein. Wenn Sie nicht offen sind, können Sie einander nicht nahe sein.

Lonnie Barbach

Gibt es Zeiten, in denen Sie mit Ihrem Partner nicht auszukommen scheinen, egal was Sie tun? Jede Ihrer Äußerungen droht Gegenstand einer hitzigen Debatte zu werden, und jeder Kommentar wird fälschlicherweise als Kritik ausgelegt. Sie konzentrieren sich in solchen Momenten nicht auf die Stärke einer Beziehung, die Sie geschaffen haben, sondern auf die Schwäche, die durch einen Streit oder eine schlechte Stimmung zustande kommt. Manchmal gibt es nicht einmal einen Grund für eine Unstimmigkeit oder Differenz.

Statt zu versuchen, die Ursache für derlei Spannungen zu finden, sagen Sie sich in Zukunft besser: «Egal wie es begonnen hat, es wird meine Liebe, die ich für dich empfinde, nicht schmälern. Was können wir tun, um diese Angelegenheit hinter uns zu bringen und wieder gute Freunde und ein großes Liebespaar zu sein?»

Man sagt, daß «nichts einen Streit besser in Gang hält als zwei Personen, die nicht genau wissen, worüber sie streiten». Von nun an werde ich mich auf den tieferen Grund konzentrieren, warum ich bei meinem Partner bin, statt der Ursache für einen vorübergehenden Zwist hinterherzugrübeln.

Die immer wiederkehrenden Zyklen der Natur haben etwas unendlich Heilsames an sich – die Sicherheit, daß nach der Nacht der Morgen und nach dem Winter der Frühling kommen wird.

Rachel Carson

Der Lauf der Zeit bewirkt, daß der Sommer vorübergeht, aber auch, daß der Winter ein Ende hat. Die Zeit rückt voran, damit sich etwas verändern kann. Der Lauf der Zeit bewirkt, daß ein Leben zu Ende geht, aber auch, daß ein anderes beginnt. Aufgrund dieses Kontinuums können Sie sich darauf verlassen, die Zeit wird Ihnen Gutes bringen und Schlechtes wird vergehen. Manchmal kommt es uns vor, als ob die Zeit schneller verginge: wenn wir fröhliche, angenehme Stunden verleben. Sie fließt dagegen nur langsam dahin, wenn uns langweilig ist oder wir leiden. Aber die Zeit wird immer mit demselben gleichmäßigen Tempo voranschreiten, und mit jeder Minute, die vergeht, besteht neue Hoffnung. Die Zeit ist es, die alle Wunden heilt.

Verlassen Sie sich heute abend darauf, daß der nächste Morgen anbrechen wird; mit dem neuen Morgen wird neue Hoffnung aufkommen. Auf folgendes können Sie immer vertrauen: Die Zeit wird immer vorwärtsschreiten und Sie vom Alten wegführen und sanft dem Neuen näherbringen.

Die Zeit ist immer auf meiner Seite; sie bringt mich neuen und unberührten Augenblicken näher. Heute abend werde ich darauf vertrauen, daß mir das Morgen immer bringen wird, was ich brauche.

Liebe Welt… Ich verlasse dich, weil ich mich langweile.

George Sanders

Der Filmstar George Sanders hatte alles – Berühmtheit, Gesundheit, Reichtum –, und dennoch nahm er mit diesen schrecklichen Worten freiwillig Abschied von der Welt.

Wie oft fühlen Sie sich gelangweilt? Und was tun Sie dagegen? Wenn Sie jeden Abend gelangweilt vor dem Fernseher sitzen, schalten Sie ihn aus, nehmen Sie ein Buch zur Hand oder gehen Sie spazieren. Es liegt allein an Ihnen, Gefühlen der Langeweile aktiv zu begegnen. Ob Sie nun vermehrt Interesse für Ihre Mitmenschen entwickeln, nach neuen Ideen suchen, sich weiterbilden, Ehrenämter übernehmen – die Welt ist voll von Gelegenheiten, Langeweile zu vertreiben und neue Akzente für ein ausgefülltes Leben zu setzen.

Wenn ich mich in meinem Leben langweile, trage ich die alleinige Verantwortung dafür. Heute will ich der Langeweile den Kampf ansagen und die Initiative ergreifen, um mein Leben interessanter zu gestalten.

10. November

DEZEMBER

Alte Menschen – und dabei spreche ich von mir selbst – brauchen mehr als alles andere das Gefühl, gebraucht zu werden und einen Zweck zu erfüllen.

Ruth Youngdahl Nelson

Ein jeder braucht das Gefühl, für andere einen Wert zu besitzen. Egal wie alt Sie sind, Sie müssen wissen, daß andere Sie brauchen und Ihren Beitrag am Arbeitsplatz, im Klassenzimmer, in der Gemeinde und in der Familie schätzen. Sie haben keinen Einfluß darauf, daß die Zeit vergeht und Sie allmählich alt werden, aber Sie haben sehr wohl Einfluß darauf, wie Sie dem Älterwerden gegenüberstehen. Wenn Sie zum Beispiel glauben, Ihr Leben sei mit fünfundsechzig vorbei, dann werden Sie diese Einstellung auch ausstrahlen und man wird Sie bald wirklich nicht mehr für wichtig halten. Ob Sie jung, mittleren Alters oder alt sind, Ihr Beitrag zum Leben kann immer von Bedeutung sein – aber nur, wenn Sie die richtige Einstellung haben. Überprüfen Sie Ihre Einstellung, indem Sie sich Ihr Leben in älteren Jahren vorstellen. Wie werden Sie aussehen? Was werden Sie tun?

Nehmen Sie heute abend ein Selbstbild mit in den Schlaf, das Sie älter, aber vital, aktiv, lebendig, attraktiv und nützlich zeigt und auf dem Sie mit Würde alt werden.

Wie sehe ich mich selbst, wenn ich auf meine «goldenen Jahre» vorausblicke? Bin ich zerbrechlich und langsam oder stark und flink? Heute abend stelle ich mir vor, daß ich wertvolle Beiträge in meinem und dem Leben anderer leisten werde.

Manchmal bedaure ich mich selbst, und die ganze Zeit werde ich vom Wind über den Himmel getragen.

Indianisches Sprichwort

Ein Mann glaubte, Gott habe ihn während einer äußerst schweren Zeit verlassen, denn er sah nur ein Paar Fußabdrücke auf dem schwierigen Pfad, den er gerade zurückgelegt hatte. Als er Gott fragte, warum Er nicht bei ihm sei, wenn er Ihn am meisten brauche, sagte ihm Gott, er sähe nur ein Paar Fußabdrücke, weil Er ihn getragen habe. Ob es Ihnen klar ist oder nicht, die Saat Gottes – Ihre Zuversicht, Ihr Glauben und Ihr Vertrauen darauf, daß Sie schwere Zeiten überstehen können – ist immer bei Ihnen. Sie brauchen sie nur zu pflanzen, sich um sie zu kümmern und sie wachsen zu lassen.

Damit die Gaben Gottes gedeihen können, sollten Sie Ihren Geist heute abend positiven Gedanken zuwenden. Es gibt kein Problem, das nicht gelöst werden könnte. Kümmern Sie sich um Ihre Saat Gottes – düngen Sie sie durch Gebete und Meditation. Dadurch stärken Sie den Glauben, den Sie brauchen, um schwere Zeiten zu überstehen.

Heute abend werde ich der Führung meiner inneren Stimme vertrauen und daran glauben, daß sich im Laufe der Zeit alles ändern, jede Wunde heilen und alles leichter werden wird.

Wenn Sie feststellen, daß Ihr inneres Gespräch negativ verläuft, dann haben Sie die Macht, das Thema zu wechseln und positiv zu denken.

Martha Smock

Sind Sie in ständigem Dialog mit sich selbst? Kommentieren Sie dabei stets Ihr äußeres Erscheinungsbild, Ihre Arbeit und die Probleme in Ihrem Leben? Wenn Sie diesem inneren Zwiegespräch genau zuhören, stellen Sie wahrscheinlich fest, daß Sie sich nur in wenigen Augenblicken loben oder ermutigen. Statt dessen halten Sie es für angebracht, sich selbst zu kritisieren, zu beurteilen, zu tadeln und als negativ abzustempeln. Aber welche Vorteile soll es haben, sich einer solch intensiven, negativen Beurteilung auszusetzen? *Schließlich kann es dazu kommen, daß Sie genauso werden, wie Sie sich selbst sehen.*

Nehmen Sie sich von diesem Augenblick an vor «umzuschalten», sobald Sie feststellen, daß Sie jetzt besser einem positiven Selbstgespräch lauschen würden. Sie werden viel besser schlafen, wenn Sie jeden Tag damit beenden, Gutes über sich selbst zu «hören».

Wenn mein Leben friedlicher und glücklicher verlaufen soll, dann muß ich mir selbst sagen, daß ich ein guter Mensch bin. Heute abend werde ich ein positives Selbstgespräch führen, indem ich drei meiner guten Eigenschaften nenne.

Ich hatte auch Alpträume. Und im Schlafzustand fühlte ich plötzlich all das, was ich im Wachzustand, mitten in den tatsächlichen Ereignissen, nicht empfunden hatte.

Andrea Dworkin

Träume sind Botschaften, die Sie an sich selbst schicken. Sie zeigen Ihnen Menschen, Orte und Dinge Ihres täglichen Lebens, für die Sie starke Gefühle hegen, die Sie aber häufig nicht zum Ausdruck gebracht haben. Wenn eine bestimmte Situation in Ihrem Leben Sie belastet, machen Sie sich zunächst selbst unempfindlicher, um den Schmerz, die Angst, das Leid, den Zorn, den Druck oder die Traurigkeit, die in Ihnen entstehen, nicht zu spüren. Doch während Sie schlafen, «kennen» Ihre Träume diese Gefühle und rufen sie wieder wach, so daß Sie ihnen nicht entgehen können. Obwohl Ihre Träume manchmal zu furchterregenden Alpträumen werden können, sind sie nur ein Ventil für Ihre Gefühle, die Sie auf andere Weise nicht zum Ausdruck bringen.

Falls ein Traum Sie heute nacht weckt und Sie aufwühlt, denken Sie daran, daß Sie wahrscheinlich selbst herausfinden können, worum es in diesem Traum geht, wenn Sie ehrlich zu sich selbst sind. Wenn Sie einen Traum verstehen, können Sie daraus lernen, welche Gefühle Sie im wachen Zustand offen zum Ausdruck bringen müssen.

Meine Träume weisen mir den Weg. Ich brauche nicht jedes kleine Detail zu deuten, um zu verstehen, worum es in ihnen geht. Aber besonders wichtig ist, was ich aus meiner Deutung mache.

... die Reise beginnt damit, sein Inneres zu beruhigen, Platz zu schaffen, sich Zeit zu lassen, zu hören und zu bemerken ... der Kern des spirituellen Wachstums besteht darin, schweigen zu üben.

John Fortunato

Die alten Chinesen lehrten, daß man sein soll wie eine Schildkröte, die weiß, wann sie sich in sich selbst zurückziehen muß, um ihre innere Energie wiederherzustellen. Wissen Sie, wann es richtig ist, sich aus Konflikten, belastenden und erschöpfenden Situationen zurückzuziehen? Wenn Sie verwirrt und unkonzentriert sind, projizieren Sie Ihre eigenen inneren Konflikte auf Ihre Umwelt. Statt bereits bestehende Probleme zu lösen, verstärken Sie sie durch Ihr inneres Ungleichgewicht. Aber wenn Sie im Einklang mit sich selbst sind, können Sie auch wieder in Frieden mit Ihren Mitmenschen leben.

Atmen Sie tief, um den Geist zu beruhigen und den Körper zu entspannen, schweigen Sie, um einfach in Ruhe nachzudenken, oder hören Sie sich eine Meditationskassette an. Aber welche Form der spirituellen Übung Sie auch wählen, führen Sie sie jeden Abend durch. Es ist ein einfacher Prozeß, der aus zwei Schritten besteht: Beruhigen Sie den Geist, und hören Sie zu.

Ich werde jeden einzelnen meiner Muskeln nach und nach, von meinem Kopf bis hinunter zu meinen Füßen, entspannen. Ich werde tief einatmen, um beruhigende Energie aufzunehmen, und Spannungen, Lärm und Unbehagen ausatmen.

Warum werden so viele Haushalte abends so gegen 7 Uhr zur «Hausaufgaben-Hölle»?

Barbara F. Meltz

Nach einem langen und anstrengenden Tag ist wahrscheinlich das letzte, was Sie sich wünschen, Ärger mit Ihrem Kind wegen seiner Hausaufgaben. Wenn Sie nichts sagen, dann riskieren Sie, daß die Aufgaben überhaupt nicht gemacht werden. Wenn Sie dagegen versuchen, regelmäßiges Arbeiten durchzusetzen, übernehmen Sie damit eine Verantwortung, die an sich Ihr Kind tragen sollte.

Wie aber können Sie erreichen, daß Ihr Kind seine Hausaufgaben erledigt, ohne es daran zu hindern, Entschlüsse selbst zu fassen und Verantwortung zu übernehmen? Stellen Sie sich einfach vor, Sie seien der Arbeitgeber und Ihr Kind einer Ihrer Angestellten. Halten Sie ein- oder zweimal die Woche, vielleicht sogar täglich, eine Konferenz ab, um den «Arbeitsanfall» und den «Zeitplan» zu diskutieren. Lernen Sie anzuleiten und zu helfen, ohne Folterknecht oder Diktator zu sein.

Heute werde ich meinem Kind zeigen, wie man mit einer Aufgabe rechtzeitig fertig wird. Dabei werde ich in erster Linie Lehrer sein und erst in zweiter Linie Mutter.

Zu keinem Ziel führt ein Königsweg. Ein Schritt nach dem anderen; eins kommt nach dem anderen. Was schnell wächst, welkt auch genauso schnell wieder; was langsam wächst, hat Dauer.

Josiah Gilbert Holland

Im Winter bietet sich Ihnen beim Gang durch den Supermarkt ein ganzes Sortiment an frischen Gemüsen und Früchten, ganz wie im Sommer. Nehmen Sie zum Beispiel eine Tomate, die innerhalb weniger Wochen, mit Nährstoffen überversorgt, in einem Treibhaus heranreifte. Eine solche, rasch hochgezogene Wintertomate wird sich geschmacklich kaum mit einer Tomate messen können, die monatelang auf normaler Erde und unter freiem Himmel gereift ist.

Genauso ist es mit den Dingen, die Sie sich wünschen. Vielleicht kommt es Ihnen so vor, als rückten viele von ihnen nur im Schneckentempo näher. Um aber Bedeutung und Bestand zu haben, dürfen manche Dinge nicht forciert werden, sondern müssen sich gemäß ihrem eigenen Rhythmus verwirklichen. Wenn Sie sich für morgen etwas wünschen, dann können Sie heute nur eines tun: Seien Sie geduldig und warten Sie die Entwicklung ab.

Heute abend werde ich meine Wünsche zügeln und nicht versuchen, etwas voranzutreiben. Ich werde das Tempo der Welt – nicht mein eigenes – akzeptieren und darauf vertrauen, daß alles zu seiner Zeit geschieht.

Die Seele hat die Farbe ihrer Gedanken.

Mark Aurel

Anhänger der östlichen Philosophie sagen, daß jeder von uns ein wandelnder Regenbogen ist. Und zwar deshalb, weil wir sieben Chakras oder Energiezentren in uns haben, die durch unseren Körper führen. Sie reichen von den emotionalen, leidenschaftlichen unteren Zentren in Rot und Orange zum gelben Solarplexus, dann über das grüne Herzzentrum nach oben zu den kühlen Farben des blauen Hals-Chakras bis hin zum indigoblauen Chakra des dritten Auges und dem violetten Schädel-Chakra oben auf Ihrem Kopf. Wenn Sie sich am Morgen anziehen, wählen Sie oft unbewußt Farben, die mit dem Energieniveau Ihrer Chakras zu diesem Zeitpunkt harmonieren.

Denken Sie heute abend kurz darüber nach, welche Farben Sie morgen tragen möchten. Möchten Sie damit Ihre üblichen morgendlichen Gefühle zum Ausdruck bringen, oder wollen Sie etwas anderes versuchen, um diese Gefühle zu ändern? Sie können Ihre Stimmung durch die Auswahl der entsprechenden Farben beeinflussen. So wie ein Innenarchitekt Farben auswählt, die nicht nur zu den Möbeln in einem Raum passen, sondern auch die «Stimmung» des Raums ausdrücken, können Sie Farben wählen, die Ihre Stimmung vermitteln.

Welche Farben werde ich morgen tragen? Rot und Orange sind energiegeladene Farben, Gelb stimuliert den Intellekt, Grün hat eine beruhigende Wirkung und Hellblau oder Violett fördern die Kreativität und die Heiterkeit.

Manchmal bin ich wütend auf sie. Ich möchte ihr die Haare vom Kopf reißen. Aber dann denke ich, sie hat auch ein Recht zu leben... Nur weil ich sie liebe, verliert sie keines ihrer Rechte.

Alice Walker

Mit einem intimen Partner zu streiten ist, als ob man mit einem vertrauten Sparringpartner in den Boxring steigt. Sie sind wahrscheinlich so sehr daran gewöhnt, wie sich die andere Person verhält oder Sie behandelt, daß alles, was Sie beide sagen und tun, einer bestimmten Choreographie zu folgen scheint. Und während die tatsächliche Ursache der Feindseligkeit unberührt bleibt, beginnt Ihr «Tanz der Unstimmigkeiten»: Der eine verläßt das Zimmer, wenn der andere spricht, körperliche Annäherungsversuche werden zurückgewiesen, man täuscht gegenseitig einen höflichen Umgangston vor, während man dem Partner Vorwürfe macht oder ihn beschimpft. Aber sind Sie selbst denn ohne Fehler? Kommen Sie nicht auch manchmal spät zum Abendessen heim, vergessen eine wichtige Verabredung oder sind zu müde, um noch zärtlich zu sein? Wenn Sie dieses Recht für sich in Anspruch nehmen, steht es dann nicht auch dem anderen zu?

Konflikte und Konfrontationen können gesund sein, wenn sie auf eine faire Weise ausgetragen werden.

In jedem Streit mit einem geliebten Menschen werde ich darauf achten, daß ich mich nicht über ein Verhalten beklage, das ich mir selber zugestehe. Ich werde meinem Partner denselben Freiraum gewähren, den ich für mich selber in Anspruch nehme.

Ihr, die Ihr bedauerliche Mißverständnisse Jahr um Jahr bestehen laßt und glaubt, daß Ihr sie schon eines Tages aufklären werdet... wenn Ihr bloß verstehen und sehen und spüren könntet, wie kurz die Zeit ist! Wie schnell das Eure Einstellung ändern würde!

Phillips Brooks

Wut kann eine sehr sorgfältig unterdrückte Reaktion auf Ärger, Unmut, ungelöste Konflikte, Enttäuschungen und Kränkungen sein. Selbst wenn Sie glauben, daß Sie Ihren Zorn schon bewältigen werden, auch ohne ihn zum Ausdruck zu bringen, kann er Ihr Leben auf vielfältige Weise beeinträchtigen. Er kann Ihre Beziehungen zu anderen zerstören. Er kann ernsthafte körperliche Probleme hervorrufen. Er kann die Ursache dafür sein, daß Sie unglücklich und deprimiert sind.

Da sich das Jahr seinem Ende zuneigt, sollten Sie sich die Zeit nehmen, ernsthaft zu ergründen, ob Ihre körperliche, emotionale oder spirituelle Gesundheit Symptome aufweist, die auf verborgene Aggressionen hindeuten. Nehmen Sie sich vor, Ihre Wut ab sofort nicht mehr auf solch heimtückische Bahnen geraten zu lassen. Sprechen Sie offen darüber, wenn Sie ärgerlich sind, und handeln Sie auf eine Weise, die zeigt, daß Sie eine positive Lösung anstreben.

Heute abend werde ich die Worte Aristoteles' beherzigen: «Jeder kann zornig werden – das ist einfach, aber auf die richtige Person, im richtigen Ausmaß, zur richtigen Zeit, aus dem richtigen Grund und auf die richtige Weise zornig zu sein – das ist nicht einfach.»

Menschen, die ein Trauma erleiden... müssen ihr Leben neu schaffen.

Dr. Kathryn D. Cramer

Wenn Sie Ihren Job verloren haben, einen Unfall hatten, eine Scheidung hinter sich haben, einen Kredit aufnehmen mußten, um Ihre Rechnungen zu bezahlen, eine Beziehung gescheitert ist oder Sie sich mitten in einer bedeutsamen Phase der Veränderung befinden, sei es durch einen Umzug, eine Krankheit oder die Pensionierung, dann ist Ihnen klar, wie belastend solche Zeiten sein können. Einerseits sind Sie erschöpft, andererseits aber – durch das ständige Grübeln über Ihre Probleme – so angespannt, daß Sie schlecht schlafen.

Manche Menschen begegnen traumatischen Lebenserfahrungen als passives, hilfloses Opfer. Andere werden wütend, sind voller Groll oder geben anderen die Schuld. Wieder andere reagieren mit negativen Gedanken, werden deprimiert oder apathisch. Es gibt aber eine viel bessere Methode, mit traumatischen Lebenserfahrungen umzugehen.

Führen Sie sich ab sofort vor Augen, wie hilfreich diese Erfahrung für Ihr Leben sein kann. Traumata können sich als Wohltat entpuppen, wenn Sie die Gelegenheiten wahrnehmen, Ihr Leben neu zu schaffen.

Ich kann Ereignisse in meinem Leben als Gelegenheit zum Lernen, Wachsen und zur Veränderung ansehen, wenn ich eine positivere Einstellung entwickle.

Nichts ist verführerischer und gleichzeitig trügerischer als Reichtum. Es ist gleichermaßen belastend, ihn zu erwerben, zu erhalten, zu nutzen und zu verlieren.

Hinduistisches Sprichwort

Geld ist das Thema, über das sich Paare am häufigsten streiten. Geld kann für verschiedene Menschen höchst unterschiedliche Dinge symbolisieren – Liebe, Macht, Sicherheit, Abhängigkeit, Freiheit, Kontrolle und Selbstwertgefühl. Es ist deshalb wichtig, daß Sie und Ihr Partner sich darüber austauschen, was es für jeden von Ihnen bedeutet, Geld auszugeben oder zu sparen. Sind Sie zum Beispiel jemand, der Geld eher ausgibt, und Ihr Partner jemand, der eher spart? Sind Sie jemand, der gerne teilt und alles Geld in einen Topf werfen möchte, oder sind Sie jemand, der getrennte Kassen vorzieht?

Sagen Sie dem anderen, was Sie an seiner Art, mit Geld umzugehen, bewundern und was Sie nicht mögen. Wenn Sie sowohl Kritik als auch Lob offen äußern, können Sie Konflikte, die auf Geld beruhen, entschärfen und dadurch künftig Ihrem Partner gegenüber eine entspanntere Haltung einnehmen in finanziellen Belangen.

Heute werde ich mit meinem Partner über meine Einstellung zum Geld reden. Dadurch lernt er besser verstehen, warum ich es auf meine Weise spare oder ausgebe.

Das Morgen ist das Wichtigste in unserem Leben. Es kommt ganz frisch um Mitternacht. Es ist perfekt, wenn es ankommt, und legt sich in unsere Hände und hofft, daß wir aus dem Gestern etwas gelernt haben.

John Wayne

Betrachten Sie jeden Tag als neuen Anfang? Oder beginnen Sie den Tag mit einem Rückblick auf den vorigen und denken über all die Dinge nach, die Sie hätten tun können oder die Sie anders hätten machen sollen? Einen neuen Tag mit Grübeleien über einen vergangenen Tag anzufangen ist, als ob man auf einer Tafel schreibt, die seit dem Beginn des Schuljahres nicht gelöscht wurde. Die neue Mitteilung wird unter all den anderen verblaßten Mitteilungen auf der staubigen Oberfläche nur schwer zu erkennen sein und es schwer machen, sich auf die gegenwärtigen Aktivitäten zu konzentrieren oder nach vorne zu blicken, um die Zukunft zu sehen.

Am besten beginnen Sie das Morgen, indem Sie heute abend reinen Tisch machen. Sagen Sie sich selbst: «Ich kann nichts tun, um den heutigen Tagesablauf noch zu verändern.» Spüren Sie sich dann in der Gegenwart – bequem in Ihrem Bett, bereit, Ihren Kopf in die Kissen zu legen und einzuschlafen.

Ich habe keine Ahnung, was mir das Morgen bringen wird. Aber statt die Zukunft vorausahnen zu wollen, werde ich mich ausruhen, um morgen frisch und munter aufzuwachen.

Erfahrung ist das, was Sie bekommen, wenn Sie nicht bekommen, was Sie wollen.

Dan Stanford

Ein kleiner Junge wollte immer das Größte von allem, weil er glaubte, es sei das Beste. Beim Essen nahm er sich das größte Stück Fleisch, aber es war zäh und knorpelig. Er nahm sich die größte Kartoffel, entdeckte aber, daß sie nicht gar war. Er schnappte sich das größte Stück Schokolade, aber es war bitter und verdorben. Und die Moral von der Geschicht'? Das, was man will, ist oft nicht das, was man bekommt.

Wie oft haben Sie sich etwas gewünscht, um dann herauszufinden, daß es nicht ganz das war, was Sie erwarteten? Ihr Plan, die gesamte Familie während der Feiertage zusammenzubringen, ließ sich vielleicht nicht verwirklichen. Oder Ihr Ziel, an diesem Weihnachtsfest weniger auszugeben als in vorherigen Jahren, läßt sich nicht erreichen. Erst Ihre Reaktion auf Enttäuschungen zeigt Ihnen, wie gut Sie mit vereitelten Hoffnungen und unerfüllten Wünschen umgehen können.

Beschließen Sie, von nun an aus solchen Erfahrungen zu lernen. Sobald Sie herausgefunden haben, daß ein angestrebtes Ziel Ihre Erwartungen nicht erfüllt, halten Sie Ausschau nach etwas anderem, das Ihnen die Erfüllung bringt.

Ich bekomme wahrscheinlich nicht immer sofort alles, worum ich bitte. Kann ich meine Ziele revidieren oder meine Erwartungen einschränken, damit ich trotzdem zufrieden bin?

Wir alle haben es in uns, irgendwo ganz hinten in unserem Kopf, ein zerschlissenes, etwas mitgenommenes Bild von der idealen Familie. Geben Sie es zu. Die Vision von einer funktionierenden Gruppe, anders als unsere eigene Familie, tanzt in unseren Köpfen herum.

Elisabeth Nonas

Wenn Sie an diesem Weihnachtsfest in bezug auf die Familienzusammenkünfte, die Ihnen bevorstehen, einen Wunsch frei hätten, was würden Sie sich wünschen? Wenn Sie möchten, daß diesmal, zum ersten Mal, alles klappen wird, daß Mutter und Vater sich nicht streiten werden, daß niemand zu viel trinken wird, daß alle glücklich sein werden, dann können Sie nur enttäuscht werden. Wie können Sie Ihre Familientreffen tatsächlich erträglicher machen und nicht bloß übertriebene Wunschvorstellungen zum Verhalten Ihrer Verwandten entwickeln?

Versuchen Sie, Ihre Verwandten von nun an objektiver zu betrachten. Wenn Sie sich von schwierigen Familienmitgliedern distanzieren, indem Sie nicht subjektiv reagieren, können Sie sich emotional lösen und positiver mit ihnen umgehen.

Ich werde meine Augen schließen und mir vorstellen, daß ich der Autor einer neuen Fernsehkomödie bin. Die Geschichte dreht sich um ein weihnachtliches Familientreffen. Kann ich über das Verhalten der «Figuren» in meiner Komödie lachen?

Überlegen Sie sich einmal, wie wenig gute Musik gespielt würde, wenn zum Beispiel ein Dirigent sich weigern würde, Beethovens Fünfte zu spielen, mit dem Argument, daß sein Publikum sie vielleicht schon einmal gehört hat.

A. P. Herbert

Gibt es Routinearbeiten, die Sie tagtäglich ausführen müssen und die Ihnen mittlerweile so langweilig geworden sind, daß Sie mit Widerwillen reagieren, wenn Sie nur daran denken? Manche Dinge bleiben immer gleich. Sie können jedoch die Art und Weise ändern, wie Sie darauf reagieren. Lästige Aufgaben können eine neue Bedeutung für Sie bekommen, wenn Sie nicht diese Aufgaben zu ändern versuchen, sondern Ihre Einstellung dazu.

Genauso wie es Spaß machen kann, ein altes Lied zum hundertsten Mal zu singen, können Sie auch Routinearbeiten zu einem angenehmeren Bestandteil Ihres Lebens machen. Manchmal kann eine einfache Änderung der Grundeinstellung das Leben etwas weniger eintönig machen.

Heute abend werde ich die Philosophie von Francis Bacon befolgen, der sagt: «Wer keine neuen Mittel anwendet, muß mit neuen Übeln rechnen…»

Ich dachte ernsthaft an Selbstmord. Ich hatte ein Fläschchen Pillen, die mir der Arzt gegen meine Nervosität gegeben hatte. Mich umzubringen erschien mir als der einzige Ausweg… Ich war in Panik, aber ein Teil meiner selbst wollte nicht sterben.

Marcia

Die Hektik vor den Weihnachtsfeiertagen reicht aus, um selbst den positivsten Menschen in einen Strudel von Verwirrung und Aufruhr zu stürzen. Wenn noch Schmerz, Einsamkeit und Hoffnungslosigkeit hinzukommen, können Depressionen die Folge sein, in denen Sie vielleicht sogar Selbstmordgedanken hegen. Depressionen sollten immer ernst genommen werden. Sie sind wie leuchtend rote Flaggen, die auf Ihre Gefühle aufmerksam machen. Vielleicht sind Sie unglücklich, weil Sie die Feiertage allein verbringen müssen. Möglicherweise sind Sie verzweifelt, weil Sie finanzielle Probleme haben. Womöglich überfällt Sie ein Gefühl der Hoffnungslosigkeit, weil Sie gerade eine Trennung hinter sich haben oder Ihnen eine kurz bevorsteht.

Jeder, der unter Depressionen leidet oder sogar an Selbstmord denkt, sollte sich sofort um Hilfe bemühen, einen guten Freund, ein Sorgentelefon, einen Geistlichen oder einen Therapeuten anrufen. Das Bedürfnis nach Kontakt zu ignorieren macht es nur schlimmer; um Hilfe zu bitten kann die Situation erheblich verbessern.

Wenn ich heute abend verängstigt bin, dann werde ich mit einem Freund darüber reden. Mich jemandem zu öffnen kann mir sofort den Trost verschaffen, den ich brauche.

Je höher die Flamme schlug, um so kälter und abgestorbener war die Asche.

Olive Schreiner

Der Lagerleiter zeigt den Campern, wie man Bratwurst am Lagerfeuer brät. «Zuerst sucht man sich einen grünen Stock und steckt die Bratwurst darauf. Dann hält man sie ein paar Zentimeter über das Feuer – etwa so.» – «Aber woher weiß ich, daß sie fertig ist?» fragte einer der Teilnehmer am Zeltlager. – «Nun ja, das weiß man einfach», antwortete der Lagerleiter. Und plötzlich ging die Wurst in Flammen auf. – «Und jetzt ist sie fertig?» fragte der Camper. – Der Lagerleiter hielt das verkohlte Stück in die Höhe. «Nein. *Jetzt* ist sie verdorben.»

Wenn Sie immer versuchen «noch ein bißchen mehr zu tun», bevor Sie zu Bett gehen – ob Sie nun Büroarbeit, Botengänge, Hausarbeit, Urlaubsvertretungen oder etwas anderes erledigen –, geht das auf Kosten Ihres Schlafes. Hören Sie also mit dem, was Sie gerade tun, auf, und sagen Sie sich: «Jetzt ist es genug. Ich sollte schlafen gehen.» Statt das Feuer Ihrer Energie so hohe Flammen schlagen zu lassen, daß Sie irgendwann ausgebrannt sind, haben Sie jetzt jede Menge Zeit, um sich zu entspannen, bis der neue Tag anbricht.

Ich werde aufhören zu arbeiten, bevor ich so ungenießbar wie eine verkohlte Bratwurst bin. Ich werde in diesem Buch lesen, ein paar Minuten lang meditieren, dann die Lichter löschen und früh zu Bett gehen.

Ich sage es nur ungern, aber meine Forschungen haben ergeben, daß jeder irgendwann einmal stirbt: Liebende, Jogger, Vegetarier und Nichtraucher. Ich sage Ihnen das, damit diejenigen von Ihnen, die um 5 Uhr morgens aufstehen, um zu joggen, und sich nur von Gemüse ernähren, gelegentlich auch mal ausschlafen und sich ein Eis gönnen.

Dr. Bernie S. Siegel

Gehören Sie zu den Menschen, die alles selbst erledigen und alles und jeden unter Kontrolle haben müssen? Beschleicht Sie das Gefühl, daß die Aufgaben nicht erledigt werden, wenn Sie sich nicht selbst darum kümmern? Dieses Verhalten können Sie am besten überwinden, wenn Sie die Kontrolle über wenigstens *einen* Ihrer Lebensbereiche aufgeben: Nehmen Sie Abstand von Ihrem Bestreben, jeden Tag eine bestimmte Anzahl von Stunden zu arbeiten, von Ihrem Wunsch, Ihre Wohnung immer makellos sauber und ordentlich zu halten, von Ihren Erwartungen, wie eine intime Beziehung verlaufen sollte, oder lockern Sie Ihren strengen Diät- oder Trainingsplan.

An diese neue Verhaltensweise müssen Sie sich langsam gewöhnen. Seien Sie bereit, von Zeit zu Zeit loszulassen – gehen Sie früher schlafen, oder schlafen Sie manchmal aus, oder pfeifen Sie auf die Kalorien.

Von nun an werde ich versuchen, auch einmal nichts zu tun. Ich werde etwas loslassen, von dem ich glaube, daß ich es bewältigen muß, und auf ein andermal verschieben.

Wenn Sie irgendwann in Ihre Heimatstadt zurückkehren, werden Sie feststellen, daß Sie nicht Ihre Heimatstadt, sondern Ihre Kindheit vermißt haben.

Sam Ewing

An den Feiertagen geht es um die Familie. Sie werden vielleicht mit Ihren Eltern zusammensein, und deshalb fällt es Ihnen schwer, alte Kränkungen oder unglückliche Erinnerungen aus Ihrer Kindheit beiseite zu schieben. Es ist schwierig, sich nicht wieder um ihre Liebe, ihre Aufmerksamkeit, Unterstützung, Anerkennung oder ihre Vergebung zu bemühen, wie Sie das in Ihrer Kindheit oder Jugend erfolglos taten. Denken Sie aber daran, daß Sie Ihren Eltern heute nicht als Kind gegenübertreten, sondern als Erwachsener. Statt Forderungen an alternde oder vielleicht noch immer unzulängliche Eltern zu stellen, erwarten Sie weniger von ihnen. Statt alte Ressentiments und Kränkungen mitzunehmen, wenn Sie an den Feiertagen heimfahren oder Ihre Eltern Sie besuchen, nehmen Sie sich einen Augenblick lang Zeit, um an all die Dinge zu denken, die Sie an Ihren Eltern schätzen. Wenn es Ihnen schwerfällt, ihre Warmherzigkeit aufzuspüren, erinnern Sie sich zumindest an Kleinigkeiten, die Ihre Eltern für Sie getan haben und die Ihnen gerade jetzt sehr viel bedeuten.

Ich werde als Erwachsener und nicht als Kind «in mein Elternhaus zurückkehren». Ich werde mich darauf konzentrieren, wie mir meine Eltern heute zur Seite stehen statt auf die Verletzungen in der Vergangenheit.

Etwas von sich selbst zu nehmen und es einem anderen zu geben, das ist menschlich und liebevoll und nimmt nie so viel Erquickliches hinweg, wie es zurückgibt.

Thomas Morus

Am schönsten ist es wohl, einem kleinen Kind etwas zu schenken, das darüber einfach nur ungetrübte Freude empfindet. Diesem Kind ist es noch gleichgültig, wer ihm das geschenkt hat und warum, und es fragt auch nicht, ob man dafür wohl etwas von ihm erwartet.

Für Erwachsene bekommen Geschenke eine ganz andere Bedeutung. Wenn sie Geschenke austauschen, dann ist ihre Freude oft mit Unsicherheit vermischt. «Habe ich mehr gegeben, als ich bekomme? Habe ich mehr bekommen, als ich gegeben habe?» Oder man trifft auf die ausgesprochene oder unausgesprochene Erwartung, etwas für das Geschenkte zurückzubekommen, etwa Respekt, Dankbarkeit oder Liebe.

Auch Ihre Geschenke können unterschwellige Bedeutungen haben, das Zeigen von Wohlstand oder den Wunsch nach Anerkennung oder Liebe.

Die besten Geschenke sind jedoch diejenigen, an denen *Sie selbst* beim Schenken Freude haben.

Wenn ich etwas von mir selbst gebe, dann beschenke ich auch mich selbst.

Es passierte… besonders vor den Feiertagen. Wenn ich auf nichts anderes als auf Schlaf und Frieden hoffte, gingen mir alle möglichen sorgenvollen Gedanken durch den Kopf, und je mehr ich nach Ruhe suchte, desto weniger konnte ich sie finden.

Joanne Field

Streß und Hektik belasten uns in der Hauptsache vor und während der Feiertage. Die bevorstehenden Familienfeiern, die Einkauferei, das Kochen, die Vorbereitungen und das Planen, wenn Sie Gäste haben – all dies scheint Vorrang vor allem anderen zu haben, einschließlich des Schlafs. Es gibt aber dennoch Möglichkeiten, mitten in all dem hektischen Treiben Ruhe, Frieden und Gelassenheit zu finden. Statt nachts im Bett zu liegen und über all das nachzugrübeln, was Sie an diesen Feiertagen unter Druck setzt, konzentrieren Sie sich besser auf die bevorstehenden Freuden: ein wunderbares Essen mit all Ihren Lieblingsspeisen, einige freie Tage, an welchen Sie nicht zur Arbeit gehen müssen, das Wiedersehen mit alten Freunden.

Mit diesen positiven Bildern im Kopf, welche die Freuden der Feiertage ins Zentrum rücken, können Sie die nötige körperliche, geistige und spirituelle Ruhe finden.

Heute nacht kann ich mich ausruhen, entspannen und meinen Seelenfrieden wiederherstellen, so daß ich das hektische Treiben morgen bewältigen kann.

Wenn wir hören, wie wir unseren Kindern gegenüber die Stimme erheben, oder wenn wir uns durch ihre Augen und Ohren sehen oder hören, begegnen wir den Gespenstern unserer eigenen jungen Eltern.

Richard Louv

Ein Vater durchlebte eine Phase, in der ihn nichts zum Lachen bringen konnte. Alles war falsch, das Leben war hoffnungslos, und er fühlte sich nutzlos. Als ihn sein kleiner Sohn fragte, was er sich zu Weihnachten wünschte, schnauzte er ihn an: «Glück – und das kannst du mir nicht schenken.» Am Weihnachtstag gab ihm sein Sohn allerdings ein Stück Papier, auf das er in leuchtenden Farben das Wort GLÜCK geschrieben hatte. Der Junge erklärte ihm: «Siehst du, Papa, ich kann dir *doch* Glück schenken!» Als Eltern haben Sie die Wahl. Sie können Ihre Kinder so behandeln, wie Sie behandelt wurden, oder Sie können sie als wertvolle Unterstützung ansehen, wenn Sie sich hoffnungslos, hilflos, unglücklich oder überlastet fühlen. Kinder betrachten die Welt anders als Erwachsene; für sie ist alles ein Spiel, und die ganze Welt ist ein großer Spielplatz.

Denken Sie heute abend daran, daß Ihre Kinder auch Ihre Freunde sein können. Nehmen Sie sich vor, mit ihnen zu spielen, damit Ihr Kummer zusammenschrumpft.

Spielen kann meine eingeschränkte Sichtweise erweitern und mir den Weg zu ganz einfachen Lösungen weisen. Wenn ich Glück will, reicht es manchmal aus, es auf ein Stück Papier zu schreiben!

Nähe entsteht nur für Momente. Wir machen den Fehler, sie auf Dauer haben zu wollen.

JoAnn Magdoff

Wäre es nicht wunderbar, wenn die Wärme, die Liebe und die Lichter, die Sie heute abend mit Ihren Liebsten genießen, wie eine ewig leuchtende Flamme wären? Wenn Sie am heutigen Abend Ihre Lieben so friedlich und harmonisch um sich versammelt sehen, dann heißt das aber nicht, daß es von nun an zwischen Ihnen nur noch liebevolle Gefühle geben wird oder daß es künftig leichter sein wird, mit Konflikten umzugehen.

Was Sie heute erleben, ist eine Ruhepause von den Spannungen des Alltags. Genießen Sie diese Stimmung, solange sie anhält, und lassen Sie sie ziehen, wenn sie vorüber ist. Vergessen Sie nicht: Dieses Gefühl der Nähe wird zwar von Zeit zu Zeit verlorengehen, es läßt sich aber wiederfinden.

Heute werde ich mir in Erinnerung rufen, daß das Leben der Menschen, die ich liebe, genauso kompliziert ist wie das meine. Ich kann einen schönen Feiertag mit ihnen verbringen und jeden folgenden Tag so annehmen, wie er kommt.

Wenn du dankbar für etwas bist, was andere für dich getan haben, warum sagst du es ihnen dann nicht?

Anonym

Es ist eine Sache, am Ende des Tages einer höheren Macht für das wunderbare Weihnachtsfest zu danken, das Sie gerade mit Freunden oder Ihrer Familie verbracht haben. Aber wenn Sie noch einen Schritt weitergehen und den Menschen direkt danken, die dazu beigetragen haben, dann ist das die beste Möglichkeit, ihnen Ihre Liebe, Güte und Ihren Respekt zu zeigen.

Sie können die Einbahnstraße der Dankbarkeit, die Sie mit Ihrer höheren Macht verbindet, erweitern, indem Sie sie in eine zweispurige Straße ausbauen und die Menschen ins Herz schließen, die Ihnen heute so viel gegeben haben. Bringen Sie Ihre Dankbarkeit bei den Menschen, die Sie heute so reich beschenkt haben, direkt zum Ausdruck. Und dann ertappen Sie sich vielleicht dabei, daß Sie diese Straße der Dankbarkeit häufiger einschlagen möchten.

Gibt es jemanden, dem ich heute abend danken kann? Ich werde mir bald die Zeit nehmen, ihm einen Brief zu schreiben oder ihn anzurufen, um ihm zu sagen, wie dankbar ich bin.

Zu handeln macht uns vielleicht nicht immer glücklich, aber ohne zu handeln können wir niemals glücklich werden.

Benjamin Disraeli

Mit dem Wunsch, daß ein Problem verschwinden möge, kann man es nicht lösen. Auch Flucht oder Verdrängung tragen nicht dazu bei. Die einzig wirksame Methode, ein Problem anzugehen, besteht darin, sich ihm zu stellen. Aber dies zu erkennen und das Wissen auch in die Tat umzusetzen sind zwei verschiedene Dinge. Wenn Sie sich langsam innerlich darauf einstellen möchten, Ihre Probleme wirklich anzupacken, führen Sie ein Tagebuch. Es kann Ihnen Hinweise geben, warum es Ihnen so schwer fällt, sich mit einer bestimmten Situation auseinanderzusetzen. Wenn Sie mit dem Schreiben fertig sind, können Sie Ihre Gedanken nochmals überfliegen, über Ihre Formulierungen nachdenken und sich fragen: «Bringe ich meine Bedürfnisse klar zum Ausdruck? Ist mein Ton zu schroff, streitsüchtig, vorwurfsvoll oder defensiv?»

Zuerst aufzuschreiben, wie Sie sich fühlen, und es dann im Geiste zu wiederholen kann Ihnen in schwierigen Situationen helfen, nicht ängstlich, sondern zuversichtlich und entschlossen zu sein.

Um mich nicht länger von bestimmten Situationen überfordert zu fühlen, kann ich anfangen, Tagebuch zu führen. Damit konzentriere ich mich auf ein Problem und kann mich ihm stellen.

Das Leben ist hart. Es nimmt nicht nur einen Großteil Ihrer Zeit in Anspruch, sondern auch noch sämtliche Wochenenden – und was springt am Ende dabei für Sie heraus? … Der Tod! – Eine tolle Belohnung.

Mark Twain

Haben Sie jemals gedacht: «Hätte ich doch nur damals schon gewußt, was ich heute weiß»? Oder überlegen Sie sich, wo Sie heute in Ihrem Leben stünden, wenn Sie Ihre jetzigen Einsichten schon vor Jahren hätten einsetzen können, um sich weiterzuentwickeln. Hätten Sie noch einmal so früh geheiratet? Hätten Sie lieber weiterstudiert, statt einen Beruf zu ergreifen? Hätten Sie sich einen anderen Beruf ausgesucht?

Es gibt jedoch keinen Anlaß, an Ihren Entscheidungen von gestern zu zweifeln oder gar zu verzweifeln. Die Vergangenheit läßt sich nicht wiederholen, aber es steht in Ihrer Macht, Ihre Gegenwart und Zukunft zu ändern. Das Leben geht zwar immer weiter, aber *Sie* können bestimmen, welche Richtung es einschlägt.

Heute abend nehme ich mir vor, etwas zu tun, wozu ich nie zuvor die Möglichkeit hatte. Ich werde eine Gelegenheit dazu schaffen und es genießen.

Der größte Erfolg besteht nicht darin, nie zu fallen, sondern darin, nach jedem Fall wieder aufzustehen.

Vince Lombardi

Als Thomas Edison und seine Mitarbeiter den verbesserten Prototyp der ersten Glühbirne fertiggestellt hatten, gab Edison das zerbrechliche Stück einem jungen Gehilfen in die Hand. Der Junge war nervös und ließ es fallen. Viele Stunden zusätzlicher Arbeit waren nötig, um eine neue Glühbirne herzustellen. Als auch sie fertig war, gab Edison sie wiederum dem Gehilfen und zeigte dem Jungen auf diese Weise, daß man nach jedem Fall wieder aufstehen kann.

Wenn Sie einen Fehler nicht überwinden können, werden Sie auch nach einem K.-o.-Schlag schwer wieder auf die Beine kommen. Fehler können wichtige Lernerfahrungen sein. Sehen Sie die Fehler, die Sie heute machen, als wertvolle Lehren an. Ihre Fähigkeit, aus Ihren Fehlern zu lernen und anschließend weiterzumachen, kann der Schlüssel zu Ihrem Erfolg sein.

Die Irrtümer des heutigen Tages können die Steine werden, auf denen ich morgen den Fluß des Lebens überquere.

Ich schließe mit der Feststellung, daß ich vielleicht Pech gehabt habe, aber es gibt noch eine Menge, wofür es sich zu leben lohnt.

Lou Gehrig

Der Baseballspieler Lou Gehrig mußte wegen einer allmählich fortschreitenden Muskellähmung seine Karriere aufgeben. Die Zeit konnte seine Wunden nicht heilen. Auch Geduld und eine positive Einstellung konnten die Ausbreitung seiner chronischen Krankheit nicht aufhalten. Doch Gehrig bewahrte seinen Stolz und seine Würde und stützte sich auf die Kraft derjenigen Menschen, die ihm halfen und sich um ihn kümmerten. Aufgrund seiner inneren Stärke fühlte er sich auch bei fortschreitender Krankheit als glücklicher Mensch.

Können auch Sie sich in Krisenzeiten auf Ihre innere Stärke besinnen? Nehmen Sie die Unterstützung fürsorglicher Freunde oder die Liebe Ihrer Angehörigen an? Suchen Sie Zuflucht bei spiritueller Literatur, bei Meditation oder Gebeten? Der beste Zeitpunkt, um sich Quellen der Stärke und Unterstützung zu schaffen, ist die Gegenwart, nicht die Zukunft.

Denken Sie heute abend darüber nach, warum Sie sich glücklich schätzen können – weil Sie Menschen, Orte oder Anschauungen haben, auf die Sie sich stützen können, wenn Sie sie brauchen.

Wohin würde ich mich wenden, wenn ich Unterstützung brauchte? Heute abend werde ich darüber nachdenken, wer oder was eine Quelle des Trostes für mich ist.

Es ist gut, ein Ziel für seine Reise zu haben; aber es ist die Reise, auf die es letztendlich ankommt.

Ursula K. LeGuin

Ihre Ziele verleihen Ihrem Leben eine Richtung. Ohne sie würden Sie umherirren, unsicher darüber, wer Sie sind und wohin Sie gehen. Ziele können Ihr Vertrauen stärken, Sie motivieren und Ihnen etwas geben, worauf Sie sich freuen können. Manchmal sollten Sie sich aber einfach nur zurücklehnen und diejenigen Ziele genießen, die Sie bereits erreicht haben. Es mag einfacher sein, sich neue Ziele zu stecken, als sich in Ruhe an den bisher erreichten Ergebnissen zu freuen. Sich Ziele zu stecken und dann alles daran zu setzen, sie zu erreichen, kann Sie ständig auf Trab halten.

Denken Sie heute abend daran, daß Sie ein Ziel erreichen, indem Sie Ihren Blick darauf richten. Aber erst wenn Sie sich umschauen, nachdem Sie angekommen sind, erhält Ihr Ziel einen Sinn. Es kommt darauf an, das Ende der Reise ebenso schätzen zu lernen wie die Reise selbst.

Ein Ziel ist erst dann wirklich erreicht, wenn es gewürdigt wird. Ich werde die Freuden des Lebens nicht voll genießen können, wenn ich meinen Blick gleich wieder auf das nächste Ziel richte.

Diese kleine Geschichte ist nun beendet, aber die Geschichte der Welt geht weiter. Meine entzückenden Damen, meine freundlichen Herren: Gehen Sie heim, um nachzudenken. Was am Anfang stimmte, bleibt wahr. Das Spiel läßt uns nachdenken. Die Gedanken machen uns weise. Und die Weisheit macht das Leben erträglich.

Marlon Brando in *Das kleine Teehaus*

Der erste Schritt auf Ihrer Suche nach innerem Frieden, beginnt mit den Worten des Tao: «Eine Reise von tausend Kilometern beginnt mit einem einzelnen Schritt.» Die übrigen Schritte auf Ihrer Reise bringen Sie dem Mut näher, den Sie brauchen, um den Prinzipien der Wahrheit und der Moral zu folgen; der Gelassenheit, die Sie benötigen, um mit der gesamten Natur zu harmonieren; der Reife, die Sie brauchen, um die Lektionen des Lebens zu lernen.

Wandern Sie auf Ihrem Pfad des Lebens weiter ins neue Jahr. Seien Sie stark, aber nachgiebig. Seien Sie offen, aber lassen Sie nicht zu, daß Sie Ihre innere Mitte verlieren. Seien Sie mitfühlend und gütig. Streben Sie nach Harmonie mit der Natur und mit sich selbst. Dann wird Ihr Leben von Frieden erfüllt sein.

Ich werde immer daran denken, daß mein Leben sich ständig weiterentwickelt. Ich werde mich selbst und diese Entwicklung respektieren. Und ich freue mich schon auf den Fortschritt, den ich dabei mache. Viel Glück im neuen Jahr!

In der Reihe *Meditationsbücher für Frauen* sind bisher erschienen:

Maureen Brady
Mitten im Leben
Tägliche Meditationen zur Selbstbestärkung und inneren Erfüllung

*

Amy E. Dean
Ruhe finden
Tägliche Meditationen für alle, die sich vom Druck des Alltags befreien wollen

*

Diane Mariechild
Mit mir selbst in Harmonie
Weibliche Spiritualität für jeden Tag

*

Caroline Adams Miller
Ich lebe gerne
Tägliche Meditationen der Zuversicht und inneren Stärkung

Carol Staudacher

Tage der Trauer, Tage der Heilung

Tröstende und stärkende Meditationen

*

Ellen Sue Stern

Das Leben neu gewinnen

Tägliche Meditationen zur Überwindung von Trennung und Abschiedsschmerz

*

Ellen Sue Stern

Loslassen und Atem schöpfen

Tägliche Meditationen, die guttun